Le meilleur de soi

Révision : Paule Noyart
Correction : Anne-Marie Théorêt et Linda Nantel

DISTRIBUTEURS EXCLUSIFS :

• Pour le Canada et les États-Unis :
MESSAGERIES ADP*
2315, rue de la Province
Longueuil, Québec J4G 1G4
Tél. : (450) 640-1237
Télécopieur : (450) 674-6237
* une division du Groupe Sogides inc.,
    filiale du Groupe Livre Quebecor Média inc.

• Pour la France et les autres pays :
INTERFORUM editis
Immeuble Paryseine, 3, Allée de la Seine
94854 Ivry CEDEX
Tél. : 33 (0) 4 49 59 11 56/91
Télécopieur : 33 (0) 1 49 59 11 96
Service commandes France Métropolitaine
Tél. : 33 (0) 2 38 32 71 00
Télécopieur : 33 (0) 2 38 32 71 28
Internet : www.interforum.fr
Service commandes Export – DOM-TOM
Télécopieur : 33 (0) 2 38 32 78 86
Internet : www.interforum.fr
Courriel : cdes-export@interforum.fr

• Pour la Suisse :
INTERFORUM editis SUISSE
Case postale 69 – CH 1701 Fribourg – Suisse
Tél. : 41 (0) 26 460 80 60
Télécopieur : 41 (0) 26 460 80 68
Internet : www.interforumsuisse.ch
Courriel : office@interforumsuisse.ch
Distributeur : OLF S.A.
ZI. 3, Corminboeuf
Case postale 1061 – CH 1701 Fribourg – Suisse
Commandes :   Tél. : 41 (0) 26 467 53 33
                     Télécopieur : 41 (0) 26 467 54 66
                     Internet : www.olf.ch
                     Courriel : information@olf.ch

• Pour la Belgique et le Luxembourg :
INTERFORUM editis Benelux S.A.
Boulevard de l'Europe 117, B-1301 Wavre – Belgique
Tél. : 32 (0) 10 42 03 20
Télécopieur : 32 (0) 10 41 20 24
Internet : www.interforum.be
Courriel : info@interforum.be

**Catalogage avant publication de
Bibliothèque et Archives Canada**

Corneau, Guy

Le meilleur de soi

1. Réalisation de soi.   2. Connaissance de soi.   I. Titre.

BF637.S4C67 2007   158.1   C2007-940083-3

Pour en savoir davantage sur nos publications,
visitez notre site : **www.edhomme.com**
Autres sites à visiter : www.edjour.com
www.edtypo.com • www.edvlb.com
www.edhexagone.com • www.edutilis.com

02-07

© 2007, Les Éditions de l'Homme,
une division du Groupe Sogides inc.,
filiale du Groupe Livre Quebecor Média inc.
(Montréal, Québec)

Dépôt légal : 2007
Bibliothèque et Archives nationales du Québec

ISBN : 978-2-7619-2203-6

Gouvernement du Québec – Programme de crédit d'impôt pour l'édition de livres – Gestion SODEC – www.sodec.gouv.qc.ca

L'Éditeur bénéficie du soutien de la Société de développement des entreprises culturelles du Québec pour son programme d'édition.

Nous remercions le Conseil des Arts de l'aide apportée à notre programme de publication.

Nous reconnaissons l'aide financière du gouvernement du Canada par l'entremise du Programme d'aide au développement de l'industrie de l'édition (PADIÉ) pour nos activités d'édition.

Guy Corneau

Le meilleur de soi

LES ÉDITIONS DE
L'HOMME

À Pierre,
pour son amitié,
et pour ses enseignements.

Fais taire tes opinions, tes sentiments, tes humeurs. Efface ta personne.
Alors ton guide intérieur, ne se causant plus aucun trouble à lui-même,
te conduit à la chose essentielle qui est en toi :
l'impassible nature universelle.

LUCRÈCE

Un jour, sous le vaste ciel,
le monde entier s'unira dans la paix.

SAGESSE HINDOUE

PREMIÈRE PARTIE

La contraction

corneau

Chapitre un

Pour que le meilleur soit

LA PART VIVANTE DE SOI

Chaque être doit gagner sa liberté. Le combat que chacun est amené à livrer se déroule loin des champs de bataille, il se passe à l'intérieur. C'est une lutte pour libérer le meilleur de soi.

Chaque être humain veut exprimer le meilleur de lui-même. Chacun aspire à être vrai. Nous ne désirons pas seulement toucher à notre vérité, nous nous efforçons aussi de la manifester et de la dire. Au-delà de l'image sociale qui nous cloisonne, au-delà de la peur de blesser les autres chaque fois que nous osons être authentiques, nous voulons trouver les mots justes pour parler de ce que nous ressentons au plus profond de nous-mêmes. Comme si nous ne pouvions connaître de satisfaction véritable avant d'en arriver là.

Pourtant, nous passons notre temps à négliger le meilleur de nous-mêmes. Nous n'arrêtons pas de remettre ce projet à plus tard. Nous vivons entravés, comme si quelque chose ou quelqu'un nous empêchait d'aller vers l'idéal.

Nous n'avons même pas une idée très claire de ce que signifie le meilleur de soi. Le terme nous interpelle, mais nous ne savons pas de quoi il s'agit exactement. Cette notion se situe beaucoup plus du côté de l'impression que de la pensée précise. Nous aurions même tendance à associer cette idée à une notion de performance, comme dans l'expression : « vouloir être le meilleur ». Alors, nous sommes peut-être en train de parler du pire de nous-mêmes. Car on ne peut approcher le meilleur sans évoquer automatiquement l'ombre des êtres – à savoir la comparaison, le jugement et la volonté de repousser sans cesse ses limites afin de se sentir supérieur aux autres.

Étrangère à toute idée de performance ou de comparaison, je désigne par l'expression « le meilleur de soi » la partie vivante de notre être, celle qui existe tout naturellement et tout simplement, sans attente de résultat. Au-delà des difficultés de la vie personnelle, il y a une partie bonne, joyeuse et amoureuse en chaque personne. Il n'est nul besoin de faire des prouesses ou des courbettes pour entrer en contact avec elle. Cette partie est toujours là et nous attend, avec patience. Elle est la part la plus belle et la plus large de soi, comme un terrain vierge qui n'aurait pas été touché par les vicissitudes de l'existence.

Dans ce livre, j'indique le chemin à parcourir vers cette partie lumineuse. Toutefois, vous pouvez la rencontrer tout de suite car elle ne vous quitte jamais. En lisant ces lignes, autorisez-vous à relâcher toute tension pendant quelques secondes. Respirez profondément et entrez dans un état où il vous est possible d'apprécier votre être. Laissez se dissoudre vos préoccupations et aimez la partie de vous qui cherche à aimer, qui cherche le bonheur. Goûtez à la lumière qui est déjà en vous. Baignez-vous dans cet état de simplicité intérieure. Dégustez-le. Savourez votre propre vibration lorsque celle-ci est ouverte et détendue. Laissez une présence amoureuse émaner de votre cœur. Sachez qu'en faisant cela vous êtes non seulement en contact avec le meilleur de vous-même, mais vous collaborez, par votre lumière, à faciliter l'équilibre de la vie. Il est bon de revenir régulièrement à cet état d'abandon intérieur. Vous découvrirez peu à peu qu'il est une des clés du changement.

En fait, le meilleur de soi symbolise notre individualité profonde, avec nos goûts et nos talents, avec notre façon unique de nous inscrire dans l'existence. Il est ce que nous sommes réellement, notre *je suis* véritable, celui que nous devrons nécessairement reconnaître et manifester si nous voulons connaître un bonheur durable.

Le psychiatre et psychanalyste suisse Carl Gustav Jung a donné le nom de *soi* à cette dimension psychique. Il explique qu'elle repose sur un paradoxe comprenant, d'un côté, ce qu'il y a de plus original en nous et, de l'autre, ce qui nous rend semblables à tous les êtres humains, et même à l'univers qui nous entoure. En somme, le *soi* participe à la fois de l'individuel et de l'universel. Pour moi, l'expression *le meilleur de soi* désigne donc le *soi* au sens proprement jungien. Pour un être, la prise de conscience de l'existence du soi et sa manifestation dans la réalité constituent les bases d'une vie réussie.

Cependant, les théories ont souvent le désavantage de figer les choses. Bien que Jung ne parle que de processus et de transformation, on oublie souvent cette notion et l'on a tendance à voir le soi comme une entité solide. Je vais tenter ici d'en éclairer la facette mouvante et créatrice.

Je précise au passage que, par les expressions *énergie créatrice, pulsion créatrice, pulsion de vie, mouvement créateur* ou *élan créateur* qui essaiment dans le texte, j'entends beaucoup plus que la créativité artistique ou le bricolage. Pour moi, tout est création ; chacun de nos gestes, chacune de nos pensées, chacune de nos entreprises est création. Tout contribue à la création de soi et du monde. Tout participe au déploiement du vivant et de la conscience. Le meilleur de soi vit au cœur de nous-mêmes et veut venir au monde. Il est le mouvement même de la vie.

L'UNIVERS RESPIRE

Ce qui précède m'amène à situer le meilleur de soi dans un contexte plus large : la force créatrice de l'univers. L'univers est vivant. Il est énergie créatrice. Il s'exprime. L'expression de sa force créatrice produit un mouvement qui, par sa force de cohésion, pourrait être qualifié d'amoureux.

Dans ce sens, tout est amour – soit énergie créatrice en mouvement. La loi de l'univers semble reposer sur ce mouvement que rien ni personne ne peut arrêter. Une chose est sûre, tout bouge tout le temps : notre planète, les galaxies, le climat, la nature, notre corps, les battements de notre cœur, le souffle de nos poumons, et j'en passe.

En d'autres mots, l'univers pulse et cette pulsion de vie nous met au monde. Une pulsion est une force qui s'exerce au plus profond d'une personne et qui la pousse à accomplir une action dans le but de réduire une tension. La pulsion de vie nous associe donc automatiquement à l'expression et à l'action.

Cela est d'autant plus vrai que le mot _création_ renvoie étymologiquement aux mots _chair_ et _incarnation_. La pulsion créatrice d'un être humain est donc une tension qui trouve son aboutissement dans la chair, dans une incarnation de plus en plus expressive de l'univers auquel elle appartient.

Nous pourrions tout aussi bien dire que l'univers respire. En effet, le cycle de la respiration marque notre vie, de la conception à la mort, et notre souffle nourrit tout autant notre être physique que psychique. Inspiration : l'air entre en nous pour nous revivifier. L'extérieur et toutes ses expressions s'impriment en nous pour nous recréer. Nous inspirons toutes les connaissances qui flottent dans l'univers, et c'est ainsi que l'inspiration prend forme en nous. Léger temps d'apnée : le souffle circule, il nous renouvelle, il nous purifie, il nous fait prendre de l'ampleur et de l'expansion. Expiration : l'air sort. D'une part, nous nous abandonnons et nous nous détendons. De l'autre, nous nous exprimons. Nous mêlons nos énergies au monde environnant. Nous participons à la création universelle. Léger temps mort : nous nous reposons, nous nous réparons, nous nous ressourçons. Et le cycle reprend.

Lorsque nous respirons de façon consciente, la respiration devient un moment de rappel à soi. Elle constitue une occasion sans pareille de savourer notre propre présence. Au sein du rythme respiratoire, nous pouvons goûter notre propre vibration et en profiter pour honorer la partie de nous-mêmes qui tend vers le meilleur, celle qui cherche sans relâche l'amour et la joie pure.

Comme nous le verrons, toutefois, cette respiration naturelle perd vite de son ampleur. Les contractions liées à l'angoisse qui traversent toute vie affectent grandement cette façon toute simple de se nourrir. Sous le coup de la peur, nous n'arrêtons pas de respirer, mais nous restreignons l'amplitude du mouvement respiratoire. Du coup, certaines parties de notre corps et de notre psyché manquent d'oxygène, ce qui entraîne malaise, maladie et perte de contact avec soi.

Le miracle de la première cellule

Pour la physique quantique – la partie de la science physique qui s'occupe des phénomènes ultra-petits –, tous les éléments de l'univers sont interreliés dans un océan de vibrations subatomiques qui se situe dans l'espace entre les objets. Les êtres humains n'y sont pas conçus comme ayant des esprits dissociés de leur corps ; ils ne sont pas distincts de la nature qui les entoure. Au contraire, ils forment plutôt une « forme pulsante » qui interagit constamment avec cette vaste mer d'énergie. Dans cette conception, la conscience apparaît comme un facteur de cohérence supérieure qui organise et oriente le mouvement créateur.

Ce que les chercheurs ont trouvé n'est rien de moins qu'époustouflant. Selon eux, sur le plan le plus élémentaire, nous les humains ne sommes pas que des réactions chimiques mais plutôt une charge énergétique. Les humains et tous les êtres vivants forment une même énergie au sein d'un champ d'énergie relié à tout. Ce champ d'énergie est le moteur central de notre être et de notre conscience, l'alpha et l'oméga de notre existence[1].

Par rapport à la pulsion créatrice universelle, la période qui s'étend de la conception d'un être humain à sa naissance demeure un des grands mystères de l'univers. Dans son séminaire d'embryologie, le Dr Olivier Soulier précise qu'en neuf mois le rythme de croissance est tel qu'il faudra par la suite dix ans pour atteindre un développement comparable. Il ajoute que, si notre tête continuait à croître à la même vitesse qu'au tout début de notre vie, elle aurait la grosseur de la terre à la fin de notre existence. Nous provenons de cette force de vie qui anime chacune de nos fibres, et sans cette puissance intérieure, nous n'existerions pas[2].

En somme, nos parents font l'amour et il se crée une nouvelle cellule. Cette cellule souche microscopique manipule l'information nécessaire à sa reproduction et à la spécialisation de chaque élément ainsi produit. Autrement dit, elle s'auto-organise, s'automanifeste et s'autoguérit. Cellule architecte, elle guide la création d'un organisme complet, avec les centaines de milliards de cellules qui composent un individu adulte, incluant les systèmes reproducteur, nerveux, sanguin, pulmonaire, digestif et immunitaire qui s'articulent les uns par rapport aux autres.

De même, cette cellule possède une énergie cohérente et structurée qui lui donne un caractère propre. Nourrie par le brassage universel et

---

1. Lynne McTaggart, *L'univers informé. La quête de la science pour comprendre le champ de la cohérence universelle*, collection « Science et Holisme », Éditions Ariane, 2005, p. XIII.
2. Pour en savoir plus sur le travail du Dr Olivier Montréal Soulier, vous pouvez consulter son site : www.lessymboles.com.

issue de lui, elle se spécifie en une essence individuelle qui fonde notre individualité fondamentale, notre *je suis* véritable, celui dont je parlais plus haut. C'est comme si la cellule mère avait deux noyaux, l'un représentant son caractère universel et l'autre son caractère individuel, car nous sommes à la fois pareils et différents de ceux qui nous entourent.

Il est important d'aborder ce sujet d'entrée de jeu, car cette puissance de vie ne nous quitte jamais. Lorsque ce souffle s'arrête, nous mourons. Ce pouvoir est pulsion de création et de manifestation individuelle. Il cherche à s'exprimer pour notre plus grand bonheur. De la conception à la mort, il nous guide. Garder le contact avec lui équivaut à favoriser la santé et l'équilibre en soi.

Le bien précieux

La plupart des contes évoquent le meilleur de soi. Ils décrivent les épreuves que des héros et des héroïnes doivent traverser pour entrer en possession d'un trésor. Fait notable, le fameux trésor que l'on ne découvre qu'après un long parcours initiatique ne se trouve, souvent, nulle part ailleurs que chez soi. Ce trésor est comparable à ce que les grands mythes désignent comme cette lumière vivante qui peut se lever en nous. Par exemple, la naissance de Jésus associée au solstice d'hiver et représentée par les lumières de Noël symbolise cette énergie salvatrice qui peut se réveiller en nous-mêmes.

Aujourd'hui, nous nous efforçons de stimuler la part vivante de nous-mêmes par les vitamines, l'exercice, la bonne alimentation, les centres de santé et les cures de toutes sortes. Nous essayons de la trouver à travers la reconnaissance de ceux et de celles qui nous entourent, et nous nous sentons revitalisés par un compliment et déprimés par une critique. Nous la recherchons également dans le domaine des relations amoureuses, quand ce n'est pas en thérapie ou aux pieds d'un maître spirituel. Mais est-ce que nous pénétrons en nous-mêmes ? Souvent, la quête nous épuise. Par dépit, nous finissons par trop manger et trop boire, par nous affaler devant le téléviseur, bref nous nous réfugions dans la surconsommation, la suralimentation et le surcroît de travail pour ne pas entendre de l'intérieur que nous ne sommes pas arrivés au bonheur. Nous sommes parvenus à donner le change, pour un temps, mais la force d'inertie nous a rattrapés, et nous nous écroulons, épuisés et désespérés, à court de vitalité.

Il faut dire que le contexte religieux n'a pas toujours aidé. Tout en donnant un sens à la souffrance humaine à travers différents récits, comme l'histoire de Jésus, la religion a eu pour effet malheureux de nous convaincre que nous étions d'obscurs pécheurs. Prenant racine dans ce fondement judéo-chrétien, la psychologie en a bien involontairement rajouté une louche ! Bien qu'elle nous ait fait comprendre que nous n'étions pas d'abjects pénitents, elle nous a tout de même appris que chacun de nous avait quelque chose dont il devait se guérir. Nous sommes passés de l'état de pécheurs à celui de névrosés.

Je caricature, bien sûr, et nous pourrions croire qu'il n'y a pas là matière à fouetter un chat. Cependant, nos manières de concevoir finissent par devenir de véritables obstacles dans la quête du meilleur de soi. Elles jouent un rôle de paravent qui nous empêche d'entrer en contact avec nous-mêmes et de nous contempler dans notre véritable lumière. Loin de considérer qu'en ce qui a trait à l'essence nous sommes de purs diamants, nous sommes plutôt enclins à penser que nous sommes de vulgaires cailloux jetés par hasard le long du chemin, et abandonnés là. Même si nous luttons contre de telles conceptions, nous sommes enfermés dans ces interprétations, qui deviennent le verrou de notre prison. Le bien précieux s'en trouve perdu.

Des écueils lumineux

Au cours de l'existence, notre pulsion de vie va rencontrer des obstacles, il est vrai. Des tensions qui produisent des contractions et des fermetures vont amoindrir la force de cette pulsion. Des barrages, dans le flux d'énergie dont peut jouir un être, vont se produire. La vitalité va en souffrir. L'être se sentira moins vivant. De surcroît, les contractions et les peurs feront en sorte qu'il ressentira de la confusion et qu'il perdra le contact avec sa puissance de manifestation, le meilleur de soi. En un mot, il va perdre le contact avec lui-même.

À partir de ce moment-là, un individu qui vit dans l'ignorance de son propre pouvoir va tenter de se connecter aux autres et de trouver chez eux, ou à l'extérieur, une confirmation de sa valeur. S'il ne trouve pas cet appui, il finira par penser qu'il ne vaut rien, qu'il n'est pas à la hauteur et que rien de bon ne peut lui arriver. Il aura alors atteint un point de contradiction interne alarmant. De puissant et capable de se déterminer par la force de ses inspirations et de ses aspirations qu'il était à l'origine, il se retrouvera dépendant de diverses stimulations de surface, destinées à tromper l'ennui et la difficulté qu'il éprouve à vivre hors de sa lumière. Nous pourrions dire qu'il s'est alors produit dans l'individu une sorte d'écart entre lui et lui-même.

Toutefois, le mécanisme de la vie est si parfait que cet écart lui sera signalé par des douleurs physiques ou psychiques, des accidents de parcours et des conflits avec les autres. Je souligne qu'il n'y a pas lieu de se sentir coupable. Ces situations ne sont pas les effets de la colère d'un dieu outré, ni une punition pour d'éventuels péchés. Elles obéissent tout simplement à une mécanique étonnante qui fait que nous ne pouvons pas nous éloigner de nous-mêmes et de ce qui ferait notre bonheur sans ressentir cet éloignement.

Autrement dit, comme tout système vivant, le nôtre obéit à une loi d'autorégulation interne. Cela est aussi vrai pour le domaine physiologique que pour la dimension psychique. C'est comme un train sur des rails. Si ces derniers ne sont pas bien alignés lorsqu'il y a déviation, des crissements se font entendre. Ce n'est pas que le train commette une faute, c'est qu'il y a mauvais ajustement. C'est pareil lorsque le moteur de notre voiture tourne mal. Nous prêtons l'oreille pour entendre ce qui cloche. Nous écoutons les dysfonctionnements du mécanisme afin de les identifier. Ensuite, forts de cette connaissance, nous pouvons intervenir de façon à redonner au véhicule sa puissance initiale.

Ainsi, malgré les écueils, nous ne sommes jamais en face d'un déterminisme inéluctable. Bien au contraire, ces écueils sont même lumineux, puisqu'ils peuvent permettre un réajustement. Il va sans dire que dans cette compréhension des choses, il n'y a rien d'écrit à l'avance. L'existence se joue d'instant en instant. En refusant d'écouter nos propres crissements, nous risquons de faire de notre vie un déplorable gâchis. Mais en agissant à l'opposé, nous la transformerons en œuvre d'art. Le choix est entre nos mains.

Bien évidemment, pour qu'il y ait choix, il faut qu'il y ait quelqu'un pour choisir. Rien de réellement transformateur et créateur, rien de ce qui rend un être réel ne peut se passer sans qu'un individu ne l'ait autorisé de l'intérieur. Force est de constater que, tant que cette conscience n'est pas éveillée, tout arrive par accident. Les bonheurs comme les malheurs viennent et repartent au hasard, obéissant au simple mouvement de la vie, indiquant ainsi au maître de la maison qu'il n'est pas encore entré chez lui.

La perte de contact avec soi

La perte de contact avec soi est l'un des thèmes centraux de ce livre. À chaque conférence que je donne, quelqu'un pose une question qui commence invariablement par : «Que fait-on quand on ne sait plus ce que l'on aime et ce dont on a envie ?» Il y a quelques années, je donnais un séminaire dans un magnifique lieu de nature en Europe. Après m'avoir écouté attentivement, une femme a pris la parole : «Monsieur Corneau, je suis une bonne mère de famille qui élève trois enfants. Je médite chaque jour. Néanmoins, lorsque vous parlez d'être soi-même, je ne vois pas ce que vous voulez dire.»

Cette femme n'est pas différente de nous. C'est une femme de bonne volonté, une femme de devoir et de principe, qui mène une vie honorable en faisant du mieux qu'elle peut. Elle a même une vie intérieure riche. Mais elle est coupée de sa vitalité. Ce qui fait que sa vie manque de saveur. Nous pourrions mettre ses paroles dans la bouche de millions de personnes bien intentionnées. Elles posent, en filigrane, la même question : comment retrouver le contact avec soi ? Eh bien, la première chose à faire consiste à ne rien faire ! Dans la mesure où il s'agit de prendre conscience de ce qui voile l'élan de vie, il faut d'abord avoir la sagesse de ne rien entreprendre et d'observer le voile. La compréhension des dynamiques de rapetissement et de diminution de soi est importante. Elle permet de ne pas retomber à la moindre difficulté. En somme, si vous vous demandez par où débuter, c'est simple, commencez par une observation fine et bienveillante de vos mécanismes d'enfermement.

Pour en parler, le terme *conditionnement* semble ici le plus approprié, car les voiles, les complexes ou les rétrécissements du flux énergétique conditionnent littéralement nos façons de penser, de ressentir et de nous comporter.

Toutefois, pour observer ces conditionnements, il nous faut un angle de vue, une hypothèse, si vous préférez. Je vous propose d'adopter celle-ci : au lieu d'imaginer que nous sommes de pauvres âmes victimes de leur destin, imaginons plutôt que nous sommes des diamants qui ont oublié leur véritable nature. Concevons-nous, au point de départ, comme naturellement débordants d'énergie, remplis d'amour et d'idées créatrices. C'est à partir de cette perspective que nous allons examiner la nature des voiles qui se sont mis en place et qui nous empêchent de voir notre lumière.

La bonne nouvelle, dans tout cela, c'est que nous sommes nés pour le bonheur et que, si nous l'oublions, nous sommes rappelés à l'ordre. Comme tous les arbres, comme toutes les plantes, nous sommes destinés à grandir, à nous déployer et à nous épanouir pour notre plus grand plaisir et celui de notre entourage. Certaines racines sont si vivaces qu'elles passent à travers une fondation de béton pour poursuivre leur route. Telle est la force du ferment de joie qui nous fonde.

L'ÉCOUTE BIENVEILLANTE

La conviction que j'ai acquise tout au long de mon existence d'homme et de thérapeute est que notre vie est intelligible et que nous pouvons la comprendre si nous acceptons d'écouter les bruits qui se lèvent en nous. Non seulement elle est intelligible, mais nous nous accompagnons et nous nous guidons les uns les autres dans cette compréhension de ce qu'il y a de meilleur. Ainsi, l'expérience de chacun peut être utile. Même le parcours le plus destructeur nous renseigne sur le chemin à éviter si nous voulons nous préserver du malheur ou d'une fin précoce.

La condition essentielle de cette écoute est la suspension des jugements, et même des opinions sur soi. Lorsque nous pensons en termes de : « je ne devrais pas être dépressif » ou « telle chose ne devrait pas se produire », nous limitons automatiquement notre capacité de saisir le sens de ce qui nous arrive. Comme le remarque à juste titre le biogénéticien Albert Jacquard, l'opinion n'est pas de la pensée, c'est de la pensée mal dégrossie. La pensée commence après l'opinion.

En l'occurrence, je sais pertinemment que l'écrit que vous avez entre les mains risque de provoquer des tensions en vous. Je vous propose d'observer ces réactions avec bienveillance, dans le but de vous comprendre à travers elles. Sinon, vous ne ferez que vous juger ou juger mon travail, et vous refermerez le livre. Je vous invite à vous donner la possibilité, pendant les quelques heures que durera votre lecture, de donner congé aux évaluations, aux étiquettes et aux comparaisons, ou du moins de les avoir à l'œil.

Il s'agit d'adopter le point de vue de ce que j'appelle l'observateur bienveillant. Ce point de vue se situe à l'opposé de celui du moraliste, qui veut évaluer ce qui est bien et ce qui est mal. L'objectif de l'observation indulgente est plutôt de découvrir la fonction des différents éléments qui composent une vie, y compris ceux que nous jugeons négatifs, comme la peur, la colère et les comportements destructeurs. L'observateur compréhensif cultive l'attitude suivante : « Si tout cela avait un sens, que pourrait-il bien être ? » Il devient ainsi le sujet de sa propre étude, disciple de la vie, maître et disciple de lui-même.

Cette attitude repose sur l'écoute. Lorsque nous prenons la peine d'écouter quelqu'un en profondeur, nos jugements fondent souvent comme neige au soleil. Lorsqu'une personne éveille en nous des expériences similaires à la nôtre, nous perdons le réflexe de l'étiqueter pour adopter celui de la compassion. La distance fait place à la chaleur et à l'accueil, l'humanité remplace la dureté et le rejet. La même chose vaut par rapport à soi. Lorsque nous cessons de nous juger pour nous écouter et nous comprendre, une intimité avec soi prend forme et c'est le début d'un amour authentique de soi-même – un amour qui n'est pas une complaisance par rapport à nos écueils, mais le soutien nécessaire qui pourra nous permettre de regagner notre puissance oubliée.

Il n'en reste pas moins que le meilleur de soi demeure difficile à définir, et cela n'est pas surprenant puisqu'il est bien enfoui en nous. Il est enseveli sous des tonnes de peurs, d'attentes, de croyances négatives et d'expériences difficiles. Pour que le pire arrête d'étouffer le meilleur, il faut donc entreprendre une œuvre de compréhension et de libération psychologique. C'est à cette découverte que je vous convie.

LES ÉTAPES DU CHEMIN

Chaque écrit entraîne son auteur dans un projet qu'il découvre en cours de route. Ce livre ne fait pas exception. Déterminé à rédiger un ouvrage que je décrivais à mes éditeurs comme court et pratique, j'ai été emporté par un mouvement plus vaste : présenter une perspective de vie axée sur l'attitude créatrice comme base d'une existence plus satisfaisante. Pour arriver à mes fins, j'ai fait converger plusieurs éléments qui découlent de la psychologie, de la philosophie, de la science contemporaine et de la spiritualité. Les composantes que j'ai retenues participent, à mon sens, du même flux créateur, et une image que j'espère cohérente en émerge.

L'ouvrage est divisé en trois parties : la contraction, l'expansion et l'expression. À elles trois, ces parties présentent deux grandes perspectives. La première de ces perspectives est celle de la dépendance et de l'autodestruction inconsciente. Elle est entièrement élaborée dans la première partie du volume. C'est dans cette partie que nous parlerons de la perte de contact avec le meilleur de soi – puisqu'il nous faut saisir au point de départ comment cette connexion a été perdue. Pour ce faire, nous évoquerons d'abord la naissance, car le bouleversement qu'elle apporte provoque la perte de contact avec notre partie lumineuse. Nous visiterons par la suite un couple d'amoureux prisonniers d'une mécanique inconsciente qui les enferme dans leur personnalité de surface, et que l'insatisfaction pousse à se quereller sans cesse. J'ai voulu ce couple un peu à l'image de chacun de nous, que nous vivions en couple ou pas. Au fil des chapitres, nous comprendrons ce qui peut se cacher derrière une simple altercation. Peurs, attentes inconscientes, blessures anciennes, croyances destructrices, mesures de survie compensatoires seront au rendez-vous lors de cet examen. J'ai tenté de garder un ton léger, mais la matière, par définition, est sombre, puisqu'elle est la substance même de notre enfermement.

Courage, cependant. Dans la deuxième et la troisième partie du livre, nous aborderons la deuxième perspective, celle de l'autonomie et de la création de soi. Cette perspective expose un point de vue plus lumineux et plus libérateur que celui présenté dans la première perspective. Ainsi, dans la partie intitulée « l'expansion », nous explorerons des stratégies de contact avec soi, et nous verrons comment l'être peut dépasser ses entraves, se rencontrer en profondeur et nourrir le meilleur de lui-même. Il y sera question des idéaux, des talents et des dons, des goûts et des rêves. L'essence individuelle de l'être s'y profilera, digne mandataire de la pulsion universelle.

Dans la partie intitulée « l'expression », la troisième, nous aborderons la voie du changement, à savoir celle de l'expression du meilleur de soi dans les situations de tous les jours. Chacun peut arriver à prendre contact avec son potentiel caché, chacun peut toucher à l'amour, à la paix et à la force créatrice, mais les exprimer et les manifester dans la vie quotidienne représente un défi de taille. Nous parlerons donc de création et de maîtrise, et nous verrons comment la joie est un produit de notre expression pleine et entière. Nous découvrirons également comment la parole joue un rôle central dans cette expression.

Ce livre s'élabore donc en trois temps, et en autant de parties. D'abord, prendre contact avec le meilleur de soi au-delà de ce qui le piège en nous. Ensuite, apprendre à se libérer des entraves en nourrissant le meilleur de soi, et, finalement, envisager comment on peut l'exprimer. Ainsi, cet ouvrage résume, poursuit et complète ce dont j'ai parlé dans *Victime des autres, bourreau de soi-même*[3]. En réalité, il manquait un terme à ce titre. Il aurait dû se lire : *Victime des autres, bourreau de soi-même ou créateur de sa vie*. Je me suis rendu compte par la suite que la dimension de la création, bien que présente dans le livre, n'y était pas suffisamment élaborée. Voilà pourquoi je lui donne ici tout l'éclairage nécessaire.

Vous trouverez également en cours de route quelques schémas d'analyse et des exercices qui vous permettront de comprendre où vous en êtes dans votre vie, et plus particulièrement dans votre relation avec vous-même. Ces schémas et exercices sont tirés de séminaires que j'ai élaborés au sein des Productions Cœur.com en collaboration avec Pierre Lessard, un pédagogue remarquable qui m'accompagne depuis le début de l'association en 1997 [4]. Ils viennent aussi d'une série d'ateliers produits pour la télévision québécoise avec d'autres intervenants[5].

Les sources que j'ai utilisées pour élaborer cet ouvrage sont en partie jungiennes. Toutefois, je me réfère aussi à d'autres psychanalystes, psychiatres et psychothérapeutes : Freud, bien entendu, Otto Rank, Stanislav Grof, Wilhelm Reich, Marie Lise Labonté et David Chamberlain, pour ne nommer que ceux-là. Pour parler de la réalité énergétique de l'être, j'ai tenté de trouver mon chemin à l'aide de quelques documents scientifiques qui m'ont fort éclairé. Je les citerai au passage, mais je m'en voudrais de ne pas mentionner d'entrée de jeu *L'univers informé*, un ouvrage de la journaliste d'investigation scientifique Lynne McTaggart, qui a reçu plusieurs prix[6].

Finalement, je me suis fait le rapporteur de nombreux témoignages et expériences personnelles, qui émaillent tout le volume. Je tiens à remercier vivement ceux et celles qui ont accepté que des tranches de leur vie soient relatées ici pour l'éclaircissement des lecteurs.

---

3. Guy Corneau, *Victime des autres, bourreau de soi-même*, Paris, Éditions Robert Laffont, 2003 ; Montréal, Les Éditions de l'Homme, 2003.
4. On peut trouver la liste des ateliers offerts par les Productions Cœur.com sur le site www.productionscoeur.com.
5. La série s'intitule *Guy Corneau en atelier*. Elle est produite par les Productions Point de mire et elle est diffusée sur les ondes de la station Canal Vie. Voir www.canalvie.com.
6. Lynne McTaggart, *op. cit.*

Tout bien réfléchi, je dirais de ce livre que j'en suis beaucoup plus le traducteur que le créateur. De toute façon, faisons-nous jamais autre chose que traduire des inspirations venues du champ de la conscience universelle ? Je me suis donc attaché, d'une part, à interpréter dans un langage accessible ce que je lisais et, d'autre part, ce que je ressentais au fond de moi.

Dans une perspective plus large, ce livre, en ce qui me concerne, boucle une boucle. Dans chacun de mes ouvrages, je me suis employé à construire un pont réaliste menant de la psychologie à la spiritualité, en fournissant au lecteur un instrument de connaissance de lui-même, et ce, en dehors du cadre d'une religion, d'une secte ou même, bien que je sois jungien, d'une école psychologique exclusive. En ajoutant, à la description attentive de la personnalité et de ses écueils, la dimension de la pulsion créatrice et de l'idéal qui oriente cette pulsion, et en démontrant que tout cela vise à l'acquisition par chacun d'une maîtrise et d'une liberté réelle, j'ai trouvé les jalons dont j'avais besoin pour compléter mon approche globale.

Venir au monde

L'ANGOISSE EXISTENTIELLE

Nous consacrerons donc la première partie de cet ouvrage à la question de la perte de contact avec la pulsion créatrice qui nous anime, cette rupture qui conduit à la dépendance et à l'autodestruction inconsciente.

Commençons par porter notre regard sur la période de gestation et de naissance de l'enfant. Depuis une quinzaine d'années, l'on observe de plus près cette étape du développement humain, et une révolution importante de nos conceptions se prépare. Nous allons donc commencer par une description en partant de différents angles du processus lui-même. S'il s'agit d'éclairages apportés par des chercheurs actuels, les conceptions du passé y trouvent néanmoins leur place. Ces conceptions passées et présentes nous permettront de mesurer l'ampleur des bouleversements qui sont en jeu pour le nouveau-né, et de mieux comprendre les contractions du flux créateur que ces bouleversements peuvent générer, sur les plans tant physique que psychologique.

Ces contractions amènent l'enfant à perdre progressivement le contact avec ses sensations internes et à s'orienter de plus en plus vers l'extérieur, délaissant ainsi ses propres ressources pour faire ce qu'on lui demande. Ces resserrements s'associent presque tous à l'angoisse. En effet, au cours de cette période où sont éprouvées les angoisses initiales, se produisent également les premiers *rétrécissements* du flux énergétique, le mot *rétrécissement* correspondant d'ailleurs à l'étymologie même du mot *angoisse*.

Il est important de se pencher sur les nouvelles perspectives liées à la naissance, car, dans une visée thérapeutique habituelle, le poids des problèmes d'un individu repose souvent sur ses parents. Or, une grande partie des peurs qui inhibent la vie d'un individu ne relève pas d'eux. C'est le cas de la plus importante de ces peurs : l'angoisse existentielle. Elle est à la fois peur de la mort, peur de la division d'avec la mère, peur du vide, peur du néant, peur de vivre et peur de ne plus exister. Elle est le fondement même de toutes nos angoisses. Nous l'éprouvons en venant au monde et elle fait partie des événements naturels de l'existence.

Je veux dire par là que les parents ne peuvent éviter au nouveau-né les effets naturels du passage, et qu'ils ne sont pas responsables de toutes les angoisses qui peuvent survenir par la suite. De cette façon de voir découle un bénéfice psychologique certain. L'individu n'apparaît plus comme complètement soumis aux aléas de son enfance, et, quoique leur rôle demeure primordial, les parents n'ont plus à se sentir totalement responsables des drames dans lesquels s'enfonce parfois leur progéniture. L'individu se retrouve de la sorte dans un dialogue plus étroit et plus créateur avec son existence – une perspective que je désire mettre en évidence tout au long de ce livre.

Le fœtus a des émotions

Contrairement à la croyance populaire, les recherches en psychologie clinique nous ont révélé que les périodes de la gestation et de la naissance ne se déroulent pas sans heurts. Nonobstant le bon ou le mauvais déroulement de la grossesse, l'enfant arrive au monde avec des peurs bien réelles. Il sort d'un ventre tout chaud où il était totalement pris en charge ; il entre maintenant dans un monde où il va devoir gagner son autonomie. Il était en symbiose totale avec maman, il va devoir apprendre à vivre en solo. Il vivait dans un univers liquide, il passe à un monde d'air. Il flottait sans poids, il va devoir s'adapter à la gravité terrestre. Ce sont là des changements radicaux qui marquent l'enfant.

Comme je l'expliquais, le nouveau-né arrive avec des angoisses qui lui sont propres. Ces angoisses sont de nature existentielle, à savoir qu'elles viennent au monde en même temps que lui. Nul n'en est responsable, hormis le fait de naître. Elles sont inhérentes à ce changement d'état radical. Du reste, nous les revivons chaque fois que nous sommes placés devant des bouleversements majeurs, liés, par exemple, à une rupture amoureuse, ou même à un simple déménagement.

On pourrait s'objecter à l'idée d'une angoisse existentielle qui serait vécue par le fœtus et déclarer qu'elle ne tient pas la route puisque le tout-petit n'a pas d'émotions à ce moment-là, son cerveau n'étant pas tout à fait constitué. C'est une conception que le Dr David Chamberlain, chercheur en psychologie clinique de l'Université de Californie à San Diego, nous invite à réviser. Une vingtaine d'années d'observation des périodes natale et prénatale l'ont amené à concevoir le bébé en gestation comme un être conscient, émotif et pleinement réactif à ce que vit la mère.

Grâce à l'échographie, on a pu filmer des fœtus frappant de leur petit poing fermé la longue aiguille que l'on venait d'introduire dans le ventre de la mère pour un test d'amniocentèse. Un intrus se présentait dans leur monde et ils tentaient de se défendre contre cette menace. On en a vu d'autres bondir littéralement chaque fois qu'il y avait des éclats de voix entre les époux. On a même des images d'un fœtus s'asseyant en position droite et ne bougeant pas pendant deux jours après que sa mère eut été brutalisée par son conjoint. Il était terrifié[7].

Je dois dire, pour avoir vu ces films moi-même, qu'ils sont très convaincants. On ne peut plus, après les avoir vus, penser à la naissance et à la gestation de la même manière. Le chercheur explique que notre conception du fœtus humain est telle que nous nous obstinons à accueillir les nouveau-nés dans la violence, alors qu'ils nous crient lit-

---

7. David Chamberlain en conférence à Montréal lors du premier *Symposium international de la santé et de la périnatalité* en 2005. Notes personnelles de l'auteur.
On trouve le condensé des recherches de David Chamberlain dans un livre intitulé *The Mind of Your Newborn Baby* (*L'esprit de votre nouveau-né*), Berkeley, North Atlantic Books, 1998, 238 p.

téralement leur inconfort. « Regardez ces visages rouges de colère, dit le Dr Chamberlain. Entendez ces cris de peur. C'est comme si nous étions aveugles à leurs signes de détresse et sourds à leurs protestations, depuis des générations. »

Il affirme que les bébés ont beaucoup à nous apprendre et que certaines recherches font maintenant un lien entre les mauvaises conditions de la gestation et la tendance au comportement criminel[8]. Ces observations nous permettent de constater que le fœtus possède déjà l'appareillage nécessaire qui lui permettra d'expérimenter les émotions qui sont liées à la naissance. Le cerveau n'est pas terminé, mais il y a déjà une conscience en action.

Otto Rank et le traumatisme de la naissance

Plusieurs médecins et thérapeutes en ont eu l'intuition avant les avancées scientifiques actuelles. Au début du siècle dernier, le psychologue et psychanalyste Otto Rank, l'un des premiers disciples de Sigmund Freud, entrevoyait déjà ce niveau de perception chez le nourrisson et parlait de la naissance comme d'un traumatisme. Un traumatisme se définit comme un événement qui entraîne chez un sujet un afflux d'excitation qui dépasse le seuil de tolérance de son appareil psychique. Psychologiquement parlant, il ne peut donc pas l'intégrer. Selon Rank, la névrose d'angoisse, profond dérèglement émotionnel, est causée par le choc que l'enfant ressent en naissant.

En fait, Rank a beaucoup réfléchi à ce qui rend la fin de l'analyse difficile pour la plupart des patients – avec, bien sûr, des péripéties différentes pour chacun d'eux. Il a eu l'intuition que ces patients revivent alors les difficultés de leur venue au monde. L'analyse étant en quelque sorte une matrice où l'analysé vit une renaissance, la délivrance de cet enfant symbolique suscite les mêmes angoisses de mort que celles qui ont été vécues lors de l'arrivée sur cette terre[9].

---

8. David Chamberlain, « Birth and Violence », article que vous pouvez trouver dans le journal en ligne *Birth Psychology* (Psychologie de la naissance), l'organe d'information officiel de l'Association for Prenatal and Perinatal Psychology and Health (Association pour la santé et la psychologie prénatale et périnatale). Voir www.birthpschology.com.
Bien qu'uniquement en anglais, ce journal, qui s'occupe essentiellement de la période qui va de la conception à la naissance, est plein d'informations et de témoignages étonnants.
Traduction de l'auteur.
9. Otto Rank, *Le traumatisme de la naissance*, Paris, Petite Bibliothèque Payot, 1968, p. 13-14.

Rank a même remis en question le fameux désir incestueux de l'enfant vis-à-vis de la mère, postulé par Freud, son maître à penser. Ce désir qui serait à l'origine du complexe d'Œdipe veut que l'enfant cherche à retourner dans le ventre de sa maman. Le disciple y voyait plutôt une « formation réactionnelle » à un épisode vécu difficilement. La formation réactionnelle est un mécanisme de défense que le moi conscient utilise, et qui le pousse à changer en son contraire ce qui est dérangeant ou intolérable.

Autrement dit, un nouvel état affectif se forme en réaction tout aussi bien à ce qui est angoissant qu'à ce qui pourrait être trop plaisant. Par exemple, la personne qui a des fantasmes libidineux qu'elle trouve inacceptables se montre exagérément prude ; et la mère qui déteste ses enfants s'affiche comme très aimante. Vu sous cet angle, l'enfant va tenter de maquiller de désir tout ce qui lui fait peur. En somme, le désir qu'il a de sa propre mère masque la réalité du traumatisme de la naissance.

On raconte que Freud a d'abord été séduit par l'approche de son disciple, mais que finalement il n'a pu se résoudre à l'accepter. Ce refus a entraîné le rejet de Rank par le maître viennois, les théories de son protégé remettant beaucoup trop en question les siennes. Tout en admettant que la venue au monde marquait de façon indélébile chaque être humain, il est fort possible que Freud, en bon neurologue de son temps, ait eu peine à admettre que le cerveau fut assez mûr pour répéter, dans le processus analytique, ce qu'il n'avait pas pu enregistrer lors de sa naissance.

Pourtant, par la suite, plusieurs cliniciens allaient trouver des méthodes permettant de travailler sur les périodes de la naissance et de la gestation, affirmant qu'il s'agissait là de méthodes plus efficaces pour soigner les névroses, puisqu'en agissant ainsi on les prenait à la racine.

Arthur Janov, un thérapeute américain, est l'un de ceux-là. Janov a créé la technique du « cri primal ». Grâce à ce cri primal, les participants de ses séminaires pouvaient exprimer la difficulté de venir au monde – difficulté dont le souvenir reste inscrit dans toutes nos cellules.

De son côté, la psychothérapeute Marie Lise Labonté, qui travaille sur les cuirasses corporelles que nous mettons en place pour nous protéger des chocs du passé, parle du passage de la naissance comme d'une *blessure fondamentale* si aiguë que la personne essaie de la refouler sa vie durant, car elle ne veut plus entrer en contact avec un tel degré de souffrance[10].

Stanislav Grof et les matrices prénatales

D'autres pionniers ont découvert que nombre d'individus ont des souvenirs précis de leur naissance, alors qu'en principe ils ne devraient pas s'en rappeler. Dans un article passionnant, le journaliste et auteur Patrice van Eersel nous présente l'un d'eux[11]. Il s'agit de Stanislav Grof. Menant des expériences avec le LSD et, par la suite, avec une méthode de respiration intense qu'il a appelée « holotropique », ce psychiatre américain d'origine tchèque a vu des centaines de personnes revivre spontanément les circonstances de leur naissance, et même de leur gestation.

Responsable d'un laboratoire de recherches, d'abord à l'Institut psychiatrique de Prague puis à l'Hôpital Spring Grove de Baltimore, et ayant en sa possession plus de cinq mille protocoles, Grof a été à même de vérifier à de multiples reprises la véracité des dires de ses patients auprès de leurs parents et de leurs proches. Ce sont là des éléments qui n'occupent pas souvent les discussions entre parents et enfants, surtout lorsque les détails concernent la réaction d'une femme enceinte à la mort d'un proche, ou le fait qu'elle ait perdu les eaux plus d'une semaine avant l'accouchement.

La théorie formulée par Grof veut que, dans un état second induit par la drogue ou l'hyperoxygénation, le psychisme repère les blocages énergétiques principaux et tente de s'autoguérir en reproduisant la séquence. De cette façon, les charges peuvent être libérées, par le corps d'abord, puis retravaillées au niveau psychologique par la personne qui a accepté de faire face à ses refoulements. Ainsi, l'intégration de ce qui fait obstacle devient possible, et une reprogrammation peut être considérée.

Pour tenter de mettre de l'ordre dans la jungle des phénomènes auxquels il était confronté, Grof en est arrivé à formuler une théorie de la naissance en quatre phases, qu'il a appelée *matrices prénatales*. Chaque matrice constitue en somme une empreinte fondamentale liée aux évé-

---

10. Marie Lise Labonté, *Au cœur de notre corps*, Montréal, Les Éditions de l'Homme, 2000, p. 49-50.
11. Patrice van Eersel, « Le Tchèque qui faisait mourir et renaître sous LSD », *in* les dossiers de la revue *Nouvelles Clés*, à la rubrique « Psychologie des profondeurs ». Voir www.nouvellescles.com. À noter que l'article est paru pour la première fois dans le magazine *Actuel* en avril 1985.

nements de la naissance. Cette matrice moule notre expérience future comme si elle était un tambour sur lequel va venir frapper et résonner ce que nous allons vivre par la suite. Autrement dit, chaque fois que nous vivons des expériences similaires, la matrice est réactivée. Voilà pourquoi nous sommes parfois angoissés, désespérés ou tristes d'une façon que nous jugeons sans commune mesure avec ce qui nous arrive. Nous n'avons pas de mots pour décrire ce qui nous affecte, car le tout est préverbal. Tout cela s'est passé avant le langage. La matrice résonne, tout simplement.

De la béatitude à la descente aux enfers

Voici une description succincte de ces matrices, description que j'emprunte à l'article très fouillé de Van Eersel. Il est utile que je vous les présente, car cette théorie, basée sur une immense collection de faits, est l'une des premières tentatives sérieuses en vue d'expliquer ce qui se passe au moment de la naissance, et comment ce passage va influencer notre vie.

Grof note qu'au point de départ l'embryon vit dans un espace symbiotique qui s'associe à une forme de béatitude où il goûte sensuellement et émotionnellement à l'unité fondamentale. C'est la première matrice, dont nous avons tous la nostalgie, celle où nous avons connu un sentiment de plénitude dans le ventre de la mère.

Puis le travail de la naissance commence, brusquement, et vient perturber cet état béatifique. L'être est bousculé. D'autant plus qu'à ce stade du travail, ne voyant pas d'issue, il entre dans une sorte de descente aux enfers accompagnée d'impressions de mort. C'est le noir total de la deuxième matrice. Pour ceux qui sont restés longtemps dans cette phase du travail et qui, par conséquent, ont une matrice très « chargée », selon l'expression de Grof, le monde apparaît comme un endroit absurde où tout effort est inutile. Par la suite, l'individu aura tendance à répéter des situations de grande souffrance physique et psychologique. Le psychiatre pense que les artistes de l'absurde auraient tous une deuxième matrice très chargée.

En m'entendant parler des angoisses vécues par le nourrisson, un de mes amis a fait un rapprochement spontané avec la naissance de son garçon. Il a un fils talentueux qui ne peut créer que sous l'effet d'un stress énorme, et qui le fait avec la certitude que de toute façon il n'arrivera à rien. Ce père m'a relaté que le labeur de sa femme, lors de l'accouchement, s'était poursuivi très longtemps. L'enfant se présentait par le front, et il ne pouvait s'engager pour sortir du ventre de sa mère. Jusqu'au moment où l'obstétricienne a déclaré : « Si ce n'est pas réglé dans vingt minutes, nous devrons pratiquer une césarienne. » La future mère est alors entrée dans un état de panique intense : elle voulait à tout prix éviter cette opération, qui était pour elle synonyme d'échec. Toutefois, à bout de forces, elle a dû s'y résoudre.

Aujourd'hui, son fils porte encore l'empreinte de cette venue au monde. Elle se réactive invariablement lorsqu'il doit accoucher d'une création. En attendant jusqu'à la dernière minute pour se mettre à l'œuvre, il répète tout à fait inconsciemment les conditions d'antan. Finalement, comme sa mère, il doit produire dans un temps très court, avec la conviction que la situation est désespérée et que tous ses efforts ne serviront à rien.

La lumière au bout du tunnel

La troisième matrice prénatale est celle où apparaît une lumière au bout du tunnel : le col de l'utérus commence à s'ouvrir. En conséquence, la future mère va s'associer à des efforts qui valent la peine. Pourtant, avant la délivrance, il faut passer par le moment le plus violent de la naissance, celui où les contractions sont les plus fortes et où la tête de l'enfant subit des pressions extrêmes, tandis qu'il est aspiré dans cet étroit passage entre la vessie et le rectum de sa mère. Ici, nous retrouvons « jouissance extrême et souffrance extrême inextricablement emmêlées », selon les mots du journaliste Van Eersel. Les personnes qui ont cette matrice particulièrement chargée aiment la violence, le sexe et le sang, et sont attirées par des expériences sadomasochistes, ou même scatologiques.

Grof raconte qu'un patient qui souffrait de problèmes masochistes graves que des centaines d'heures de thérapie n'avaient pu modifier a été guéri en retrouvant des souvenirs de cette phase du travail de la naissance. Dans son cas, elle avait duré pendant de longues heures. Le temps qu'il avait passé dans cette agonie avait pris la forme d'un traumatisme et il tentait encore d'intégrer cette souffrance extrême par le truchement de pratiques sadomasochistes, où il transformait en plaisir ce qui était de l'ordre de la douleur, cherchant dans des orgasmes intenses la délivrance entrevue au bout du tunnel de la naissance.

Quant à la dernière matrice, c'est celle de la naissance elle-même, moment de jouissance presque pure qui rappelle la première, mais qui, hélas, sera souvent de courte durée en raison de l'accueil médical qui ne donne pas suffisamment de temps à l'enfant pour s'acclimater à son nouvel environnement.

Contourner la vigilance du mental

Incidemment, d'autres pratiques confirment les théories du psychiatre tchèque sur les moyens utilisés par le cerveau pour s'autoguérir. Bien qu'elle ne tente pas d'éclairer spécifiquement le moment de la naissance, une technique s'adressant aux traumatismes en général, découverte depuis peu, y contribue. Il s'agit de l'EMDR (*Eye Movement Desensitization and Reprocessing*), que ses praticiens décrivent en français comme une « intégration neuro-émotionnelle par les mouvements oculaires ». Dans ses séminaires, David Servan-Schreiber, auteur du livre *Guérir*[12], explique que le mouvement des yeux que cette discipline utilise induit un léger état second et que, par la suite, la personne peut s'orienter vers une situation problématique qu'elle a décidé de revivre intérieurement afin de la modifier.

Le mouvement des yeux proposé est le même que celui observé pendant les phases de sommeil paradoxal qui correspondent aux périodes de rêve. On pense que le cerveau se sert de ces phases pour faire le tri et classer les événements de la journée. Or, certains événements qui sont d'ordre traumatique engendrent un tel degré d'excitation qu'ils ne peuvent être classés. Ils se figent donc dans la psyché comme des zones douloureuses. En provoquant volontairement le mouvement des yeux, le sujet, qui a maintenant plus d'informations, peut classer lui-même l'événement traumatisant et ainsi le rendre au passé.

Le bienfait de ces techniques réside dans le fait qu'elles contournent la vigilance de notre appareillage mental, et en particulier de nos mécanismes de défense, qui veillent à ce que rien ne vienne perturber la stabilité du moi conscient. Elles nous permettent aussi d'avoir accès à des couches de la psyché que Freud croyait inaccessibles à l'analyse. Fait paradoxal en soi, car la psychanalyse est bel et bien fille de l'hypnose, qui a marqué ses débuts et a permis la découverte de l'inconscient.

---

12. David Servan-Schreiber, *Guérir le stress, l'anxiété et la dépression sans médicaments ni psychanalyse*, Paris, Robert Laffont, 2003, p. 97.

Je n'ai mentionné que quelques-unes de ces méthodes, mais il en existe beaucoup d'autres qui permettent de pratiquer une sorte de nettoyage et de reconditionnement des cellules, puisque celles-ci semblent être essentiellement de l'énergie informée et codifiée. Dans *La découverte de l'inconscient*, l'anthropologue Henri Ellenberger notait, en 1976 déjà, que plusieurs de ces approches correspondaient aux pratiques des shamans qui, de tout temps, ont utilisé la transe comme mode de guérison[13].

En nous ouvrant à ces méthodes et à ces façons de penser, nous possédons des moyens d'explorer les blocages inconscients, de vivifier la vie consciente et de faire en sorte que ce ne soit pas la maladie ou l'accident qui créent une brèche par où ce qui n'a pu s'exprimer auparavant peut enfin être libéré. Qu'il s'agisse de psychanalyse, de cri primal, de méthode de libération des cuirasses (MLC), de *rebirth*, de l'EMDR, de respiration holotropique, de plantes au potentiel thérapeutique comme l'ayahuasca, le but reste le même sur le plan thérapeutique : redonner de l'expansion à ce qui a été rétréci pour retrouver de l'énergie, de la force créatrice et le goût de vivre. Chacun de ces processus ressemble à la naissance, puisque chacun d'eux nous propose de repasser par un canal étroit, de façon consciente et volontaire cette fois, pour renaître symboliquement.

Le contact « peau à peau »

Ces découvertes plaident efficacement pour un meilleur accompagnement de la grossesse et de l'enfantement. Aujourd'hui, les théories d'Otto Rank ont été remises en contexte. Les recherches psychologiques ont révélé que, si la naissance peut être traumatisante, elle l'est surtout en fonction de la qualité de l'accueil fait à l'enfant. Dans un numéro hors série intitulé : « Neuf mois pour venir au monde, 30 questions sur la plus belle aventure de la vie », le magazine français *Science & Vie* relate une étude conduite par des chercheurs israéliens. « Sari Goldstein et Imad Makhoul ont révélé en 2004 que lorsque le nouveau-né bénéficie d'une heure de contact peau à peau avec sa mère au lieu de quelques minutes seulement, il est sensiblement

---

13. Henri Ellenberger, *The Discovery of the Unconscious*, New York, Basic Books, 1970, p. 5.

moins agité, pleure beaucoup moins et profite d'épisodes de sommeil plus longs et plus calmes[14]. »

La pédopsychiatre française Myriam Szejer ajoute :

> Si l'on prend le temps de laisser le nouveau-né en peau à peau sur sa mère, il porte spontanément ses doigts et ses poings encore imprégnés du liquide amniotique à sa bouche et, grâce au réflexe de reptation qui le propulse par petites poussées, il commence à ramper. En quelque quarante minutes, il crapahute jusqu'au sein. Celui-ci l'attire par sa forme et par son odeur similaire à celle du liquide amniotique. À cette distance, le bébé distingue les traits du visage de sa mère. Et c'est avec une grande concentration qu'il la regarde. En un temps record – quelques heures –, il apprend à la reconnaître visuellement... Puis la voix, les battements du cœur, la chaleur de sa mère le rassurent, car ce sont les principaux repères anténataux qu'il a mémorisés[15].

Dans l'optique qui nous intéresse, c'est-à-dire le mouvement créateur de l'être, cette période de contact où le nouveau-né va chercher lui-même ce dont il a besoin, au lieu d'être pris en charge comme une petite créature totalement impuissante, présente des avantages certains. Il apprend déjà à compter sur ses propres ressources. De plus, en ce qui concerne l'angoisse existentielle, on peut penser que ce premier échange entre la mère et l'enfant va atténuer grandement cette angoisse, car cet échange est la plupart du temps empreint d'amour et d'émerveillement. En tout cas, si l'on désire augmenter le taux d'anxiété, chez l'un comme chez l'autre, on ne peut rien imaginer de pire que d'isoler rapidement l'enfant de sa mère.

Or, ce contact peau à peau du bébé avec sa maman dans la période qui suit l'accouchement est loin d'être monnaie courante. En France, par exemple, sur 800 établissements, une quarantaine seulement le pratique. En fait, la norme serait plutôt de laisser le bébé pendant deux minutes sur le ventre de la mère. Autrement dit, si l'enfant n'est pas traumatisé par la naissance elle-même, sa prise en charge tambour battant par l'équipe

---

14. Lisa Garnier, « Que ressent le fœtus au moment de l'accouchement ? », *Science et Vie*, hors série n° 234, mars 2006, p. 132.
15. *Ibid.*

soignante, son éloignement rapide de la mère et l'environnement froid, lumineux et bruyant seront autant de facteurs qui le traumatiseront à coup sûr. Sans parler du bain, de la désobstruction systématique de ses voies aériennes et de l'aspiration gastrique, qui sont régulièrement pratiqués sans être nécessairement indiqués.

Sur une note plus sociale, la pédiatre Gisèle Gremmo-Feger observe que ce contact primaire entre maman et enfant, que l'on pratique avec le père lorsque la mère est dans l'impossibilité de le faire, favorise la communication entre les protagonistes et déclenche les mécanismes d'attachement de telle manière qu'il diminue les risques de maltraitance dans les milieux socio-économiques défavorisés et qu'il fait chuter de façon spectaculaire le taux des abandons d'enfants dans des pays où ils sont pratique courante[16].

Et il n'y a pas que la peau à peau. Même si elles demeurent marginales, de nouvelles pratiques ont fait leur apparition pour aider à l'enfantement et améliorer la réception du nouveau-né. Qui n'a pas vu ces magnifiques photos de bébés nageant dans une piscine quelques minutes à peine après l'accouchement ? Maisons de naissance gérées par des sages-femmes sous supervision médicale, naissance dans un bain d'eau chaude, naissance en piscine, lumières tamisées dans la salle d'opération et présence du père lors de l'accouchement sont quelques-unes des méthodes qui sont mises en place de nos jours pour accompagner le passage et permettre une transition plus heureuse. Sans parler du temps de la grossesse qui lui aussi fait l'objet de transformations importantes, avec l'introduction de techniques comme l'*haptonomie*. Il s'agit d'une méthode de communication tactile avec le bébé par l'intermédiaire de la paroi du ventre de la mère, qui a été popularisée dans le monde francophone par le Dr Frédéric Leboyer et développée par le Néerlandais Frans Veldman.

Ainsi, malgré la lenteur des changements, nous réalisons de plus en plus, du point de vue scientifique, ce que les mères et les pères du monde entier savent depuis des temps immémoriaux : le fœtus est un être conscient. Ce quoi il faut ajouter : un être conscient qui risque de garder, sa vie durant, les empreintes de sa venue au monde. Voilà autant de raison de traiter cette période avec le plus de délicatesse

---

16. *Ibid.*, p. 133.

possible et de faire en sorte qu'elle cesse de correspondre à une première expérience de violence.

Attention toutefois ! Même si ces approches procurent un environnement facilitant, il ne faut pas les élever au rang de dogme. Sans même mentionner le fait que les options dont nous avons parlé plus haut demeurent rares dans les maternités, il reste que, pour certaines femmes, il serait impensable d'accoucher en eau chaude ou d'allaiter et que, pour certains pères, il serait traumatisant d'assister à l'accouchement. Le père qui n'assiste pas à la naissance ne sera pas pour autant un mauvais parent. Mais il est crucial de reconnaître que le fœtus est vivant et conscient beaucoup plus tôt que nous le pensions auparavant.

Un facteur décisif : les états intérieurs des parents

La reconnaissance du fœtus comme petit être conscient incitera les parents à être vigilants par rapport à leurs propres états intérieurs. En effet, les mouvements affectifs du couple parental, et en particulier ceux de la mère, à savoir ses pensées, ses émotions et ses angoisses, constituent la véritable eau dans laquelle baigne le nourrisson. Ces mouvements prennent par conséquent une importance capitale qui ne fait que plaider pour la nécessité de procurer un accompagnement aux parents qui le désirent pendant la grossesse.

Observons cependant que la mère est loin d'être la médiatrice de ses seuls états personnels. Elle peut craindre, par exemple, pour le bien-être du nourrisson lorsqu'elle vit une relation conjugale qui bat de l'aile, ou si elle évolue dans un climat social perturbé. À travers le cocktail biochimique qu'elle offre à l'enfant, elle devient donc l'agente de ce qui se passe en elle, tout aussi bien que dans le couple parental, l'entourage immédiat et l'environnement social. En effet, ce n'est pas la même chose de mener une grossesse tranquille à la campagne que de la vivre pendant une guerre ou à une époque de grands bouleversements sociaux. Par l'entremise de la mère, l'enfant se trouve informé de tout cela et réagit déjà aux pressions.

Une nuance me semble primordiale, cependant. Si la mère est l'agente de toutes ces informations, elle n'en est pas responsable. Tout comme elle n'est pas garante de la façon dont l'enfant va réagir. Pourtant, les mères confondent souvent ces phénomènes et se sentent coupables de ce qui arrive à leur rejeton. Il est évident que leurs attitudes sont loin d'être sans conséquences sur le sort de l'enfant. Lorsqu'une future mère s'attache à vivre sa grossesse dans un climat de confiance et d'amour, cela influencera certainement son enfant de façon positive. Toutefois, sa responsabilité s'arrête là. Pour le reste, on ne peut tout prévoir et il faut accepter d'emblée le fait que le nouveau-né portera les marques de sa venue au monde.

Cela étant dit, dans un article intitulé *Early Parenting is Prenatal Parenting!* (Prendre soin de l'enfant dès les premiers jours, c'est en prendre soin avant la naissance!), David Chamberlain encourage les parents à se préoccuper du bien-être de l'enfant dès la conception, parce qu'une série de dangers le guette.

En ce qui concerne la reproduction, les parents font face à des risques qui sont à la fois anciens et nouveaux. Cela inclut les bactéries et les virus qui deviennent souvent problématiques lorsque nous ne sommes pas suffisamment en forme pour les combattre. En plus, suit une liste d'autres défis : les déficiences nutritionnelles, un torrent de produits chimiques industriels, des stimulants et des sédatifs sans cesse présents comme la nicotine, la caféine, l'alcool, d'attirantes «drogues de rue» comme les opiacés et les amphétamines, les médicaments prescrits par les médecins, les radiations électromagnétiques et même l'usage abusif des ultrasons lors des visites au bureau de l'obstétricien. En raison de tant de problèmes environnementaux, la sécurité et le caractère sacré du ventre de la mère sont menacés comme jamais auparavant[17].

Voici donc de quoi sont faits les premiers bouleversements vécus par l'enfant. Ils lui font perdre le contact avec ses sensations intérieures et il se retrouve plongé dans la confusion. Tout cela peut être évité puisque, comme nous venons de le voir, plusieurs techniques peuvent influencer de façon positive les conséquences de l'entrée dans le monde. Toute-

---

17. David Chamberlain, « Early Parenting is Prenatal Parenting ! », article qui apparaît dans le journal en ligne *Birth Psychology* (Psychologie de la naissance), l'organe d'information officiel de l'Association for Prenatal and Perinatal Psychology and Health (Association pour la santé et la psychologie prénatale et périnatale). Voir www.birthpsychology.com. Traduction de l'auteur.

fois, elles exigent que nous devenions tous et toutes plus conscients des enjeux du passage de la naissance.

LES CUIRASSES CORPORELLES

Nous venons d'examiner quelques-uns des bouleversements associés au passage de la naissance. Le nouveau-né possède des réflexes naturels qui lui permettent de s'en protéger. Ces réflexes constituent des aides précieuses. Ils sont de la même nature que ceux qui font que nous ne ressentons pas, sur le coup, un choc physique ou psychique violent. Cet engourdissement peut nous sauver la vie. Toutefois, pour remplir son rôle de la façon la plus efficace possible, cette anesthésie doit être passagère. Lorsque les événements font en sorte que l'on reste tendu, incapable de se relâcher, des contractions permanentes s'installent.

Au cours du passage de la naissance et lors des premières années de la vie, de nombreuses mesures de protection se mettent en place tout naturellement en nous pour nous aider à ne pas ressentir trop intensément ce qui risquerait de nuire à notre développement. Paradoxalement, lorsqu'elles s'établiront de façon permanente dans l'organisme, ces mesures protectrices vont devenir les principales responsables de la perte de contact avec soi. Autrement dit, si la menace perdure, les précieux réflexes naturels deviendront des carapaces. Ces carapaces de protection ont été étudiées depuis longtemps par les théoriciens du corps. Ils les nomment « cuirasses » et entendent par là des boucliers vivants qui respirent au même rythme que nous et qui nous constituent.

Nous allons à présent nous pencher sur la notion de cuirasse. Cela nous aidera à comprendre de façon très concrète ce qu'il faut entendre par rétrécissement du flux créateur, et par perte de contact avec soi.

La théorie du stress

Pour bien comprendre ce que sont les cuirasses, la théorie du stress va nous aider. Elle est relativement simple : je perçois une agression ; un état d'alarme est généré dans tout mon organisme ; il produit tension nerveuse et contraction : c'est le stress. Cette mobilisation énergétique me prépare à deux actions spécifiques : fuir ou attaquer, car ces deux gestes permettent une décharge naturelle de la tension.

Mais que se passe-t-il si je ne peux ni fuir ni attaquer ? Qu'arrive-t-il si je suis dans un milieu clos dont je ne peux sortir et où je perçois des ondes de rejet – dans le ventre de ma mère, par exemple, ou dans une classe où je suis la seule minorité visible ? Que se produit-il si je suis face à des parents blessés qui m'humilient, qui m'écrasent ou me frappent ? Que faire si j'ai un patron exigeant et dominateur qui me fait vivre d'énormes tensions, mais que je dois affronter chaque matin parce que j'ai besoin d'un salaire pour vivre ?

Eh bien, il semble qu'il ne soit pas inscrit dans la programmation naturelle de base que de telles situations puissent s'éterniser. Si je ne peux fuir ou attaquer, je vais me retrouver en situation «d'inhibition de l'action», c'est-à-dire que la décharge naturelle de la tension est empêchée. Naissent alors des émotions qui resteront enfermées en moi. Ces émotions engageront la formation de nœuds corporels autour de mes articulations, de mes organes ou de n'importe quelle autre partie de mon corps.

Le rôle biologique de cette véritable «psychosomatisation» est que je peux oublier les tensions et fonctionner quand même. Ainsi, la médecine chinoise a pu observer que les gens qui vivent des colères rentrées, pour prendre un exemple classique, développent fréquemment une vulnérabilité au foie, car ils se font de la bile. De même, vous pourriez avoir mal dans le haut du dos «si vous en prenez trop sur les épaules». Et ainsi de suite.

Autrement dit, lorsque le corps vit un stress comme une sensation de haine ou de rejet, ce stress se répercute partout à la vitesse de l'éclair à travers la membrane conjonctive qu'est le fascia. Le fascia est un tissu qui gaine chaque muscle et qui parcourt notre organisme en entier, comme une toile d'araignée. Il permet une mobilisation instantanée qui vise à la protection. Si une décharge appropriée est possible dans la fuite ou dans l'attaque, le fascia élimine la tension et les émotions avec elle. Cependant, si l'être est dans l'impossibilité d'éliminer le stress de façon efficace, les émotions fixeront la tension nerveuse dans le corps.

La formation de la cuirasse

Il s'agit donc de comprendre qu'une cuirasse se forme pour protéger la personne des perturbations potentielles liées à des émotions qui se sont formées par rapport à des expériences, telles que la peur, le rejet, l'abus, l'injustice, l'humiliation, l'abandon ou la trahison. La cuirasse enveloppe tout le trouble intérieur et l'enferme dans la forteresse corporelle. Cette cuirasse devient l'expression physique de la personnalité de cette personne, un concept que nous aborderons de manière détaillée dans le chapitre suivant.

Comme le dit Marie Lise Labonté dans un livre intitulé _Au cœur de notre corps_, la cuirasse est « l'expression pure de la vie, mais de la vie inhibée ». La cuirasse, expression de l'intelligence universelle, n'a pas pour fonction d'emprisonner l'expression de la vie, l'onde de plaisir ou l'élan créateur, mais elle le fait par la force des choses. Car, en réprimant les perturbations douloureuses de façon à permettre de survivre au stress, elle réduit du même coup l'accès au plaisir.

La psychothérapeute du corps décrit la cuirasse de la façon suivante :

> Elle prend son assise dans le corps et s'installe d'une façon inconsciente. Par son action d'inhibition, de défense et de protection, la cuirasse possède un mécanisme qui lui est propre. Elle n'est pas associée à un muscle spécifique mais à un ensemble : le regroupement musculaire d'une région, les organes internes, les os, le tissu conjonctif qu'est le fascia, le sang, la lymphe et les liquides interstitiels. Elle n'est pas associée à une émotion, mais à un ensemble qui lie émotions, pensées, images et impressions que l'on appelle l'affect. La cuirasse est vivante et est capable d'expression et de mémoire, car elle est habitée de l'intelligence de vie[18].

Le psychiatre Wilhelm Reich, un autre disciple dissident de Freud, voyait les cuirasses comme des anneaux qui enserrent certaines parties du corps, comme les yeux, la gorge, le cœur ou le bassin, et qui sont comme des passages rétrécis qui bloquent la circulation de l'énergie. La vie circule encore. On peut observer le mouvement de contraction et de relâche propre au mouvement vital, mais ce dernier est limité et ne permet plus à la personne de jouir de toutes ses potentialités créatrices et _orgastiques_. Le terme _orgastique_ est une expression chère à Reich qui croyait que toute vie cherchait à s'épanouir dans l'extase individuelle et cosmique.

Lorsque, à travers les manipulations appropriées d'une méthode corporelle, on touche à une cuirasse, ce sont les images, les souvenirs et les états affectifs primaires qu'elle enveloppe qui se réveillent. La personne revit alors dans son corps et dans son esprit ce qui a été refoulé. Comme

---

18. Marie Lise Labonté, _op. cit._, p. 40.

les révélations peuvent être « secouantes » et les décharges énergétiques fortes, il vaut mieux faire ce travail dans le cadre sécuritaire d'une thérapie individuelle ou de groupe.

Le corps ne ment pas, et il se souvient de tout. L'inconscient s'y loge aussi fermement que dans le psychisme et c'est une bénédiction que nous ayons maintenant des outils qui permettent d'atteindre les refoulements et de les défaire à travers la dimension physique.

La cuirasse fondamentale

Dans le livre que j'ai cité plus haut, Marie Lise Labonté résume les différentes cuirasses et l'âge de leur formation. Je ne reprendrai pas la totalité de cette description, mais je tiens à vous expliquer la formation de la première cuirasse, parce qu'elle a trait à la naissance et prolonge directement notre propos.

Cette cuirasse, qui s'appelle la *cuirasse fondamentale*, est liée à ce que Marie Lise Labonté nomme *pulsion de mort*. Quoique l'on puisse remettre en question l'existence même d'une pulsion de mort, l'angoisse de mort existe, sans aucun doute. Dans le cadre de cet ouvrage, elle correspond aux peurs mortifères dont nous parlions plus haut, et tombe dans la catégorie des angoisses existentielles. Cette cuirasse est bâtie en premier ; tout naturellement, elle est reliée à l'angoisse de la naissance, aux premiers mois de la vie, aux premières sensations d'abandon et aux états de survie que peut vivre le nouveau-né.

> Elle [la cuirasse] porte les pensées télépathiques de peur, de doute et même de rejet captées par l'enfant dans le ventre de sa mère. Elle porte la vibration de la voix du père, de la mère ou des autres êtres qui ont entouré la grossesse. Elle porte les traumatismes reliés à la naissance : l'angoisse intrinsèque du passage, le mouvement dans le tunnel, le refus de sortir du ventre de la mère, le besoin d'être libéré, la peur de l'inconnu. Elle porte les souffrances reliées au cordon ombilical, la peur de la strangulation, la séparation, la coupure, le sentiment d'abandon dès les premières minutes de vie, l'angoisse de vivre ou de mourir[19].

19. *Ibid.*, p. 50.

Lorsque l'auteur dit que la cuirasse *porte* quelque chose, elle veut dire qu'elle l'incorpore, pour ainsi dire, et qu'elle le cache en elle. Il n'est donc pas surprenant que la cuirasse fondamentale prenne racine au cœur même du corps. Elle se colle aux muscles intérieurs, elle se relie à la profondeur du tissu conjonctif. Elle touche aussi le tissu crânien, le système nerveux central et les muscles profonds des yeux. Bref, elle est enfouie dans la structure intime de l'organisme. La cuirasse fondamentale est très puissante, car elle agit directement sur la pulsion de vie. Elle se bâtit à partir de la force de cette pulsion et peut aisément, si elle devient trop rigide, servir à la destruction de l'être.

Selon l'auteur, cette cuirasse contracte fortement l'énergie vitale et provoque une tension profonde chez l'individu. Des conséquences importantes en résultent. Il n'est pas rare de rencontrer des personnes qui, cherchant bien inconsciemment à se protéger des angoisses liées à la naissance et à l'existence, se sont fabriqué une carapace de base tellement épaisse qu'elles n'arrivent même plus à se détendre.

Cette contraction poussée à l'extrême empêchera le corps de se détendre en profondeur, de s'abandonner à l'amour, à l'énergie sexuelle, à la joie et à la spontanéité de l'être. Elle s'exprimera par des accidents d'auto quasi mortels, par des maladies incurables ou des maladies chroniques qui entraînent la mort à petit feu, ainsi que par l'automutilation, l'*overdose*, les crises cardiaques à répétition et le suicide manqué[20].

Lorsque le blindage est trop fort, la personne perd carrément le goût de vivre. La mort lui semble alors la seule solution. Cela explique le calme des gens qui vont se suicider. Ils ont enfin trouvé leur réponse. En contactant la cuirasse de base et en se libérant de ce lourd manteau d'angoisse, l'individu ressent une forme d'extase. Enfin, il retrouve son pouvoir face à la vie ; enfin, il a un choix par rapport à sa renaissance ou à sa destruction.

Au-delà du blindage

Grâce à la description de la première cuirasse, vous pouvez vous faire une idée des forces en présence. Nous venons au monde poussés par l'énergie

---

20. *Ibid.*

universelle; toutefois, dès le départ, des resserrements se produisent et le flux créateur s'en trouve rétréci. Il est à noter que ce n'est pas la quantité d'énergie de l'individu qui est affectée, mais bien la fluidité de la circulation de cette énergie dans l'organisme. Par la suite, les cuirasses protectrices vont continuer à se bâtir les unes sur les autres. Bientôt, une cuirasse de désespoir viendra se superposer à celle de la pulsion de mort, parce qu'il vaut mieux se sentir impuissant que menacé de mort. Puis viendra celle de l'enfant performant qui est prêt à tout faire pour les autres afin d'être aimé et de ne pas sentir en lui le désespoir. Autour de l'adolescence s'édifiera la cuirasse du *corps bâti* où l'être trouvera refuge, dans son allure physique, pour se protéger des attaques intérieures et extérieures.

Ainsi, différentes couches protectrices se mettent en place tout au long de la vie et celui ou celle qui prend le chemin du meilleur de soi acceptera de se dépouiller de ces différents voiles pour retrouver sa véritable personne. Il est bon de savoir qu'une fois franchis les différents corps de souffrance que représentent ces cuirasses, l'individu ne reste pas prisonnier de sombres méandres ou du vide qu'il craint tant de découvrir et de rencontrer. À mesure qu'une pratique thérapeutique axée sur le corps progresse, la personne recontacte spontanément des états d'amour et de joie qui existent en lui et qui coïncident avec sa vraie nature. La base de la base est lumineuse, disent les bouddhistes tibétains, qui utilisent le terme de *luminosité de la racine* (*ground luminosity*) pour la décrire. Ou, pour employer une expression que j'ai créée afin de paraphraser la quête des alchimistes: au fond de l'ombre, il y a de l'or.

Une perception se dégage de ce que nous avons dit du passage de la naissance et de ses bouleversements: un être qui, pour se protéger, se cuirasse jusqu'à s'enfermer. Craignant les émotions fortes qu'il pressent en lui, il ne s'aventure plus sur le chemin de sa sensibilité. Par peur du pire, il se prive du meilleur. Avec la mise en place de ces mécanismes de survie, il perd graduellement le contact avec sa réalité universelle, confiante et naturellement créatrice.

Allons maintenant voir, du côté plus spécifiquement psychologique, l'effet de ces contractions en explorant le concept de *personnalité*.

Chapitre trois

La personnalité protectrice

LE BOUCLIER PSYCHIQUE

Nous avons passé en revue certains facteurs qui augmentent ou diminuent l'angoisse existentielle du nourrisson, et qui ont pour conséquence la formation de cuirasses plus ou moins rigides. Cette connaissance va nous servir de fondation pour explorer le versant proprement psychique des mesures protectrices. Le pendant psychique des cuirasses corporelles s'appelle la *personnalité*. Si la formation des cuirasses s'avère la grande responsable de la contraction de la force de vie, notre identification inconsciente à la personnalité est la principale raison du maintien de ces contractions dans le cours du temps. Nous allons donc revenir sur le parcours *in utero*, mais en termes plus psychologiques cette fois.

En raison de sa sensibilité, l'embryon réagit aux ondes de bienvenue, de calme ou de rejet qui irriguent le ventre maternel. Grâce aux sensations et aux pressions qu'il éprouve, il commence déjà à s'adapter à son environnement futur alors qu'il est encore dans le sein de la mère. Comme un fruit développe une peau, il développe une couche protectrice, que nous appellerons plus tard sa personnalité. La personnalité est une sorte d'interface entre soi et le monde.

La formation de la personnalité correspond à un mécanisme instinctif de survie. Elle est une réponse naturelle aux heurts de l'existence, et elle se renforce à mesure que surviennent les inévitables chocs qui ne manquent pas de se produire. Autrement dit, en réponse aux contractions que le fœtus éprouve sous forme d'impressions et d'états affectifs primaires, un bouclier de protection commence à se mettre en place avant même son entrée dans le monde. Ce bouclier est à la fois subtil et vivant. Il s'exprime par des comportements. La mère peut du reste différencier les attitudes de l'enfant à naître alors qu'il est encore dans son ventre. « Ma première était calme, me confiait une maman sur le point d'accoucher. On aurait dit qu'elle dormait toujours. Tandis que celui-ci… j'ai l'impression qu'il court vers la sortie ! »

Le fait que le bébé soit déjà en train de s'adapter à ce qu'il va vivre à la naissance peut paraître surprenant. Pourtant, s'ajuster d'avance à ce que nous allons rencontrer avant d'entrer quelque part est un réflexe conditionné qui se manifeste chaque jour dans notre existence. Imaginez que vous soyez invité à une soirée où se trouvent des personnes que vous ne connaissez pas, ou avec lesquelles vous désirez entrer en contact. Votre premier réflexe pour contrer l'anxiété sera de vous donner une contenance – en choisissant des vêtements appropriés ; en prenant soin de votre coiffure ; en vous maquillant, si vous êtes une femme. Vous astiquez votre armure, vous soignez votre interface. Vous pouvez même adopter une attitude psychique ouverte ou fermée, selon les circonstances. Probablement à votre insu, vous vous apprêtez à jouer une sorte de rôle qui est un compromis entre ce que vous êtes vraiment et ce que l'on attend de vous. Cela vaut tout aussi bien pour un rendez-vous amoureux, pour le travail… ou pour la naissance.

C'est ainsi que la puissance intérieure qui guide l'enfant pour sortir du ventre de sa mère et pour utiliser, pour ce faire, une grande partie de son énergie vitale connaît déjà, avec la venue au monde, un premier barrage d'importance. Le nouveau-né se recroqueville et se contracte pour se protéger. L'angoisse commence à mener le bal de sa vie.

L'empreinte d'une séparation

Cette angoisse est compréhensible. L'unité primordiale est rompue et le nouveau-né a peur de ne plus exister au-delà du passage. De plus, pour le nourrisson, nonobstant les aléas dont nous avons parlé plus haut, la naissance risque de correspondre à une expérience de division et de séparation. Il craint d'être mis à l'écart ou de s'anéantir dans la masse des êtres qui l'accueillent. Il vit ce que l'on appelle en psychanalyse une angoisse de mort. Mais la pulsion de vie est plus forte que cette angoisse mortifère, elle le guide sans faille vers le changement d'état. Cependant, son mouvement vital est déjà contracté, c'est-à-dire que le flux vital se trouve déjà amoindri.

Pour vous faire une idée de l'angoisse dont il est question ici, pensez à votre propre peur de la mort. Cette peur tourne autour du fait que vous ignorez si vous allez vous « prolonger » au-delà de la perte du corps physique. Or, l'enfant qui va vivre un changement d'état radical vit des sensations et des impressions similaires.

Par la suite, cette angoisse de mort se traduira en une gamme de peurs essentielles, telles que la peur de la solitude, la peur de la trahison, la peur de l'abandon ou la peur du rejet. Nous pouvons ajouter à cette liste la peur de rater sa vie, qui joue un rôle de premier plan lorsque nous devons affronter des transformations importantes. Ces peurs de fond s'appuient toutes sur des expériences vécues pendant l'enfance. Toutefois, leur véritable fondation est l'angoisse de ne plus exister. Autrement dit, ce que l'enfant vit en famille va se conjuguer d'une façon particulière à l'angoisse de mort, la renforçant ou l'atténuant.

Par exemple, la peur de la solitude, chez certaines personnes, se fonde sur une enfance où elles se sont trouvées, plus souvent qu'à leur tour, mises de côté. Cependant, il y a fort à parier que leur peur a pour véritable source l'angoisse associée à leur entrée dans le monde.

Comme je l'ai dit plus haut, l'avantage d'une telle conception est qu'elle décharge en partie les parents de la responsabilité des insécurités de l'enfant. Sur le plan existentiel, l'individu n'y apparaît plus uniquement comme une victime de ses géniteurs, mais comme un être qui arrive au monde avec les angoisses intrinsèques à la naissance de tout être humain. Cela a quelque chose de rassurant, car cela veut dire que nous restons créateurs de notre destin, malgré les charges qui s'y rattachent.

Notre problème principal vient du fait qu'à partir de cette expérience de séparation physique d'avec la mère nous formulons une interprétation mentale : celle d'une division pratiquement irréparable d'avec le reste du monde. Cette croyance refait d'ailleurs surface chaque fois que nous traversons une crise profonde.

Notez qu'il s'agit bel et bien d'une interprétation et non d'un fait. Certes, cette interprétation est basée sur une expérience réelle : le nourrisson est à l'extérieur du ventre de la mère dont il s'est séparé, parfois dans des douleurs mortifères. Cependant, à partir du point de vue de ceux qui vivent déjà, le nouveau-né arrive au monde ; il n'aboutit pas dans le néant. À moins de conditions difficiles, il y est attendu comme un roi. Pour ceux qui l'accueillent, il est loin de vivre une expérience de division. Il est plutôt en train de vivre une expérience de communion. Il y a eu changement d'état, mais le fil de l'unité n'a pas été brisé.

Pourtant, chaque être humain a, bien ancrée en lui, la peur de la solitude et de l'abandon. Chacun est habité par la crainte secrète de ne plus exister. Cette crainte, nous la ressentons lorsque des pairs nous rejettent, ou lorsque nous perdons la face en public.

Le philosophe Pierre Weil qualifie de *fantasme de séparativité* cette interprétation de notre désunion. Pour lui, elle est la source de tous nos maux, qu'ils soient individuels ou collectifs. Luttant pour un rapprochement des sciences et des traditions spirituelles, il propose l'idée suivante de la réalité ultime : un espace primordial infini et atemporel d'où émane l'énergie universelle. « Tous les systèmes connus de l'univers sont des systèmes énergétiques, composés de la même énergie », dit-il. Selon Weil, s'en estimer séparé ne peut que mener à la catastrophe[21].

Ce qui veut dire que, dans la vie, avant d'être victimes des autres, comme nous le croyons fermement, nous sommes d'abord et avant tout victimes de sensations et d'impressions à partir desquelles nous avons conclu que nous étions seuls et abandonnés, donc divisés des autres. J'aimerais souligner cette phrase en rouge, car elle signifie que nous sommes surtout prisonniers de nos conceptions, et jouets d'une simple interprétation. Nous pouvons donc transformer la réalité de notre existence par un changement de regard. Voilà la mesure de notre liberté. Toutefois, nous verrons, à partir du chapitre suivant, les raisons qui font que nos croyances de base ne sont pas si faciles à modifier.

---

21. C'est dans son livre *L'art de vivre en paix. Manuel d'éducation pour une culture de la paix* (Éditions Unesco/Unipaix, 2001) que Pierre Weil reprend cette idée fondamentale. À noter qu'il est le recteur honoraire de l'Université holistique de Brasilia (Brésil), qui œuvre à un changement de culture pour éduquer à une conscience de paix. Cet effort est soutenu par l'UNESCO.

Le besoin d'être reconnu

L'être humain est un animal social, c'est-à-dire qu'il a besoin d'interactions avec les autres pour se découvrir et pour évoluer. Ces interactions servent tout à fait son projet créateur, soit sa volonté de retrouvailles avec l'unité fondamentale, à travers son action dans l'humanité. Porté par son mouvement, il aspire à être reconnu comme un être universel et pour son apport unique, lié à l'exercice de ses dons et de ses talents. Au fond de nous-mêmes, que nous le reconnaissions ou pas, nous souhaitons contribuer au bien-être collectif en manifestant notre essence créatrice, pour notre propre bonheur et celui des autres.

Comme nous venons de le voir, ce mouvement simple et pur se trouve rapidement associé à l'angoisse et au développement d'une couche protectrice, la personnalité, qui va recouvrir et même s'opposer à l'individualité créatrice. Cela introduit une certaine confusion chez l'individu, qui cherche alors à être reconnu de l'extérieur pour contrer l'impression d'une solitude irrémédiable. Autrement dit, en plus de stimuler la création d'une couche protectrice, l'angoisse liée à l'expérience de la séparation d'avec la mère va stimuler chez l'enfant un besoin ardent de se voir reconnu dans les yeux des autres. Sous l'impact de la souffrance, il perd contact avec la réalité de son mouvement créateur et cherche la preuve de son existence dans le regard d'autrui, plutôt que dans la joie qu'il éprouve à manifester son essence créatrice.

Le « besoin d'être reconnu » est la façon universelle qu'ont les êtres humains de contrer l'impression d'abandon et de souffrance liée à la division. Par la suite, ce besoin de reconnaissance sera au cœur de la création d'une image sociale dont nous ne dérogerons pas facilement par crainte de perdre le sentiment de valeur propre qu'elle nous procure. Si la personnalité sert de bouclier de protection, le besoin de reconnaissance sert de pont vers les autres. La personnalité et le besoin d'être reconnu sont indissociables et se nourrissent mutuellement.

La personnalité peut se comparer à un personnage que l'acteur accepte d'incarner, le temps d'une pièce. Sauf qu'ici le théâtre ne s'arrête plus et que l'acteur devient prisonnier de son rôle. Il craint de ne plus être apprécié par les autres s'il quitte les habits dans lesquels on a coutume de le voir. Au point de départ, il voulait participer à l'humanité en lui offrant son talent. À la longue, il finit par rester sur le pilote automatique, comme s'il obéissait à une programmation. Possédé par la peur, motivé par les heurts, désirant échapper aux expériences difficiles du passé et devenant complètement dépendant de ceux et de celles qui semblent pouvoir répondre à ses besoins de reconnaissance et de sécurité, l'acteur disparaît peu à peu sous les masques du personnage.

Voyons quelques exemples. Jean, le huitième d'une famille de neuf enfants, réalise très tôt que ses parents n'ont pas beaucoup d'attention à lui accorder. Il se sent mis à l'écart. À partir de ce moment, l'angoisse existentielle prend, pour lui, le nom de peur fondamentale du rejet. Il combat cette peur en s'isolant de longues heures. Il développe ainsi une personnalité effacée. De cette manière, personne ne pourra le repousser et il n'aura pas à vivre le malaise du rejet. Ce retrait constitue également une stratégie inconsciente pour attirer l'attention des siens, et cache un espoir secret de reconnaissance. Comme on ne vient pas le chercher, il se réfugie dans un monde imaginaire qui lui sert de paravent contre l'angoisse. Il passe de longues heures à rêvasser, assis sur une grosse pierre, face à la rivière de son enfance.

À l'adolescence, alors qu'il monte sur scène pour la première fois, il aperçoit une lueur de plaisir dans l'œil de ses parents. C'est l'éclat de reconnaissance dont il a toujours rêvé. Il décide de devenir acteur. Dès lors, sa vie se déroule entre les feux de la rampe, où son public joue le rôle de parents substituts, et une existence en grande partie solitaire, où il retrouve son monde imaginaire. Plus tard, malgré ses succès, il se rend compte que la crainte du rejet est encore bien chevillée à son être et qu'elle alimente la plupart de ses actions. Il constate même que toutes ses insécurités se réfugient dans ce qu'il appelle le « corps de peur ». Il décide de réagir en pratiquant des arts martiaux. Sa devise personnelle devient : « Si j'ai peur, il faut que j'y aille. » Il s'agit là, à n'en pas douter, d'une façon de combattre l'emprise du personnage intérieur.

Lise, pour sa part, est l'aînée d'une famille d'artistes. Tout va bien jusqu'à ce qu'un petit frère fasse son apparition. L'enfant est talentueux et s'attire vite l'admiration des parents, au grand dam de la fillette qui ne se sent plus reconnue. Elle se met donc à faire le clown pour attirer l'attention sur elle. Elle se dit : « Si je les fais rire, c'est moi qui contrôlerai la situation. » Devenue adulte, cette femme aux multiples talents se croira obligée de « faire la folle », selon sa propre expression, pour attirer le regard des autres. Elle est devenue victime d'un personnage, qu'elle n'arrivera à remettre en question que dans la cinquantaine.

Jean se retire ; Lise fait la folle. Cela fait partie de leur personnalité. C'est de cette façon qu'ils se présentent au monde. C'est leur façon de se défendre, qui ne les défend de rien. Bien au contraire : attirés par leurs images de surface, leurs partenaires ne permettront pas qu'ils en dérogent. C'est ainsi que les drames de l'enfance se rejouent sans cesse, notamment au sein du couple.

Il y a bien d'autres façons de réagir au manque d'attention des parents. Lorsque j'ai travaillé dans une prison, j'ai connu des hommes qui, loin de s'effacer, se sont dit : « Si je ne peux pas me faire valoir par les bons coups, je me ferai valoir par les mauvais. Je vais les emmerder le plus possible. Ils ne pourront pas oublier que j'existe. » Par contre, d'autres personnes peuvent penser : « Je vais tout dire, je vais tout montrer, je ne garderai rien pour moi. Comme ça, ils me remarqueront, ils ne se méfieront pas de moi, et je serai apprécié. » Tout donner, faire pitié, tout contrôler, se méfier de tout, jouer l'éternel naïf, devenir éponge, bon garçon ou bonne fille, voilà, parmi une multitude de stratégies, quelques façons de s'assurer la survie et de lutter contre l'angoisse de ne plus exister.

Ce qu'il faut absolument retenir par rapport à la formation de cette personnalité, c'est qu'il s'agit d'une réaction naturelle et instinctive aux heurts de l'existence et aux peurs que ces mêmes heurts provoquent en nous. Il n'y a donc pas lieu de se sentir coupable d'avoir une personnalité. Toutefois, la difficulté provient du fait que si cette façon de faire nous protège dans un premier temps, elle devient vite une prison qui nous enferme et restreint notre capacité d'épanouissement. Elle finit par empêcher le contact avec le flux créateur, avec le meilleur de soi.

L'attachement au personnage

Revenons brièvement aux cas de Lise et de Jean. Leurs façons d'être ne résument pas leurs personnes, globalement parlant. Elles ne représentent qu'une partie d'eux-mêmes, la surface des choses, pourrions-nous dire : leur réaction aux expériences du passé, en quelque sorte. Le problème, c'est qu'ils ont fini par s'identifier à cette façon d'être parce qu'elle leur a permis de survivre. Elle est devenue leur « identité », ce à partir de quoi ils disent « je » de façon consciente. Ils croient fermement que cette identité les définit, qu'ils sont cela et pas autre chose.

À force de se présenter au monde ainsi – et se croyant à l'abri du rejet ou de l'abandon par le fait même qu'ils se cantonnent dans cette réaction de survie –, ils n'arrivent plus à en sortir. Leur attitude s'est cristallisée, ils ne voient plus autre chose en eux. Nous pourrions dire qu'ils « réagissent », mais qu'ils « n'agissent pas » encore. En psychanalyse, nous dirions que le sujet n'a pas encore pris la parole, ou qu'il n'est pas encore né.

Je suis conscient du fait que nous ne sommes pas habitués à considérer notre personnalité sous cet angle. J'aurais pu me contenter du terme *persona*, que le psychanalyste Carl Gustav Jung a proposé pour parler du masque social que nous présentons aux autres – comme un professeur imbu de sagesse qui emporte sa solennité jusque dans la chambre à coucher.

J'aurais pu également utiliser l'expression de *faux-soi* (*false self*) qui a été popularisée en psychanalyse néo-freudienne pour parler des individus qui se sont développés de façon factice, largement par manque d'amour et pour s'attirer un peu d'estime de leur entourage, un entourage qui leur sert de béquille psychologique tant ils se sentent vides.

Cependant, le mot *personnalité*, que nous utilisons souvent, crée une résonance plus large qui correspond mieux à ce que je souhaite mettre en lumière. Elle devient ainsi l'équivalent d'un conditionnement global qui se met en place dès la naissance et se renforce sans cesse à travers les circonstances de la vie.

Il devient donc impératif de prendre le recul nécessaire pour commencer à « se voir faire », comme on dit communément, et découvrir ainsi l'existence de ce personnage par une observation assidue de soi-même. On se rend compte alors que notre personnalité est souvent bien adaptée aux demandes des autres, mais fort mal adaptée à ce que nous sommes véritablement.

Au risque de me répéter, je précise que le problème ne tient pas au développement de la personnalité, quelle qu'elle soit. Après tout, chaque forme vivante possède une peau protectrice, et cela est aussi vrai sur le plan psychologique que sur le plan physique. La difficulté provient du fait de croire que ce bouclier psychique nous résume réellement et qu'il nous protège, alors qu'au contraire il nous expose au malheur. Plus précisément, c'est notre attachement tout à fait inconscient à cette personnalité, comme si elle nous représentait entièrement, qui constitue le véritable problème. À partir du moment où nous nous rendons compte que ce mécanisme ne constitue que l'aspect contrarié et défensif de la personne, nous pouvons avoir accès aux dimensions plus profondes et plus individuelles de notre être.

Si vous faites continuellement le clown, on finira par ne réclamer de vous que cet aspect de boute-en-train qui fait rire tout le monde. Vous n'oserez plus montrer aux autres que vous pouvez aussi avoir de la peine. Vous tournerez tout en dérision. Ce sera votre spécialité, et vous ne pourrez plus vous présenter dans une soirée sans porter ce masque.

En revanche, si vous êtes du genre réservé, vous n'oserez pas, lors d'une soirée, vous éclater sur la piste de danse, et si vous assistez à une réunion de votre entreprise, vous n'oserez pas prendre la parole devant le groupe. Vous respecterez votre image afin que les autres vous respectent en retour, même si vous avez des fourmis dans les jambes. La réaction de survie s'est transformée en piège. Elle vous empêche de suivre vos goûts véritables et de les exprimer.

En offrant au monde un aspect limité, rapetissé, corseté, de nous-mêmes, nous nous exposons inévitablement à ne pas être reconnus pour ce que nous sommes vraiment. Si nous n'osons pas montrer à notre entourage notre être véritable, comment s'étonner par la suite lorsque nous ne rencontrons pas les amours, les amis, les collègues qui nous correspondent réellement ? Peut-il y avoir piège plus terrible que d'être aimé pour ce que nous ne sommes pas, que d'être reconnu pour des facettes de nous-mêmes et des capacités que nous n'avons développées que pour plaire aux autres, mais que nous n'apprécions pas ?

Aimer et être aimé

Je suis conscient que la question de la personnalité et du besoin de reconnaissance peut être dérangeante, car, après tout, chacun de nous désire aimer et être aimé. Il n'y a rien de plus naturel que cela. Nous avons donc besoin d'un éclairage plus spécifique pour éviter de tomber dans cette impasse.

La première question qui se pose pourrait se formuler ainsi : être aimé, soit, mais en fonction de quoi ? Être aimé pour les dimensions qui appartiennent à notre personnalité, à notre bouclier, ou être aimé pour qui nous sommes vraiment, c'est-à-dire un être universel qui possède une individualité associée à des qualités et à des talents ? Je crois que la véritable aspiration de chaque être, son cri du cœur, consiste à vouloir être aimé pour ce qu'il est réellement, car chacun vient au monde avec des aptitudes et des dons différents. Toutefois, le courage de vivre selon ses goûts profonds ne semble pas monnaie courante.

Pour avoir le courage de vivre selon ses goûts profonds, il semble qu'il faille s'aimer suffisamment. Or, cet amour de soi prend racine en grande partie dans la façon dont nos parents nous ont aimés lorsque nous étions petits. À moins qu'ils n'aient coutume de remettre en question leurs attentes, les parents en chargent inconsciemment leurs enfants. La sensibilité ouverte des nourrissons transforme vite ces derniers en spécialistes : ils repèrent très vite ce qui fait plaisir à papa et à maman. Tentant de vaincre l'angoisse de vivre, cherchant un regard qui confirme, ils se plient aux désirs de leur entourage, autant pour les rendre heureux que pour être aimés en retour. Ce réflexe tout naturel de l'enfant scelle sa déconnexion d'avec lui-même et ajoute à sa confusion par rapport à ce qu'il est véritablement.

Si les parents sont attentifs à leurs attentes, ils sauront, en grande partie, éviter ces écueils. Ils pourront permettre à l'enfant de développer des aptitudes qui ne correspondent pas nécessairement aux leurs. Paradoxalement, c'est en respectant leurs propres goûts qu'ils sauront le plus efficacement guider l'enfant vers les siens. Ce dernier aura ainsi la chance de renouer plus tôt avec son individualité – sans avoir à attendre la crise de l'adolescence ou celle de la quarantaine pour reconnaître la douloureuse distance qui s'est créée entre lui et lui-même.

Mieux, si les parents sont parvenus à reconnaître leur propre dimension universelle et se situent consciemment dans un élan de réunification avec le tout, ils recevront l'enfant lui aussi comme un être universel, qu'ils guideront du mieux qu'ils le peuvent vers une expression heureuse de tout ce qu'il est. N'est-ce pas là le sens de la parole du poète Khalil Gibran, lorsqu'il dit aux pères et aux mères :

Vos enfants ne sont pas vos enfants.
Ils sont les fils et les filles de l'appel de la Vie à elle-même.
Ils viennent à travers vous mais non de vous.
Et bien qu'ils soient avec vous, ils ne vous appartiennent pas[22].

La peur de déplaire

Quel que soit le don particulier d'un enfant, si ce don n'a pas été autorisé par les parents, s'il n'a pas été reflété par leur regard bienveillant, il est difficile à l'enfant de l'exploiter – et de ne pas s'en couper. L'estime que nos géniteurs ou leurs substituts nous manifestent nous donne de

---

22. Khalil Gibran, *Le Prophète*, Paris, Casterman, 1956, p. 19.

la valeur. Nous intériorisons cette valeur propre et elle nous permet de nous estimer en retour. Si ce processus ne prend pas place, nous développons alors ce qui plaît aux parents et nous abandonnons le reste, de peur de leur déplaire. Ce faisant, nous restons pris dans la dépendance aux autres, en attente d'une confirmation, et vivant dans la crainte du rejet et de la solitude.

La situation est pire encore lorsque l'enfant a vécu des traumatismes en bas âge. Il y a quelques semaines, j'entendais Mireille à la télévision. Elle racontait une bien triste histoire: dès l'âge de treize ans, on l'avait séparée de sa sœur aînée pour la «placer» en foyer d'accueil, leur mère ayant déserté le foyer familial. Elle n'avait pas revu cette sœur depuis douze ans et la recherchait activement. Elle expliquait à quel point cette séparation précoce avait renforcé sa méfiance et que, malgré un époux aimant et la venue au monde d'une belle petite fille, elle n'arrivait pas à prendre confiance en elle-même. Les retrouvailles émouvantes ont eu lieu sous les yeux de milliers de téléspectateurs. Au moins y avait-il là, sur le plan symbolique, reconnaissance de la réalité de ce drame silencieux, et espoir de réparation d'une blessure restée vive. Toutefois, que d'attentes déposées dans les bras d'une sœur aînée!

À l'instar de Mireille, beaucoup d'êtres souffrent d'une estime de soi défaillante et sont dépendants affectivement des autres, faute de n'avoir pas été reçus avec suffisamment de compréhension et de bienveillance, et parce qu'ils sont enfermés dans leur personnalité sans savoir qui ils sont véritablement. Ils continuent à guetter la lueur d'approbation dans l'œil de parents symboliques ou de leurs véritables parents. Ils en sont pour ainsi dire assoiffés, et ils craignent de perdre l'estime de ceux et de celles qui leur accordent ce reflet positif.

En réalité, ils vivent dans le regard des autres, captifs de leur propre image. Leur quête de valeur est cachée aux yeux de leur entourage et souvent à leurs propres yeux. S'ils pouvaient se voir sous la peau de ce personnage dans le besoin, la figure d'un mendiant leur apparaîtrait. Ce mendiant vit dans la recherche constante de déguisements pour masquer son indigence, et pour jeter de la poudre aux yeux.

Hélas, il existe un terrible théorème psychologique que l'on pourrait formuler ainsi: plus un être est coupé de la jouissance de ses propres talents, plus il se retrouve dépendant de l'approbation des autres et prisonnier de son image.

Comme la considération recherchée ne vient jamais en quantité suffisante, la vie reste insatisfaisante. On se soumet à toutes sortes de contorsions pour plaire aux autres et ne pas perdre leur estime, mais pendant ce temps, notre véritable puissance, le meilleur de soi, est laissée de côté. Nos propres ressources sont au repos ; l'on ne goûte pas aux plaisirs de l'autonomie. Comme me l'a dit un thérapeute fort peu complaisant à qui je venais de raconter mes mésaventures amoureuses avec le plus grand sérieux du monde : « Vous savez, Guy, dans la vie, le grand truc, ce n'est pas d'être aimé, c'est d'aimer. »

Il me faisait sentir ainsi qu'il y a un abîme entre le mode de la dépendance, qui se résume dans la formule : « J'ai absolument besoin d'être aimé pour sentir que j'existe et que je vaux quelque chose », et celui de l'autonomie psychique, qui s'exprime par : « Je manifeste mon amour en offrant ma création au monde. » Ce thérapeute m'invitait à faire confiance à mes propres ressources, afin de les élaborer et de les offrir aux autres, ce qui est un acte d'amour et de création au sens large. Sur le plan intérieur, la trajectoire d'une vie réussie se mesure souvent à l'aune de ce changement de pôle.

La capacité de référence à soi

Une des conséquences de la coupure d'avec le meilleur de soi est le développement d'un système de dépendance. En effet, à partir du moment où un être perd le contact avec lui-même, il cherche à s'appuyer à l'extérieur. Même chose si vous perdez l'équilibre en faisant un exercice physique, ou si vous tombez.

Cela signifie que le rôle des parents, des parents substituts ou des figures parentales symboliques, tels les grands-parents, oncles et tantes, parrains et marraines, enseignants et médecin de famille, demeure primordial. Ils peuvent guider l'enfant à rester près de lui-même et de ses propres ressources, l'aidant ainsi à éviter l'écueil de la dépendance, du moins en partie.

Autrement dit, leur attitude peut faire en sorte que le réflexe de survie de l'enfant qui cherche la reconnaissance dans leur regard puisse servir à autre chose qu'au développement d'un individu complaisant envers son entourage. Reconnaître l'enfant pour ses véritables talents plutôt que pour ses réflexes d'adaptation, et même de sur-adaptation aux demandes de l'extérieur, constitue assurément un pas dans la bonne direction. Alors, la carapace protectrice se fait moins rigide et l'attache-ment à celle-ci se relâche. Un enfant y gagne en vitalité et en goût de vivre – éléments extrêmement précieux pour sa croissance.

De la sorte, l'enfant a plus de possibilités de conserver le lien avec ses ressources, avec son vécu intérieur, avec ses sensations et ses impressions. En conséquence, il aura plus facilement confiance en lui et s'autorisera plus tôt à exercer ses capacités.

Les figures parentales peuvent favoriser le contact d'un jeune être avec lui-même par des questions telles que : « Que penses-tu de ce qui arrive ? Comment décrirais-tu ce que tu ressens actuellement par rapport à ce paysage ou par rapport à cet événement ? Comment formulerais-tu ton besoin actuel ? Qu'est-ce que ce besoin pourrait satisfaire réellement ? As-tu des demandes à formuler en fonction de tes besoins et pouvons-nous faire ensemble l'inventaire de ce qui est possible et de ce qui ne l'est pas[23] ? »

Par ce type de questionnement, on accompagne l'enfant dans sa recherche de réponses, quitte à lui faire des suggestions, à l'occasion. Il s'agit également de lui faire appréhender un monde nuancé où ses senti-ments ne sont pas nécessairement ceux des autres, où les différences ont le droit d'exister et peuvent même être appréciées. Bref, c'est une sorte de gymnastique, qui présente un intérêt majeur. Combien d'adultes ne sont pas capables de dire ce qui se passe réellement en eux, tant sur le plan affectif que sur le plan physique ? À moins d'être sous le coup de sensations ou d'impressions puissantes, ils « ne se sentent pas », tellement ils sont enfermés dans la bulle de la personnalité.

Voilà pourquoi c'est souvent au sein de crises violentes que les indi-vidus se révèlent à eux-mêmes. Il n'est nul besoin qu'il en soit ainsi. Lorsque l'enfant a la permission ou la force intérieure nécessaire pour entretenir le lien avec ce qu'il ressent, tout lui est plus facile. Il développe une capacité de référence à lui-même qui va lui permettre de s'orienter pendant toute son existence.

Cela est si vrai que la recherche en psychologie, qui met aujourd'hui l'accent sur les cas qui s'en sortent plutôt que sur ceux qui cafouillent,

---

23. Ce sont là des questions inspirées de la technique de la communication non violente. Voir à ce sujet le livre de Marshall Rosenberg, *Les mots sont des fenêtres ou des murs*, Saint-Julien en Genevois, Éditions Jouvence et Syros, 2001.

a découvert, parmi les facteurs de «résilience[24]» des enfants qui ont connu des traumatismes, que la présence d'une personne bienveillante figure en bonne place. Cette dernière leur a permis de rester en contact avec eux-mêmes et de garder espoir, au lieu de se couper complètement de leur ressenti, comme c'est souvent le cas dans ces situations. On ne saurait donc sous-estimer le rôle de guide des parents.

À travers ma vie d'homme et de thérapeute, j'ai pu vérifier chez les autres comme chez moi-même combien il est difficile d'avoir accès à ses sensations profondes lorsqu'on a été longtemps coupé de soi-même. Le retour à soi se fait lentement. Il demande un effort réel et continu, souvent au sein d'une psychothérapie. Encore aujourd'hui, lorsqu'on me demande à brûle-pourpoint si je veux participer à tel ou tel projet, j'ai besoin d'un moment de retraite intérieure pour prendre contact avec ce que je ressens vraiment. Au fil du temps, j'ai appris à me respecter et à contourner ma peur de déplaire en m'accordant cette période de reconnexion. Ainsi, j'arrive à répondre de façon juste pour moi-même, et c'est beaucoup plus satisfaisant.

Dans les chapitres suivants, je décrirai en détail le mécanisme de la personnalité. Cette identification est le principal élément qui nous tient loin de notre individualité, de ce que nous sommes vraiment. Telle une peau, nous vivons et respirons avec ce mécanisme. Il est, au niveau psychique, ce que la cuirasse est au niveau corporel : une carapace vivante qui respire au même rythme que nous et qui nous constitue.

Nous prendrons l'espace nécessaire pour faire la distinction entre les différents éléments qui composent la personnalité. Nous pourrons ainsi favoriser une rupture de l'identification inconsciente au personnage en devenant les témoins de ce que nous croyons être, mais que nous ne sommes qu'en surface. Le poste d'observation que nous créerons ainsi permettra une relation avec notre personnage intérieur, alors qu'auparavant nous ne faisions que lui obéir aveuglément. En effet, ce qui demeure inconscient a le pouvoir de nous posséder à notre insu et de nous faire agir, penser et ressentir dans le sens de nos complexes.

---

24. Le terme «résilience» a été introduit en psychologie pour désigner la capacité qu'ont certains enfants de résister à un sort adverse sans s'écrouler et perdre espoir. Il a été popularisé par Boris Cyrulnik dans plusieurs ouvrages dont *Un merveilleux malheur*, Paris, Éditions Odile Jacob, 1999.

Chapitre quatre

Autopsie d'un conflit

UN BOND DANS LE TEMPS

Nous pourrions continuer notre examen de manière chronologique en expliquant comment des couches successives s'additionnent pour donner de plus en plus de poids et de réalité au personnage de surface dont nous sommes devenu le prisonnier. Ainsi, à partir des effets du passage natal, nous pourrions ajouter les blessures du passé, les peurs, les croyances, les attentes, les états émotifs et les comportements. Tous ces éléments conditionnent l'être et freinent l'expression de son authenticité. Toutefois, j'ai pensé qu'il serait plus intéressant de vous expliquer tout cela à partir de la situation concrète d'un couple, dans lequel vous pourrez peut-être vous reconnaître. Nous allons donc faire un bond dans le temps et, les bases de la venue au monde étant posées, nous verrons ce que cela donne une fois les personnages devenus adultes.

Nous serons donc les témoins, dans les pages qui vont suivre, du vécu d'un couple submergé par les problèmes. C'est le moment où le diamant lumineux est le plus obscurci et où des êtres sont les plus emmêlés dans leurs voiles – où ils se sont complètement investis dans les rôles qu'ils jouent l'un pour l'autre. Nous pourrons ainsi voir plus distinctement les diverses couches de conditionnement qui les affectent. Notre but est de faire l'analyse de leur dynamique psychologique afin de mettre en évidence la même perspective : celle de la dépendance et de l'autodestruction. En étudiant les éléments qui accompagnent et qui motivent leur conflit, nous saisirons ce qui piège, en eux, le meilleur de soi.

Notez que j'emploie ici le mot « conflit » au sens large. Il correspond à une situation où l'on retrouve des tensions, un malaise, des malentendus, bref, de l'inconfort. Ce conflit peut être ouvert ou fermé. Pensez par exemple à un conflit familial qui n'a jamais fait surface : une longue tension vécue en silence par tous les membres de la famille, une tension qui peut durer des années sans résolution, et sans que personne ne dise mot. Il s'agit là d'un conflit fermé, un désaccord qui ne se dira peut-être jamais. Toutefois, les éléments de base sont les mêmes que s'il s'agissait d'une dispute, c'est-à-dire un conflit qui explose au grand jour, avec éclats de voix et explications à la clé.

Nos protagonistes répondent à ce dernier cas de figure. Sans plus de préambule, je vous les présente : Hélène et André. Hélène et André vivent ensemble depuis quelques années. Ils sont dans la jeune quarantaine. Ce soir, une querelle vient d'éclater parce qu'André, une fois de plus, a pris une décision qui engage Hélène, mais sans lui en parler.

UNE SURPRISE MALVENUE

Hélène (ton plaintif) : J'en ai assez. C'est toujours la même histoire. Combien de fois faudra-t-il que je te le répète ? Je veux que tu me consultes avant de prendre des décisions qui me concernent. Un souper samedi soir avec nos meilleurs amis... Mais j'aurais pu être occupée, samedi soir !

André (affirmatif, enjoué) : Mais non, ma chérie, tu ne pouvais pas être occupée, nous sommes toujours ensemble le samedi soir. Alors, j'ai pensé te faire une surprise en invitant nos meilleurs amis à souper.

Hélène : Lorsque tu fais des choses comme celle-là sans m'en parler, cela me heurte. J'ai l'impression que je ne compte pas pour toi.

André (un peu irrité) : Ah, tout de suite les grands mots ! Tu sais très bien que tu comptes beaucoup pour moi. C'est simplement que, lorsque je te consulte, ça prend une éternité. »

Hélène : Peut-être que je prends un peu trop de temps pour me décider, mais sache que j'ai des envies, moi aussi.

André : Peut-être, mais on n'en entend jamais parler. Prends l'autre jour. Nous voulions aller au restaurant et tu te plaignais amèrement de mon choix. Tu me disais que les grandes brasseries où tout le monde va pour se faire voir, ce n'était pas ton fort. Alors je t'ai demandé de proposer un autre resto. Mais là, tu t'es mise à hésiter, tu ne savais plus quoi dire. J'étais consterné. Tout ça pour en arriver là. Et c'est toujours comme ça ! C'est comme ça pour le cinéma, comme ça pour les activités du week-end, comme ça pour les soupers entre amis.

Hélène : Tu exagères : ce n'est pas TOUJOURS comme ça ! La vérité, André, c'est que je n'ose pas te proposer les endroits que j'aime parce que tu ne t'y sentirais pas à l'aise.

André : Comment peux-tu le savoir si tu ne proposes rien ?

Hélène : Je le sais, c'est tout ! Moi, j'aime manger au comptoir, dans des petits endroits enfumés, avec le moins de décorum possible. Et toi, tu détestes ça.

André : Ce que je déteste, Hélène, c'est que tu penses savoir mieux que moi ce que j'aime.

Hélène : Tu ne fais pas mieux ! Tu décides à ma place de ce que je ferai samedi soir et tu me l'imposes.

André (tentant de calmer le jeu) : Je pensais te faire plaisir... Est-ce qu'il est interdit de faire des surprises à sa femme ? De toute façon, tu ne seras pas toute seule pour cuisiner, je vais t'aider !

Hélène : M'aider, m'aider ! Tu ne m'aides pas, André : tu fais semblant. Tu me regardes faire en sirotant un verre de vin. Aider quelqu'un, tu ne sais pas ce que ça veut dire. Tu es complètement obnubilé par tes choses à toi. Il n'y a que toi qui comptes dans ta vie. Je dois suivre tes désirs et tes envies, que ça me plaise ou non.

André : Hélène, arrête ça tout de suite ! À t'entendre parler, on dirait que tu es une esclave.

Hélène : Tout ça me décourage. Cela me déçoit que nous en soyons encore là après des années de vie commune. J'ai l'impression que ça ne changera jamais. Tu n'es pas capable d'aimer, André. Si tu m'aimais, ce serait bien différent.

André : Si tu m'aimais… Si tu m'aimais… L'amour, tu n'as que ce mot-là à la bouche. Mais, je t'aime, Hélène. Dis plutôt que tu ne me trouves pas à la hauteur. C'est comme si je n'étais jamais au niveau de ce que tu attends de moi. Je ne dis jamais ce qu'il faut dire… Je ne fais jamais ce qu'il faut faire…

Hélène : Eh bien, ça, c'est un comble ! Je m'indigne contre une de tes décisions et c'est toi qui es la pauvre victime ! C'est trop pour moi. J'avais simplement besoin que tu m'écoutes un peu. Mais ça ne marche jamais, on dirait que tu en es incapable. Chaque fois que j'ose me plaindre, tu te mets en colère sans même essayer de comprendre. Eh bien, ton souper, tu peux te le mettre là où je pense.

André : Mais c'est à cause de toi si je suis en colère. C'est exactement ce que je suis en train de t'expliquer. Je ne me sens jamais à la hauteur avec toi. Écris le script, Hélène, écris le script. Mets-moi les mots dans la bouche. Comme ça je ne ferai plus jamais d'erreur.

Hélène : Tu es de mauvaise foi, André. La vérité, c'est que les hommes ne comprennent rien aux femmes.

CERTAINS COMPORTEMENTS ALIMENTENT LES CONFLITS

Bon, comme vous le voyez, c'est mal parti. Quand ils en arrivent à cette histoire de scénario, Hélène se sent humiliée et elle se fâche. André se sent coupable de ce qu'il vient de dire, mais il est trop orgueilleux pour revenir en arrière. En fait, si nous avions poursuivi le dialogue, nous aurions assisté à une véritable déclaration de guerre, car Hélène ne peut tolérer qu'André s'exprime de la sorte. Ces propos la blessent, la heurtent. Après tout, c'est elle qui ne se sent pas prise en compte dans cette relation. Je vous propose donc d'arrêter ici pour le moment, car nous avons suffisamment d'éléments pour nous faire une idée de ce qui est en jeu dans leur dynamique amoureuse.

Au fait, c'est intéressant, cette histoire de scénario, parce qu'il est vrai qu'ils sont prisonniers d'un texte écrit à l'avance. Le problème découle du fait que ce n'est pas eux qui l'ont créé. Il s'agit d'un scénario produit par leurs conditionnements inconscients – des conditionnements qui les mènent de façon obligatoire au conflit et à l'impasse et qui sont le produit de cette perte de contact avec leur puissance intérieure.

Habituellement, pour qu'un conflit éclate, il faut qu'il se soit passé quelque chose entre deux ou plusieurs personnes. Il faut que l'une d'elles ait été provoquée par les attitudes et les comportements adoptés par les autres. Ainsi, Hélène réagit au comportement d'André qui, une fois de plus, a pris une décision sans la consulter. Le comportement d'André reflète son attitude intérieure : il est persuadé qu'Hélène ne pourra pas se décider, même s'il lui parle à l'avance de son projet.

Hélène adopte alors un comportement de récrimination. Elle fait des reproches à André, et son attitude intérieure est faite de détresse et d'impuissance devant une conduite qui se répète. Après avoir trouvé refuge dans les pleurs, elle va se retirer dans la chambre à coucher. André, de son côté, va tenter de fuir cette conversation en essayant de faire taire Hélène et en s'isolant dans le mutisme.

Autant d'attitudes et de comportements qui débouchent sur le conflit et qui l'alimentent. Cependant, ces attitudes et ces comportements ont des histoires qui dépassent largement le cadre de la dispute qui agite nos personnages. Ils nous parlent du passé de leur couple et du passé de chacun, avant qu'ils ne soient ensemble – d'où l'intérêt de l'autopsie que nous nous apprêtons à pratiquer et dont nous suivrons les éléments point par point, non sans avoir effectué auparavant quelques remarques sur le couple, les émotions et les complexes.

Le couple fait ressortir les tensions

Pourquoi le couple est-il l'endroit par excellence où éclatent les conflits, les rivalités et les malentendus ? Parce que, dans un couple, nous réagissons fortement à l'autre et le faisons par l'intermédiaire d'attitudes et de comportements qui provoquent des frictions.

En fait, dans toute relation suivie, il y a des frictions. Nous pourrions tout aussi bien parler de relations amicales, familiales ou professionnelles. Ces frictions expriment le mouvement même de la vie humaine, et certaines sont si agréables que nous les recherchons ardemment. Ce sont celles de la caresse et de la parole qui valorisent. D'autres, en revanche, nous heurtent et nous blessent.

Ces frictions sont dues à la proximité physique qui lie les personnes. Plus ces personnes s'éloignent l'une de l'autre, plus les frictions ont de bonnes chances de s'atténuer, les bonnes comme les mauvaises. Il est à noter également que plus on a l'impression d'être dans une situation sans issue, plus les frictions sont fortes, chacun tentant de dominer, d'effrayer, de culpabiliser ou de ridiculiser son interlocuteur. À moins que l'un d'entre eux ne se soumette complètement et ne fasse le paillasson – une stratégie qui achète la paix à court terme, mais qui risque d'être destructrice à long terme.

Faites disparaître l'un des protagonistes et vous n'aurez plus de querelle parce que vous n'aurez plus de friction. C'est précisément ce qui nous amène à penser que les autres sont responsables de nos sautes d'humeur et de nos conflits, puisque, lorsqu'ils ne sont pas là, nous n'en avons pas.

Toutefois, est-ce vraiment parce que nous n'avons ni saute d'humeur ni conflits, ou plutôt parce que ces derniers ont disparu de l'espace conscient, un peu comme lorsque nous dormons et que les éléments qui nous occupent tout le jour s'effacent ? Pour un psychanalyste, la réponse est évidente et elle ne vous surprendra pas : les conflits dorment en nous ; nous ne les sentons pas, ou nous ne les percevons pas quand nous sommes seuls. Ils se profilent alors sous forme de malaises physiques et de sautes d'humeur qui nous traversent de temps à autre. Ils attendent que quelqu'un produise l'étincelle qui va leur permettre de s'enflammer.

C'est comme si les conflits étaient latents et attendaient la bonne personne pour éclater. En ce sens, nous pourrions même être reconnaissants envers ceux qui, en nous heurtant, nous font exploser, parce qu'alors nous avons la possibilité d'observer ce qui se passe en nous et qui demeure, la plupart du temps, inconscient.

Le génie dans la lampe

L'humoriste français Coluche résume tout ce que je viens de dire par un trait d'esprit à la fois drôle et lumineux : « Être en couple, c'est gérer à deux des problèmes que l'on n'aurait pas eus tout seul. » Tout à fait juste. En réalité, il est important que nous apprenions à gérer à deux des problèmes que nous n'aurions pas eus tout seuls. C'est même de la plus haute importance, car, sans ces frictions que nous trouvons problématiques, nous n'apprendrions pas qui nous sommes. Nous ne nous découvririons pas. Plus précisément, nous ne prendrions pas conscience des éléments qui nous enchaînent et qui gênent nos progrès vers l'expression du meilleur de nous-mêmes. Sans ces conflits souvent explosifs et sans nos malaises intérieurs, le meilleur resterait enfermé en nous.

Je ne veux pas dire par là que ces conflits et la souffrance qu'ils traînent dans leur sillage sont nécessaires à la vie, mais plutôt qu'ils sont, comme je l'ai mentionné, les signaux vivants qui nous disent que le mouvement vital a du mal à progresser en nous et qu'il se heurte à des obstacles. Ils peuvent donc devenir des aides précieuses si l'on accepte de se mettre à leur écoute. Nous avons en effet le pouvoir de les transformer en outils de connaissance de soi et de libération.

Surprenante constatation, n'est-ce pas ? Utilisons une métaphore. Vous souvenez-vous du conte *Aladin et la lampe merveilleuse* ? Imaginons que chacun de nous possède une lampe qui emprisonne un génie. Il s'agit d'un génie effervescent qui veut trouver son chemin vers la sortie. Mais pour que la lampe puisse le libérer, il faut que quelqu'un la frotte. Or, lorsque personne ne frotte votre lampe, à la longue, elle se ternit. Au point que vous ne savez même plus ce qu'il y a dedans, car vous ne voyez plus à l'intérieur. Que va-t-il se passer ? Vous risquez d'avoir une vie agitée, car votre « génie » cherchera à s'exprimer. Il a effectivement le pouvoir d'attirer à lui des événements et des personnes qui vont se frotter à vous et à votre lampe pour le libérer, au risque de tout casser et que le contenu de la lampe ne soit perdu.

Ainsi, tout se passe comme si nous avions un précieux génie à l'intérieur de nous. Cet esprit veut se manifester et prendre part à la vie. Il est notre trésor. Le problème, c'est que nous avons oublié que cette source de vie existait en nous. Alors, nous nous agitons, parfois avec frénésie, cherchant de la magie partout à l'extérieur. En conséquence, la vie nous malmène pour nous inciter à nous souvenir de notre richesse. Nous traversons alors des crises, des maladies, des faillites, des divorces, des dépressions. Autant d'occasions pour qu'une brèche puisse se créer et que notre puissance trouve ainsi le moyen de s'échapper. Autant d'invitations qui nous encouragent à suivre le fil des frictions qui nous rappellent notre génie oublié.

LES COMPORTEMENTS TRADUISENT DES ÉMOTIONS

Si vous frottez deux pierres l'une contre l'autre, l'action d'un corps sur l'autre produira de l'énergie, qui se traduira en chaleur. Il est fort probable qu'une étincelle de feu apparaisse. Chez les êtres humains, les frictions produisent une énergie qui se traduit en émotions. Sur le plan psychique, nous ressentons les charges énergétiques à travers l'intensité du climat émotionnel. Ainsi, il suffit de quelques minutes pour que l'enthousiasme d'André se transforme en colère devant l'accueil plutôt froid qu'Hélène réserve à sa proposition. La lampe a été frottée, mais le génie qui en est sorti n'est pas beau à voir. Pourtant, c'est exactement le génie qu'il fallait qu'André rencontre. Tout comme Hélène doit rencontrer le génie qui est sorti de sa lampe à elle et qui affiche une amertume teintée de désespoir.

Le dictionnaire *Antidote* définit ainsi le mot « émotion » : « trouble, agitation momentanée, souvent impulsive, provoquée par un intense sentiment de joie, de peur, de surprise, qui peut occasionner certains malaises, certains phénomènes physiques, comme la pâleur, le rougissement, l'accélération du pouls, la sudation ». Les synonymes sont eux aussi très instructifs. Ils traduisent le bouleversement, le choc, la frénésie, le mouvement, la passion, voire la commotion et le traumatisme.

Sur le plan psychologique, il n'y a pas de bonnes et de mauvaises émotions. Il n'y a donc pas de jugement à porter, et pas de parti à prendre en ce qui les concerne. Elles peuvent nous faire vivre des moments agréables ou désagréables. Toutefois, en elles-mêmes, elles sont neutres. Elles sont une des expressions spontanées de la nature humaine. Cependant, elles représentent une mine d'informations sur nous-mêmes. Ces dernières nous permettent d'observer la nature des éléments qui bougent en nous, surtout lorsque nous prenons le terme « émotion » dans un sens psychologique plus restreint. Il devient alors synonyme d'*affect*, soit un état affectif élémentaire qui nous prend à notre insu, que nous subissons, et qui, souvent, nous contrôle. Bref, un état qui nous « affecte » malgré nous.

Lorsque nous parlons des émotions, nous parlons en fait de l'océan sur lequel vogue l'humanité, la plupart du temps sans gouvernail et sans cap pour s'orienter. Ainsi, nous nous retrouvons ballottés par elles. Faute d'être reconnues, nos eaux intérieures créent de grandes vagues dans lesquelles nous risquons de nous noyer. Car l'émotion déferle en nous comme une vague qui nous porte, nous emporte, ou nous submerge.

À cet égard d'ailleurs, il n'est pas difficile de reconnaître les bouleversements qui nous font vivre des moments de bonheur ou de malheur. Le langage lui-même ne contient-il pas des expressions comme « se noyer dans la tristesse », « être submergé par la colère », « terrassé par la peur » ou, à l'opposé, « nager en plein bonheur », ce qui est le contraire de la submersion ?

À l'évidence, nos psychés recèlent des éléments qui, parce qu'ils sont ignorés, détiennent le pouvoir de nous posséder et de nous contrôler. Un événement vient nous percuter et, soudain, notre seuil de vigilance habituel s'affaisse, une émotion prend possession de nous, notre humeur change, notre comportement se modifie et une autre partie de nous-mêmes se révèle au monde.

Par exemple, lorsque nous buvons trop, notre humeur peut changer de façon radicale. Notre seuil de vigilance conscient s'abaisse sous l'effet de l'alcool ; nous devenons moins timides, plus affirmatifs, plus arrogants ou, au contraire, plus effacés. Un autre fragment de notre personnalité a été stimulé ; il mène le jeu pour un temps et nous le suivons dans le dédale des émotions.

De même, lorsque nous sommes en période de deuil, nous remarquons principalement les choses tristes. Celles qui sont gaies ont soudainement le pouvoir de nous heurter. Imaginez maintenant un deuil non résolu, qui dure depuis l'enfance, et vous comprendrez comment une humeur peut contrôler votre vie au complet et vous servir de fenêtre, une fenêtre par où vous regardez le monde, n'y voyant et n'en retenant que les événements qui correspondent à un passé que vous vous êtes pourtant efforcé d'oublier.

La psychologie des complexes

Pour décrire en termes strictement psychologiques ce qui se passe lorsqu'on se retrouve ainsi possédé par une humeur, on peut dire que l'on tombe sous l'influence d'un complexe. Par exemple, quand Hélène éclate en sanglots devant l'incompréhension d'André, ce dernier, au lieu d'écouter, se fâche. Nous pouvons dire qu'il est alors possédé par un complexe qui, pour quelques minutes ou quelques heures, va lui dicter son comportement et son état intérieur.

Pour des raisons liées à l'enfance, André est incapable de supporter la peine de sa compagne. Une humeur colérique s'empare alors de lui et il tente de la faire taire, car elle lui rappelle quelque chose d'intolérable qui est en rapport avec sa propre détresse d'enfant, que personne n'a pu entendre. Parce qu'il ne sait pas cela, il tombe sous l'influence du complexe d'infériorité qui monte de l'intérieur : il ne se sent pas à la hauteur. S'il était conscient de son désespoir passé, il y a de fortes chances qu'il pourrait recevoir et comprendre la détresse d'Hélène, au lieu de lui infliger le traitement que ses parents lui ont fait subir pendant tant d'années, à savoir la domination.

La psychologie des complexes est très intéressante. Ceux-ci constituent de véritables sous-personnalités, relativement bien organisées, qui s'emparent de nous lorsque nous faisons face à l'inattendu. Si l'on ne s'occupe pas des complexes, si l'on n'en prend pas conscience, eux s'occupent de nous. Ils ont leur mémoire propre et leur propre façon de penser, de sentir et d'agir. Ainsi, lorsque vous êtes en colère, vous vous souvenez de ce que votre partenaire a pu dire ou faire contre vous, et ce, depuis des années. Pourtant, en général, ces éléments dorment en paix.

De même, lorsque vous êtes dans cet état, vous pouvez aller jusqu'à désirer des malheurs pour l'autre, alors qu'au quotidien c'est le dernier de vos souhaits. Vous vous voyez alors élever le ton malgré vous, taper du poing sur la table, casser des assiettes ou claquer des portes. Autant de choses que vous regretterez dans les heures qui suivent. Mais, pour le moment, votre complexe a le dessus. Vous êtes « hors de vous », selon l'expression populaire, c'est-à-dire hors de votre état conscient habituel.

Zinedine Zidane, héros du foot et capitaine de l'équipe française de soccer, nous a donné, sans doute bien malgré lui, un exemple de l'émergence subite d'un complexe lors de la finale mondiale de 2006 qui opposait l'Italie à la France. Nous sommes à dix minutes de la fin de la deuxième et dernière période de prolongation. Le joueur élevé au rang de légende vivante en est à quelques minutes de sa retraite annoncée. C'est son ultime match, celui qui va mettre un point final à une carrière quasi exemplaire. Mais voici que les insultes d'un joueur italien le font sortir de ses gonds. Oubliant totalement le contexte du Mondial, les trois milliards de téléspectateurs, son rôle de modèle pour des millions de jeunes, il se retourne et donne un violent coup de tête sur la poitrine de son adversaire. Zizou, comme le surnomment affectueusement les Français, est exclu de la partie pour son geste disgracieux, inacceptable et incompréhensible aux yeux de plusieurs commentateurs.

Voici un extrait de ce qu'il a déclaré sur les ondes de Télé France 1 (TF1) le 12 juillet 2006, juste après l'incident : « Et pour vous dire que c'est pas quelque chose de calculé… parce que si j'avais calculé mon coup… vous pensez bien que je suis à dix minutes d'une fin de carrière… j'aurais pas pu faire ce geste-là. »

Sur le plan psychologique, son comportement est très lisible. Une insulte l'a blessé et une sous-personnalité est montée à la surface. Pendant quelques secondes, le Zidane que tout le monde admire a été submergé par une partie plus ombrageuse de lui-même. Il n'y avait plus de coupe du monde, il n'y avait plus de fin de carrière, il n'y avait plus de solidarité d'équipe, il y avait seulement la blessure, et le besoin irrépressible de répondre à l'insulte. Pendant quelques secondes, le capitaine qui avait su mener les siens jusqu'à cette finale a perdu la tête et l'a utilisée pour donner un coup de bélier en plein cœur de son adversaire – parce que l'invective l'avait touché en plein cœur de son identité.

La façon de sortir des véritables états de possession dans lesquels nous entraînent les complexes est de revenir, avec conscience, sur les événements afin de réaliser ce que cachent ces émotions. L'irruption soudaine d'une sous-personnalité, au fil du quotidien, nous invite à vivre avec plus de vigilance. Ainsi, la connaissance de soi finit par aider à la dissolution de ces forces autonomes. D'autant plus qu'alors l'énergie qui structure un complexe devient disponible à la conscience. Voilà pourquoi la connaissance de soi permet un accroissement de vitalité. Si, pour une raison quelconque, nous négligeons cet effort d'attention envers ce qui se cache dans l'ombre de notre personnalité, nous risquons de nous retrouver de plus en plus dominés par ces véritables boules d'émotion et, en conséquence, de nous appartenir de moins en moins.

L'émotion refoulée ronge la structure psychique

Utilisons une métaphore. Disons que de l'eau s'est introduite dans les murs d'un édifice et n'a pas trouvé de voie d'évacuation ou d'évaporation. Bientôt, elle crée des cloques sur les murs et les plafonds. Ces dernières nous signalent qu'il y a des problèmes inhérents à la structure de l'édifice, puisque celle-ci laisse pénétrer l'eau. Si j'accepte le signal donné par ces boursouflures et si je corrige les problèmes de la structure, l'eau aura rempli son rôle d'indicateur et l'on pourra même dire qu'elle a joué un rôle bienfaiteur. Par contre, si je ne fais que crever les cloques pour permettre à l'eau de s'écouler, sans investiguer plus avant, je cours de sérieux risques de voir le problème se répéter en s'aggravant, parce que la structure de mon édifice va continuer à se détériorer.

Ainsi, la querelle d'Hélène et d'André signale un problème de structure, une faiblesse dans la construction de leur couple, mais aussi des vulnérabilités dans la façon dont chacun d'eux est structuré au niveau psychique. La plupart du temps, nous voulons ignorer cette réalité. Nous crevons les cloques en déversant beaucoup de larmes et en nous querellant. Après ce défoulement, la tension s'étant momentanément évacuée, nous poursuivons notre route, en essayant de croire, le plus naïvement du monde, que les problèmes ne reviendront pas.

Ou encore, nous rendons l'autre responsable de ce qui se passe en nous. « C'est de ta faute si je suis en colère », lance André à Hélène. Il tente ainsi de décharger sur elle la tension qu'il vit intérieurement. Quand nous agissons de la sorte, il nous paraît évident que c'est principalement le comportement de l'autre personne qui est à blâmer, comme si elle pouvait être responsable de nos états intérieurs. Nous croyons fermement que, sans elle, il n'y aurait pas « de cloques d'eau sur notre mur ». Ce qui nous incite à conclure que c'est elle qui a « un problème de structure », et qu'elle devrait consulter un psychothérapeute.

Cette attitude de mise en cause de l'autre et de négation de la gravité des problèmes engendre leur répétition. Le petit jeu peut même durer pendant des décennies. N'entend-on pas les mêmes récriminations pendant des années chez certains couples ? Cette dynamique malsaine devrait indiquer aux deux conjoints qu'il y a anguille sous roche. Pourtant, chacun d'eux continue à aller de l'avant avec, en prime, un fantasme : si je trouvais la bonne personne, tout s'arrangerait.

Eh bien, dans ce cas-ci, trouver la bonne personne, c'est-à-dire celle qui ne les troublerait jamais, correspondrait à une sorte de suicide psychique, car il ou elle pourrait alors passer de longues années à s'ignorer, jusqu'à ce que tout éclate brutalement ou, pis, n'éclate pas du tout, le bonheur espéré étant resté hors d'atteinte. En d'autres termes, on pourrait dire qu'il ou elle sera passé(e) à côté de lui (d'elle)-même.

LE RETRAIT DES PROJECTIONS

Lorsqu'on a identifié les éléments du passé qui sont responsables d'une situation actuelle, on a fait quelque chose de très important : on a supprimé la projection que l'on faisait sur son conjoint ou sur sa conjointe. On se rend compte qu'il ou elle n'est pas responsable des circonstances et que ces dernières étaient pour ainsi dire programmées à l'avance, nos nœuds intérieurs ayant agi comme de puissants aimants.

La projection est un mécanisme psychologique qui fait que l'on prête aux autres des éléments inconscients de notre propre psyché. Il s'agit d'un mécanisme de défense par lequel le moi conscient se protège d'aspects indésirables. Aussi, ce sont souvent des traits ombrageux qui se trouvent projetés à l'extérieur. Voilà pourquoi, à nos yeux, ce sont toujours les autres qui sont menteurs, hypocrites, voleurs, paresseux, manipulateurs, etc. Ils portent l'ombre que nous ne voulons pas assumer. Nous projetons aussi des parties positives qui dorment encore dans notre inconscient et que nous ne reconnaissons pas encore en nous. Ainsi, vous pouvez avoir un talent pour la parole que vous ignorez, ce qui fait que chaque fois que l'on vous demande de parler en public, vous suggérez quelqu'un d'autre.

Le retrait des projections consiste à faire l'effort nécessaire pour observer si ce dont j'accuse l'autre ne serait pas un aspect de moi-même. Si Hélène accuse André de domination, par exemple, c'est qu'elle ne voit pas jusqu'à quel point elle peut être dominatrice dans sa soumission. Cela ne veut pas dire qu'André n'est pas dominateur, car, après tout, il faut un crochet, chez l'autre, pour pouvoir y accrocher nos projections. C'est plutôt qu'en le jugeant et en le condamnant Hélène se juge et se condamne elle-même puisque, sans le savoir, elle fait la même chose que lui. Cet élément est important à saisir. Je prends donc la peine de le répéter : en jugeant et en condamnant les autres, c'est souvent soi-même que l'on juge et que l'on condamne, car ce que l'on remarque chez eux et qui nous apparaît si évident correspond souvent à ce que nous faisons nous aussi, mais sans nous en rendre compte.

Le retrait des projections est un élément essentiel de toute croissance psychologique et il est très important que chacun s'y exerce s'il veut sortir d'un monde polarisé, avec des bons d'un côté et des méchants de l'autre. Ici, il s'agit de tourner sa langue sept fois dans sa bouche, non pas avant de parler, mais avant d'accuser. En effet, au chapitre des accusations, notre ombre tire plus vite que nous, alors qu'il s'agit d'apprendre, comme Lucky Luke, à tirer plus vite que son ombre.

Vous vous demandez sans doute pourquoi je vous parle des émotions, des complexes et des projections avec ce luxe de détails. Tout simplement parce que cette vie de conflits incessants témoigne plus éloquemment qu'on ne saurait le dire de la réalité de la coupure d'avec le meilleur de soi. Alors, au lieu de reconnaître la lumière de l'autre au-delà de ses maladresses, je suis sans cesse heurté par elles, moi-même prisonnier de l'impuissance et cherchant aveuglément à être reconnu dans ma nature véritable, une nature que je ne reconnais même pas par moi-même. Mon propos est donc d'explorer ces éléments en détail pour démontrer que leur connaissance nous rapproche de nous-mêmes. Elle peut ainsi nous libérer de conditionnements néfastes et nous mettre sur la route de la plénitude.

L'innocence à tout prix

Pourquoi est-il si difficile de retirer nos projections ? Parce que se décharger de la faute sur l'autre possède des avantages cachés. Chacun de nous tente, à un moment ou à un autre, de culpabiliser autrui pour se libérer du poids de sa responsabilité. Nous utilisons ce système de défense pour nous protéger de la tension intérieure liée au fait que nous nous savons en partie ou en totalité responsables d'une situation.

Lorsque je ne trouve pas une paire de chaussettes dans mon tiroir, je mets invariablement ma femme de ménage ou ma copine en cause. Je ne conçois pas que ce puisse être de ma faute. Mais quand je retrouve les fameuses chaussettes dans un endroit improbable, je me rends souvent compte que c'est moi qui les y avais placées. Ce mécanisme joue pour bon nombre d'éléments de notre vie où nous cherchons à nous défiler de nos responsabilités pour prévenir l'inévitable tension associée au fait que nous nous savons responsables de pratiquement tout ce qui nous arrive.

Cette fuite des responsabilités nous aide à entretenir une illusion d'innocence que nous défendons bec et ongles en jugeant les autres et en les étiquetant. Ici, la projection se fait projectile et la guerre entre les humains commence. Elle nous permet, en diabolisant l'autre et en le rendant responsable de nos maux, de nourrir une image sans ombre de nous-mêmes. Nous finissons par penser qu'il suffirait d'éliminer la bêtise de ce monde et de trouver le conjoint ou la conjointe parfaite pour que tout aille bien. Cependant, en persévérant dans une telle attitude, nous ne réalisons pas que nous retardons notre développement vers la maturité et restons en position d'enfant sur le plan psychologique.

Retirer les projections qu'on lance autour de soi comme des projectiles pour s'appliquer plutôt à comprendre les éléments qui provoquent nos émotions et nos tensions est capital, sur le plan tant individuel que collectif. Cela résume ce que l'on fait dans la plupart des démarches thérapeutiques, où il s'agit de comprendre les nœuds du passé pour pouvoir les dénouer. Cet exercice permet au passé de redevenir le passé et de cesser de conditionner le présent. Ce processus peut prendre du temps et il n'est jamais accompli une fois pour toutes. Mieux vaut le concevoir comme une gymnastique quotidienne qui permet de rester souple au niveau psychique. Toutefois, à mesure que l'on progresse, l'exercice devient plus facile. Il est même fascinant d'aborder ses réactions émotives en se disant : « Tiens, comme c'est intéressant, je me demande bien ce qui se cache là-dessous. »

LA BOUCLE DES COMPORTEMENTS

André a des comportements dominateurs. Il joue à celui qui veut faire une agréable surprise à sa femme, mais, en fait, il cherche à lui imposer sa décision sans l'avoir consultée au préalable. Il la manipule, d'une certaine façon, et quand elle se rebelle, il devient colérique. Hélène, quant à elle, affiche normalement des comportements soumis. Toutefois, dans ce cas-ci, la goutte a fait déborder le vase. Elle se sent triste et impuissante et accuse André de la rendre malheureuse et de ne pas la comprendre.

Les conflits engendrés par les comportements et les émotions qui, en retour, provoquent d'autres comportements et d'autres émotions constituent une sorte de boucle dans laquelle nous pouvons circuler longtemps. La plupart du temps, nous sommes conscients de ce cercle vicieux. Nous savons que nos conflits naissent de nos attitudes ou des comportements de l'autre et qu'ils provoquent des émotions. Ce que nous ne savons pas aussi bien, c'est que ces émotions et ces comportements étaient déjà en nous et que l'autre n'en est que le déclencheur passager.

J'emploie ici le mot « boucle » parce que, en informatique, il désigne une « suite d'instructions d'un programme exécuté de manière répétitive ». Cette formulation souligne l'allure mécanique et programmée de nos façons de faire, ainsi que leur aspect circulaire. Bref, dans une situation inconfortable, nous tournons souvent en rond dans le même tourbillon de comportements, d'attitudes et d'émotions. Cette boucle représente la surface des choses, et elle est celle dont nous sommes le plus facilement conscients.

Elle exprime le remous qui nous agite et qui descend en spirale vers les angoisses existentielles dont nous avons parlé plus tôt. Néanmoins, c'est plutôt la surface du remous qui accapare complètement notre attention. Cet accaparement a même une fonction. Il nous permet d'éviter des vertiges plus graves qui auraient pourtant l'avantage de nous rapprocher de la partie vivante de nous-mêmes. Par contre, cette agitation de surface qui prend toutes les formes de la vie constitue un enfermement inconscient dans la partie mourante.

Qu'y a-t-il au-delà de cette première boucle ? Quelles sont les sources véritables du conflit qui divise Hélène et André ? Qu'est-ce qui se cache derrière les émotions et les comportements de nos protagonistes ? Nous en avons déjà une certaine idée. Il est néanmoins souhaitable d'explorer en détail les sources de leur petite guerre afin de découvrir ce qui les sépare d'un bonheur possible.

corneau

Chapitre cinq

Attentes et charges du passé

LES ATTENTES

Nous allons maintenant nous intéresser aux sources du conflit que vivent Hélène et André. Du même coup, nous plongerons plus profondément encore dans les méandres de la personnalité, méandres que nous explorerons pour connaître la nature exacte des conditionnements qui nous coupent de notre individualité. Aussi, après avoir examiné dans une première boucle les comportements, les frictions et les émotions de nos protagonistes, nous aborderons les attentes et les charges du passé, et par la suite, les peurs et les croyances. Cet examen nous entraînera dans une couche encore plus inconsciente des rapports que nous entretenons avec les autres. La connaissance de cette couche nous permettra de constater l'étendue de la dépendance qui nous lie à autrui, de comprendre comment elle se tisse, et sur quel type de vieilles blessures elle s'appuie. Il s'agit en somme d'une deuxième boucle qui est cachée par la première.

Parlons d'abord des attentes. Avez-vous déjà attendu quelque chose d'une façon désespérée, comme si votre vie en dépendait – le téléphone d'un amoureux, par exemple, ou une bonne nouvelle ? Vous souvenez-vous de la tension, de l'intolérable tension qui vous habitait alors ? Vous

de la joie qui vous a délivré de cette insupportable tension
nouement a été heureux, ou de la tristesse que vous avez
sque l'issue tant attendue ne s'est pas présentée ?

Récemment, un grand quotidien titrait à la une : «Les familles des disparus ne vivent plus que dans l'attente». Ainsi exprimée, cette attente devenait palpable. Nous pouvions facilement l'imaginer parce que, à un niveau inconscient, nous vivons toujours dans une attente similaire.

Qu'est-ce qui se cache derrière la tristesse d'Hélène ? C'est son attente d'être accueillie et valorisée, parce qu'elle n'a pas été appréciée et aimée comme elle le souhaitait dans son enfance. Elle espère former un couple avec son compagnon. Elle veut sentir qu'ils appartiennent à une même unité. Elle a la conviction que cela n'est possible que dans le respect mutuel. Elle s'attend donc, le plus naturellement du monde, à être consultée lorsque André prend une décision qui la concerne. Voilà pourquoi elle lui reproche de vivre comme s'il était seul. L'attitude de son conjoint menace la réalisation du projet qu'elle souhaite concrétiser dans un futur plus ou moins rapproché et qui lui permettrait de surmonter les écueils de l'enfance.

Qu'est-ce qui se cache derrière la colère d'André ? C'est son attente d'être admiré, soutenu et encouragé dans ses initiatives. Il désire que sa créativité, son audace et sa détermination soient estimées par sa compagne. Il veut lui montrer qu'il est à la hauteur et qu'il sait comment s'y prendre. Il lui reproche de ne pas voir ce qu'il fait pour leur couple. Il a vraiment l'impression de faire du bien à ce couple en invitant leurs meilleurs amis à souper un samedi soir. Il devient irritable lorsqu'il constate qu'Hélène n'apprécie pas ses petites surprises. À sa façon, il cherche lui aussi à faire mentir son enfance en prouvant sans cesse qu'il vaut quelque chose.

Ces attentes diffuses et confuses qui appartiennent au clair-obscur de leur relation, ni l'un ni l'autre ne sauraient les définir explicitement. Chacun d'eux les ressent sous forme de malaises, qui se transforment en reproches mutuels. Ils essaient de voir ce qui ne va pas, mais n'arrivent pas à mettre le doigt dessus.

Les besoins frustrés

Ces attentes trahissent leurs besoins frustrés. Comme je l'ai dit ailleurs et comme les travaux de Jacques Salomé, de Thomas d'Ansembourg ou des artisans de la communication non violente en général l'ont démontré, nous sommes largement inconscients de nos besoins et, tant que nous le demeurons, nous suscitons de l'incompréhension et de la violence dans nos relations. Cependant, nous sommes conscients de nos frustrations et, en suivant le chemin de nos inconforts, nous pouvons apprendre à mieux nommer nos besoins, pour nous-mêmes et pour les autres.

Que sent-on derrière les frustrations d'Hélène ? Si nous transposons en besoins ce qui transparaît de ses frustrations, nous pourrions dire qu'ils se situent d'abord du côté de la compréhension et de l'appartenance. Elle ne se sent pas comprise et elle souhaite l'être. Elle veut former une union, mais elle se sent désunie de son compagnon. Elle désire aussi que le respect, la clarté et l'égalité règnent dans la relation. Elle aspire également à ce que l'appréciation et la valorisation soient au rendez-vous. Elle désire se sentir estimée par son compagnon et reconnue pour ce qu'elle fait pour lui. Tout cela peut se résumer en besoins de proximité, d'intimité et d'engagement.

Bien qu'il ne fasse jamais de demande directe – parce qu'il est sans doute inconscient de ces besoins –, André, par son comportement, nous révèle qu'il s'attend à recevoir admiration, soutien et encouragement de la part d'Hélène. Il désire que ses initiatives soient reconnues plutôt que critiquées. Il voudrait que certaines de ses compétences soient appréciées. De même, il accorde, dans leurs échanges, plus de valeur à la sexualité qu'à la sensualité. Certes, il a aussi des besoins de proximité et d'intimité, mais tant qu'Hélène restera soumise, il mettra plutôt l'accent sur ses besoins de distance et de liberté.

Les besoins mutuels

Les besoins respectifs d'André et d'Hélène semblent s'opposer. Toutefois, nous pourrions dire qu'ils en ont plusieurs en commun. Par exemple, ils partagent tous les deux un besoin de sécurité affective, un besoin d'appartenance et celui d'une certaine maîtrise de leur milieu. Rien de surprenant à cela, puisque les besoins de sécurité, d'appartenance et de contrôle de l'environnement immédiat sont reconnus comme étant communs à l'espèce humaine. On pourrait ajouter à cela un autre besoin essentiel : celui d'être reconnu, qui est tout aussi universel.

En fait, si nos amoureux avaient le réflexe d'échanger leurs vues sur leurs besoins mutuels au lieu de se disputer sur ce qui les divise, ils développeraient une certaine empathie l'un pour l'autre et auraient une meilleure compréhension de leurs attentes respectives. Hélène et André pourraient alors secouer les pressions que les exigences inconscientes exercent sur eux et qu'ils imposent en retour à l'autre. En effet, nos besoins subconscients prennent vite l'allure d'obligations qui nous ligotent et irritent nos proches. Nous devenons alors les esclaves de ces besoins. Nous pourrions aller jusqu'à dire qu'ils nous tyrannisent et que nous nous servons d'eux pour tyranniser les autres en retour.

Une de mes patientes avait un amoureux très possessif qui vivait à plusieurs centaines de kilomètres. Quelle ne fut pas sa surprise, un beau jour, de le retrouver sur son balcon au retour du travail. La raison de cette visite inattendue reposait sur le fait qu'elle lui avait confié que, le soir même, un vieil ami viendrait dormir chez elle. Son amoureux, tyrannisé par la jalousie, avait sauté dans sa voiture et fait plusieurs heures de route pour venir « contrôler » la situation. Esclave d'une possessivité qui exprimait ses besoins inconscients de sécurité affective, il était devenu, à son corps défendant, le tyran de sa compagne qui, en retour, allait se sentir de plus en plus à l'étroit dans leur relation.

Si cet homme avait fait l'effort de se comprendre lui-même au lieu d'agir impulsivement, il aurait pu dire à sa compagne que cette situation le rendait pratiquement fou et qu'il avait besoin d'être rassuré. Elle aurait peut-être pu lui offrir l'assurance désirée, et tenter de trouver, avec lui, une solution.

La compréhension sert de fondation à l'amour. Mais si l'on est possédé par ses propres impulsions, on risque d'éloigner cette compréhension. Bien entendu, l'on ne peut pas toujours répondre aux besoins des autres, mais en les comprenant, on comprend mieux à partir de quelles dynamiques ces besoins s'articulent et ce qui, par nos attitudes, les heurte. De nouveaux choix se présentent alors.

Comme chez Hélène et André, les besoins de base des êtres humains se recoupent. C'est pourquoi plusieurs mésententes se règlent aussitôt que chacun ose montrer sa vulnérabilité et décide de révéler ses besoins. Alors, les cœurs se rejoignent à nouveau, car ils réalisent que, à l'instar de tous les humains, ils veulent de l'amour et de la reconnaissance. Le véritable cri du cœur qui exprime les attentes et les besoins de chaque être se résume essentiellement au désir d'aimer et d'être aimé pour ce qu'il est véritablement, c'est-à-dire un être qui, avec ses dons et ses talents, fait partie de la grande famille universelle.

LES CHARGES DU PASSÉ

Ajoutons maintenant un autre élément à notre autopsie, un élément qui va nous faire basculer dans des faits antérieurs à la situation que nos deux protagonistes sont en train de vivre. Les attentes et les besoins ont une histoire ; ils nous parlent des charges du passé, aussi bien dans le sens du poids inconscient qui est porté par la personne et qui l'alourdit que dans celui de ce qui la charge et la rend prête à exploser. Sur le plan énergétique, ce terme a aussi sa justesse, il parle de la quantité d'énergie retenue, comme dans le cas d'une charge électrique.

À quoi rêve la personne qui est née dans une famille où elle a fait l'expérience de l'incompréhension ? Elle éprouve un besoin ardent de rencontrer quelqu'un qui non seulement lui donnera l'impression d'être comprise, mais celle d'être devinée. Elle s'attendra à ce que l'élu de son cœur puisse lire dans ses pensées et aller ainsi au-devant de ses moindres désirs.

Qui rencontrera-t-elle ? Elle court de bonnes chances de rencontrer quelqu'un qui, après un certain temps, lui apparaîtra, à cet égard, comme un infirme. Pourquoi ? En raison d'une sorte de loi d'attraction, qui fait que nous attirons ce que nous sommes consciemment et inconsciemment. C'est ce qui émane de notre être qui produit l'effet d'aimantation, et non ce que nous souhaitons présenter. Actuellement, Hélène ne se comprend pas elle-même ; elle attire donc des personnes qui n'ont pas plus de capacité de compréhension qu'elle.

Toutefois, à travers les difficultés du couple, elle a la possibilité d'apprendre que son besoin pressant de compréhension repose en fait sur une blessure d'enfance. Elle doit revisiter par elle-même cette blessure si elle veut cesser d'être manipulée par son passé et les besoins qui en découlent. Pourquoi doit-elle revisiter cette blessure ? Parce que chaque être aspire à l'autonomie et à la liberté et que, pour réaliser ces dimensions, il est nécessaire de pouvoir prendre conscience par soi-même de ce qui nous condamne à la dépendance à l'intérieur de nous-mêmes.

Autrement dit, l'hypothèse psychologique que je vous propose veut que nos difficultés aient un sens : une pulsion créatrice, que j'appelle le meilleur de soi, cherche à s'exprimer et, dans son mouvement naturel d'affirmation, attire des situations où ce qui fait obstacle à notre déploiement naturel se révèle spontanément. Nous ressentons alors, sous la forme de souffrances ou d'inconforts intérieurs (nous disons alors que nous ne nous sentons pas bien), cette dissonance entre l'image que nous entretenons et présentons de nous-mêmes et notre individualité profonde.

Bien entendu, au départ, on ne sait rien de tout cela. On se jette en toute confiance dans l'aventure du couple ou de l'amitié. Puis les problèmes surviennent. Nous sommes surpris, confrontés, poussés dans nos retranchements. Nous réagissons, nous nous querellons, nous accusons. Un jour, pourtant, nous revenons à nous-mêmes et nous cherchons la source des conflits : et si ce n'était pas de l'autre, mais bel et bien de moi qu'il s'agissait ? Si j'invitais sans le savoir ces difficultés dans mon existence ? Si elles pouvaient même me servir à me découvrir et à entrer dans des relations plus harmonieuses avec moi-même et avec les autres ?

On change alors de point de vue et ce changement est capital, car il est le premier d'une série qui va entraîner un renouvellement complet de notre regard sur la vie. On se rend compte que personne n'a le devoir de répondre à nos attentes. Que l'on doit même apprendre à transformer celles-ci en demandes réalistes que l'on adresse à son compagnon ou à sa compagne. Le livre de Thomas d'Ansembourg, *Cessez d'être gentil, soyez vrai*, est, à ce sujet, tout à fait éloquent[25].

Bien souvent, nous ne faisons pas ce genre de démarche parce que la prise de conscience de ce qui est réellement en jeu induit une lucidité telle qu'elle nous met devant des choix que nous préférerions ne pas devoir faire. Par exemple, si, au lieu d'attentes irréfléchies, je formule des demandes claires et négociables à mon compagnon et qu'il devient évident que ce dernier ne saura pas répondre à mes vœux, il se peut que je sois amené à me séparer de lui pour aller trouver ailleurs un environnement affectif plus inspirant.

Ainsi, Hélène pourrait dire à André qu'en ce qui la concerne un couple ne peut se concevoir sans respect mutuel. Dans le but de combler cette attente, elle lui propose quelques minutes quotidiennes d'échanges à cœur ouvert. Il se peut qu'André se rebiffe devant une telle demande, et refuse même de possibles aménagements. Si c'est le cas, cela projettera Hélène dans un conflit interne entre ses valeurs, d'une part, et un besoin

---

25. Thomas d'Ansembourg, *Cessez d'être gentil, soyez vrai*, Montréal, Les Éditions de l'Homme, 2001.

de base comme la sécurité, d'autre part. Elle n'a pas à accuser André. Il n'est pas responsable de cette tension intérieure. Elle a à se mettre au clair avec elle-même, à mesurer le pour et le contre de la situation, et à faire un choix, sans culpabilité.

Cependant, nous savons tous d'expérience combien choisir peut être déchirant et angoissant, car on sait que l'on y perdra nécessairement quelque chose. Voilà pourquoi nous préférons, la plupart du temps, rester dans le flou des relations. Les plaintes, les récriminations et les accusations nous permettent alors de relâcher la tension, sans avoir à affronter nos insatisfactions. Toutefois, en agissant de la sorte, nous nous assurons de demeurer victimes des autres et bourreaux inconscients de nous-mêmes, prisonniers de notre personnage, et en déni du meilleur de ce que nous sommes.

Le passé d'Hélène

Quels sont les éléments du passé d'Hélène qui ont semé en elle un si grand besoin de compréhension et une si grande détresse ? Elle est la deuxième d'une famille de trois enfants. Comme elle était gourmande et qu'elle avait une tendance à l'embonpoint, elle est vite devenue la petite boulotte de la maisonnée, récoltant moqueries et humiliations de la part de son frère et de son père qui, savamment, s'associaient pour inventer des surnoms qui la révoltaient. Chez elle, tout le monde était mince et élancé, et elle n'arrivait pas à se reconnaître dans cet environnement. Enfant, elle croyait même qu'on l'avait adoptée en bas âge, tant elle se trouvait différente des autres membres de sa famille.

De plus, Hélène était nettement plus introvertie que son frère et sa sœur. Il lui semblait qu'elle était mentalement plus lente. À table, dans des conversations pleines de vivacité, elle n'arrivait pas à prendre sa place. Alors, elle se taisait. Elle se taisait ou se réfugiait dans sa chambre pour jouer toute seule. Les parents ne se doutaient pas du drame intérieur de leur fille, qui réussissait si bien à l'école et semblait aussi épanouie que leurs autres rejetons.

Hélène a quitté les rives de cette enfance apparemment sans drame, avec un énorme manque de confiance en soi et un immense désir d'appartenance. Elle avait besoin de rencontrer des gens comme elle ; il lui semblait que ce contact l'encouragerait à s'exprimer. Par le biais d'amitiés privilégiées, les années d'études ont comblé en partie cette soif d'accueil et de soutien. Toutefois, c'est du côté de l'amour qu'Hélène espérait une véritable réparation du passé. Elle s'était juré qu'elle ferait tout ce qui était en son pouvoir pour rendre un homme heureux, tout en souhaitant qu'en retour il puisse l'aimer et la comprendre.

Son grand désir amoureux s'était soldé par quelques échecs retentissants. Elle s'avançait dans l'amour, confiante, pour se rendre compte quelques mois plus tard qu'on la délaissait, ou pire, qu'on l'utilisait. C'est du moins l'impression qui se dégageait de ses relations avortées. Alors, il lui semblait qu'elle ne faisait que répéter le passé familial, où elle s'était sentie mise de côté chaque fois qu'elle tentait de faire quelque chose pour elle-même.

En amour, elle donnait sans compter. Au début, les élus recevaient avec plaisir ses dons et ses charmes. Mais peu à peu, ils se rendaient compte qu'Hélène était dépendante au niveau affectif. Alors, ils se laissaient aller, peu à peu, à une certaine négligence, certains que sa dépendance l'empêcherait de faire quoi que ce soit de radical qui puisse mettre en jeu la relation. Moins ils en donnaient, plus elle en offrait, finissant même par se sentir coupable chaque fois qu'elle exprimait un désir personnel. Elle avait été à l'écoute de chacun de ces hommes, espérant secrètement que l'un d'eux allait enfin se mettre à son écoute.

Avec André, elle ose à peine formuler ses goûts et ses envies : elle se sent même coupable d'en avoir, et est très mal à l'aise lorsqu'elle ose les exprimer. Prisonnière de la répétition, de ses attentes constamment mises en échec, elle se retrouve, relation après relation, dans une situation qui ressemble beaucoup à ce qu'elle a connu au sein de sa famille. Alors, dans sa chambre, elle rêve que son compagnon se transforme par magie, ou qu'un prince charmant va arriver…

Le passé d'André

André vient d'une famille très différente de celle d'Hélène. Chez lui, il fallait se battre pour exister. Il avait un père autoritaire et envieux des talents de ses trois fils. Un père frustré et malade qui avait plus ou moins raté sa vie et qui se vengeait en faisant régner une discipline militaire dans la maison.

Les litanies paternelles qui avaient bercé son enfance étaient psalmodiées de la sorte : « Tu es nul ! Tu es idiot ! N'essaie même pas, tu ne seras pas capable ! Tu ne seras jamais à la hauteur ! » En conséquence, la messe qu'André avait choisi de célébrer était plutôt noire. C'est comme s'il s'était dit : « Si je ne peux attirer son attention par mes talents, je vais le toucher par mes frasques. »

Au lieu de plier sous les invectives de ce père exigeant, André s'est rebellé. Il n'était bon à rien ? Eh bien, il allait lui montrer jusqu'à quel point c'était vrai ! Il allait lui prouver à quel point il était idiot. Il allait lui en faire voir de toutes les couleurs : problèmes scolaires, batailles dans la cour de récréation, alcool en bas âge, drogue, petite délinquance, etc. André courait après les punitions comme d'autres courent après les récompenses, et il se faisait un honneur de ne pas pleurer dans la tourmente. Les coups de ceinture de son paternel avaient pour seul effet de lui faire serrer les dents et de l'endurcir dans sa décision de se méfier de toute autorité, et de la défier.

Comme il avait peu d'instruction et qu'il était doté d'un caractère rebelle, dominateur et impulsif, son adaptation au monde du travail ne s'est pas faite sans heurts. Après plusieurs renvois, il a fini par comprendre qu'il valait mieux s'adapter que de tenter sans cesse de prouver qu'il était le meilleur. Il a compris que ce n'était pas lui qui tenait le gros bout du bâton.

Pour lui aussi, l'attente d'une réparation s'est déplacée du côté de l'amour. Au moins, dans les yeux d'une femme, il saurait trouver l'admiration souhaitée, tout en exerçant sur elle une domination subtile. La timidité d'Hélène en faisait une candidate idéale. Mais voilà que la timide ne se comportait pas exactement comme prévu ! Bien que sa femme n'exerçât aucune autorité directe sur lui, bien qu'elle ne cherchât en rien à l'écraser ou à le dominer, André se trouvait tout de même aux prises avec une situation qui ressemblait à celle de son enfance : des attentes auxquelles il ne savait pas comment répondre, et qui le menaient droit à l'impasse.

Comme avant, il continuait d'entendre les : « Tu es nul. Tu es imbécile. Tu ne seras jamais capable. » Il les entendait d'autant plus distinctement que personne ne les prononçait. Tout comme de son côté Hélène ne cessait d'entendre : « Il ne t'aime pas. Tu n'appartiens pas à ce couple. Tu vas te retrouver seule. » Voilà la force des complexes négatifs. Ils tordent la réalité jusqu'à ce qu'elle coïncide avec leurs visions néfastes, et celui ou celle qui vit sous leur coupe en arrive à voir la réalité à travers leurs lunettes. Car s'ils ont la force d'influencer les comportements, les complexes possèdent aussi celle de nous faire voir la réalité d'une façon limitée.

À QUOI SERVENT LES RÉPÉTITIONS ?

Nous pourrions dire qu'à travers leurs complexes Hélène et André sont prisonniers d'une enfance qu'ils répètent. Hélène le fait par le biais de sa dépendance affective envers André. Ce dernier reproduit le passé en se sentant nul et en tentant de dominer Hélène, quitte à lui manquer de respect. À quoi servent ces douloureuses répétitions dans lesquelles les complexes nous entraînent ? De prime abord, elles ne présentent rien d'avantageux puisqu'elles finissent par décourager les individus de s'engager à fond dans leurs relations. En effet, tant qu'ils attendent que l'autre réponde comme par magie à leurs envies, c'est comme s'ils ne faisaient rien pour eux-mêmes. Pourtant, si l'on change de perspective, malgré la douleur, ces répétitions présentent un avantage certain : elles permettent de voir et de ressentir dans tout notre être de quoi est faite notre cage vivante.

Encore une fois, c'est en faisant l'effort de saisir cette réalité que l'on peut arriver à une vie satisfaisante. Si Hélène prend conscience que ce sont les heurts de son enfance qui provoquent ses souffrances et qui la jettent à la merci de l'autre, dans une sorte d'attente magique, elle pourra peu à peu sortir de sa dépendance et s'offrir les éléments nécessaires à sa sécurité. Elle pourra s'accueillir elle-même. Elle pourra comprendre la petite fille humiliée et la réconforter. C'est chez elle qu'elle trouvera la confiance nécessaire pour avancer – en cultivant ses talents au lieu d'imposer aveuglément ses besoins à l'autre.

La même chose vaut pour André. Il doit saisir que son besoin constant d'admiration et d'encouragements cache mal le fait qu'il ne se sent jamais à la hauteur en raison d'une enfance où une discipline abusive l'a écrasé. En prenant conscience de cette blessure, en acceptant de revisiter ce passé douloureux, il pourra donner sa chance à ce petit garçon et l'encourager à prendre son envol dans la vie. Il libérera ainsi son entourage d'une pression soutenue, liée à son appétit de domination et qui masque sa quête inconsciente de compliments et d'appréciations.

Ce qu'il faut toucher du doigt, c'est que le passé nous conditionne et nous possède tant et aussi longtemps que nous ne le remettons pas en question. Cette prise de conscience nous permet de mieux nous faire comprendre et de formuler des demandes plus adéquates par rapport à ce que nous sommes et à ce que les autres vivent. Elle nous permet aussi de nous offrir ce qui nous a tant manqué, brisant ainsi le cercle de la dépendance qui veut que nous attendions tout de l'extérieur, comme si nous étions sans ressources.

Comment peut-on remettre en jeu les conditionnements du passé ? Voilà la question qui vient tout de suite à l'esprit. Je l'ai dit plus haut, une bonne partie de la réponse se situe du côté de l'observation de leur répétition quotidienne dans notre vie. Il y a toutes sortes de moyens de soutenir cette vigilance journalière : la rédaction d'un journal, la psychothérapie, la lecture de livres à teneur psychologique et les séminaires de croissance personnelle constituent autant de moyens précieux qui nourrissent l'attention à soi. Il en existe également d'autres, qui seront abordés plus loin dans ce livre.

Pour le moment, continuons notre autopsie du côté des peurs et des croyances, car ce sont des piliers inconscients qui fondent le personnage et lui donnent son assise – en nous gardant sous son emprise et loin de nous-mêmes.

corneau

Chapitre six

Peurs et croyances

LES PEURS

Les charges du passé ne font pas qu'engendrer des besoins qui se manifestent sous la forme d'attentes, elles sont responsables de la formation d'autres cristallisations énergétiques, comme les peurs. Nous allons maintenant aborder les rives de ces peurs, car ces dernières hantent pratiquement chacun de nos gestes, motive chacune de nos attentes et sape à coup sûr nos élans créateurs. Les peurs dont nous parlerons dans ce chapitre sont les dignes filles de l'angoisse existentielle dont nous avons traité plus haut. Elles naissent des heurts qui se sont produits depuis notre naissance, et visent à empêcher la répétition de situations douloureuses.

La peur est naturelle. Elle est un produit merveilleux de la vie et constitue l'un des piliers de notre stratégie de survie en tant qu'espèce. Les peurs nous protègent, elles nous avertissent du danger. Certaines d'entre elles sont profondément inscrites en nous et font vraisemblablement partie du programme génétique de l'humanité. Il s'agit, par exemple, de la peur de ce qui rampe, ou de la peur du noir, ou de la peur de quelqu'un ou de quelque chose qui s'approche rapidement de nous par derrière. D'autres sont liées à ce qui a provoqué en nous de la douleur. Notre cerveau enregistre chacune des conditions d'une agression physique ou psychique et, toutes les fois qu'une de ces conditions se répète, il envoie des signaux d'alarme pour nous prévenir du péril.

Nous pourrions dire de ce type de peur qu'il est *fonctionnel*, car il a un but pratique et déterminé. L'enfant n'a pas peur du rond brûlant de la cuisinière ; toutefois, s'il s'y brûle une fois, il le craindra par la suite et il aura également peur de tout ce qu'il associera à ce type de chaleur, comme un feu en plein air. La peur du feu fera partie de son bagage de sagesse. Elle le protégera et servira efficacement la continuation de sa vie.

Comme nous l'avons vu plus tôt, le principal effet de la peur est la contraction. Sous la menace, nos muscles se contractent pour faire face au danger ou pour nous permettre de fuir. Cependant, des événements peuvent être si marquants que les tensions qu'ils provoquent restent en nous, comme si nous étions toujours en train de nous protéger de la répétition éventuelle d'une telle circonstance.

J'insiste tout particulièrement sur la réalité des resserrements induits par la peur, car ils n'affectent pas seulement le niveau physique ; ils nous touchent tout aussi bien au niveau affectif qu'au niveau intellectuel. Comme nous l'avons vu avec la notion de cuirasse corporelle, lorsque la peur n'est pas évacuée et que la contrainte dure trop longtemps, la tension se fixe dans l'individu et devient un blocage tant énergétique que psychologique. Un manque de fluidité et de flexibilité peut alors être observé aux différents degrés de l'être. La souplesse naturelle cède la place à une raideur tant physique que psychique. Les émotions ne circulent plus aussi aisément, les idées non plus.

Ce fait est remarquable : sous le coup de la peur, tous les processus sont ralentis. Toutefois, les peurs n'ont pas seulement un caractère inhibant. À certains moments, elles peuvent même nous stimuler. Par exemple, si vous vous levez un matin en ayant peur de passer à côté de votre vie ou de ne pas arriver à subvenir aux besoins de votre famille, il se peut que votre angoisse vous conduise à prendre des mesures pour améliorer la situation et vous ouvrir à d'autres possibilités.

Il arrive même que nous recherchions des expériences de peur pour le plaisir. Les montagnes russes dans un parc d'attractions nous font vivre des états d'angoisse frôlant la panique. Le plaisir est induit par les décharges d'adrénaline qui baignent alors notre cerveau, tandis que nous nous agitons dans tous les sens et tentons de maîtriser nos états intérieurs. Nous éprouvons la même chose devant un film d'horreur. Nous pourrions dire que nous nous exerçons alors à avoir peur en toute sécurité.

Les peurs fantasmatiques

Toutefois, nombre de nos peurs, de nos angoisses et de nos anxiétés sont largement exagérées. Elles sont de type *fantasmatique*. Lorsqu'on vit en Afrique, la peur des serpents est justifiée, et faire le tour de la maison pour s'assurer que rien ne rampe peut contribuer à la survie. Mais si, demeurant à Montréal, vous avez peur de rencontrer un serpent sur le trottoir, vous avez un problème qui nuit au bon fonctionnement de votre existence !

Par exemple, si l'on vous a abreuvé de paroles colériques lorsque vous étiez jeune, il est fort possible que, votre vie durant, vous ayez le réflexe, chaque fois que quelqu'un hausse le ton, de vous recroqueviller pour vous protéger. Il se peut même que vous connaissiez un inconfort ou un profond malaise dès que vous pénétrez dans un établissement où le volume sonore est élevé. À la longue, vous avez peut-être fini par fuir les gens colériques, ou de tels établissements. Ainsi, le réflexe de protection de l'enfance est devenu peu à peu une prison, puisque vous devez éviter nombre de gens et d'endroits pour vous sentir bien.

Les peurs dont nous parlerons ici sont donc des peurs qui sont essentiellement de nature fantasmatique. Bien qu'elles nous aient souvent permis de survivre à des expériences difficiles, elles se sont transformées en blocages qui, à notre insu, affectent notre existence quotidienne.

André a vécu, lorsqu'il était jeune, des expériences qui ont fait de lui une victime. En conséquence, il a peur d'être coincé dans ses relations. Il a développé un réflexe de domination : il domine avant d'être dominé, quitte à commettre des abus de pouvoir. Aussitôt que ses antennes détectent un risque possible, il se crispe et passe en mode « attaque ». Autrement dit, il vit sur le qui-vive. Il lutte sans arrêt.

Il se doit aussi d'être le meilleur dans tout ce qu'il fait parce qu'il a peur de ne pas être à la hauteur. Il fréquente les endroits branchés parce qu'il redoute de ne pas exister aux yeux des gens qui comptent pour lui et qui occupent une position sociale importante.

On a tellement rabroué André lorsqu'il était jeune qu'il vit aujourd'hui dans la crainte de passer inaperçu. Il est prêt à tout pour être remarqué. Il a peur de tout ce qui pourrait l'entraîner à être moins performant. Il appréhende tout ce qui peut ternir son image. Il redoute de perdre ses cheveux, la vue, son travail, son salaire, sa maison, sa réputation.

Ce sont là quelques-unes de ses angoisses de surface et elles se résument dans une peur essentielle : celle de perdre. Sa crainte de perdre la face dissimule celle de s'aliéner l'estime de ceux qui l'entourent. Lorsque, à l'instar d'André, un être perd ainsi le contact avec lui-même, le regard d'autrui finit par participer de façon capitale à son équilibre psychologique et à ce que l'on appelle l'estime de soi. Les craintes d'André répondent à une autre peur de fond : celle de se percevoir comme une nullité si on ne lui prête plus attention. Ainsi, une peur en cache une autre, qui en cache une autre, qui en cache une autre…

La même chose vaut pour Hélène. Elle a peur, essentiellement, de perdre l'amour d'André ; elle panique à l'idée qu'il puisse la quitter. Elle s'affole à l'idée de prendre du poids, elle s'épouvante à l'idée d'être négligée, mais elle redoute encore plus de devoir prendre la parole pour faire valoir ses besoins auprès de son mari. Elle craint tellement de lui déplaire ! Tout cela cache une peur fondamentale : celle de se retrouver seule. Hélène est prête à de nombreux compromis pour ne pas être confrontée à la solitude qu'elle a connue étant jeune.

En fait, comme vous commencez à l'entrevoir, tout l'échafaudage que nous sommes en train d'examiner se fonde sur des heurts vécus dans le passé. L'interprétation que l'enfant fait de ces heurts conditionne la formation de peurs, qui sont certes protectrices dans un premier temps, mais qui deviennent vite étouffantes, surtout si elles sont essentiellement d'ordre psychologique.

À l'instar d'Hélène ou d'André, les heurts engendrent également chez nous des essaims de peurs qui inhibent notre mouvement. Cette notion est difficile à toucher du doigt, car ces peurs demeurent, la plupart du temps, totalement inconscientes. Si vous commencez à les observer, vous serez surpris de leur présence permanente. Vous vous rendrez compte qu'il n'est pas de geste qui ne se fasse sans être accompagné de peur. Et si la liberté vous intéresse vraiment, vous vous efforcerez alors de distinguer celles qui sont nécessaires et fonctionnelles de celles qui sont fantasmatiques et vous gardent dans un schéma de répétitions morbides.

LES CROYANCES

Maintenant que nous avons nommé les attentes, les blessures et les peurs qui se cachent derrière les comportements d'Hélène et d'André, nous comprenons déjà mieux leurs attitudes. Toutefois, les heurts du passé n'engendrent pas seulement des peurs et des attentes. Ils entraînent aussi la formation de croyances. Ces dernières correspondent à des interprétations limitées et limitatives sur soi et sur l'univers.

Par exemple, un enfant tend à interpréter les événements qui lui arrivent comme s'il était le centre du monde. Si des parents en difficulté, endeuillés ou malades ne peuvent lui apporter l'attention qu'il attend, cet enfant risque de conclure qu'il n'en vaut pas la peine, qu'il ne mérite pas qu'on lui prodigue de l'affection et que, finalement, il ne mérite pas d'être aimé. Le domaine de la programmation neurolinguistique (PNL) appelle *croyance* ce genre d'interprétation qui affecte directement l'image que l'on se fait de soi-même et du monde.

Les croyances sont d'autant plus pernicieuses qu'elles demeurent la plupart du temps enfouies dans l'inconscient, au même titre que les peurs. Ces injonctions intérieures mènent le bal, telles des éminences grises qui exercent leur pouvoir dans les coulisses de notre vie. Parce qu'ils sont rarement remis en question, ces condensés d'expérience deviennent les lois de notre être intime.

Les croyances ne sont pas toujours nuisibles. Certaines nous aident. Un dicton comme : « Aide-toi, le ciel t'aidera ! » peut soutenir un individu tout au long de son existence. Toutefois, celles dont nous nous occupons ici jouent un rôle restreignant. Elles limitent le potentiel d'un individu. Si, comme Hélène, ce que vous avez tiré de vos expériences familiales est la conviction que vous étiez trop différent pour que l'on puisse vous comprendre, vous êtes porté à chercher de la compréhension, mais sans y croire. Au fond de vous-même, une voix chuchote : « Personne ne te comprendra jamais ! Tu ne trouveras jamais une terre d'accueil ! »

Cette croyance de base se complique lorsque vous lui adjoignez une peur, comme celle de vous retrouver seul, par exemple, ainsi que le comportement de soumission qui lui est associé. Pour Hélène, la croyance se formule ainsi : « Si j'ose m'affirmer, je serai rejetée et je me retrouverai toute seule ; il vaut donc mieux que je me taise. » Comme Hélène a jugé que c'était surtout son père et son frère qui étaient à l'origine de ce manque de compréhension, son interprétation s'est généralisée pour devenir : « La vérité, c'est que les hommes ne comprennent rien aux femmes ! » Elle assène cette certitude à André parce que, pour elle, cela explique tout.

De même, le « Tu es nul ! Tu es un imbécile ! » du père d'André s'est transformé pour ce dernier en : « Je ne suis pas à la hauteur, je ne ferai jamais rien de bon ! » Associée à la peur d'être écrasé et au comportement de domination que cela a engendré, sa croyance se formule maintenant comme suit : « Si je ne frappe pas le premier, je serai coincé et on se rendra alors compte de ma nullité. » Généralisée, cette loi intérieure s'énonce comme ceci : « Le monde est méchant. Il faut rester sur ses gardes. On doit se battre tout le temps. » Les croyances entraînent les comportements d'échec, car elles prédisent notre futur, comme de mauvaises fées qui se seraient penchées sur notre berceau à notre naissance. Nous expliquons nos malheurs par un destin adverse, alors qu'il serait plus efficace de considérer nos injonctions inconscientes comme les véritables responsables de nos revers.

En ce qui a trait à l'efficacité des croyances, il est utile de savoir que, jusqu'à l'âge de six ans, le cerveau d'un être humain fonctionne sur le mode réceptif. C'est le temps de l'apprentissage. L'enfant est alors un véritable enregistreur. La science de la biologie du cerveau enseigne que le cerveau de l'enfant est irrigué par les ondes *alpha*, qui sont les ondes reliées au sommeil et à l'apprentissage. Les ondes *bêta*, qui sont liées au développement du néo-cortex, apparaissent plus tard dans la vie, à mesure que l'individu atteint le stade où l'action volontaire est nécessaire. Donc, à partir du moment de la naissance, nous enregistrons et nous imitons. La répétition des mêmes comportements ou des mêmes paroles (à notre égard) finit par nous définir et par nous convaincre de qui nous sommes et de l'éventail d'autonomie qu'il nous est possible d'envisager. Autrement dit, la croyance est comparable au scénario d'un programme inconscient. Elle le traduit et le résume.

La formation d'une croyance

Dans son livre *Le déclic*, Marie Lise Labonté décrit la formation d'une programmation à partir d'un choc émotif. Sa description éclaire notre propos[26].

---

26. Marie Lise Labonté, *Le déclic*, Montréal, Les Éditions de l'Homme, 2003, p. 52-54.

Elle nous donne l'exemple de Marie, trois ans, et de son petit frère Mathieu, cinq ans. Mathieu prend plaisir à s'emparer de la poupée de sa sœur pour la lancer au bout de la pièce. La première fois que cela arrive, Marie est surprise, elle exprime spontanément sa colère, se lève pour aller rechercher sa poupée, exprime par de petits cris sa joie de la retrouver et se rassoit pour jouer, renouant instantanément avec sa sérénité. Son psychisme est souple, il n'est pas encore encombré par la lourdeur des expériences accumulées. Elle passe donc d'une émotion à une autre en quelques secondes.

Le problème, c'est que Mathieu prend plaisir à répéter son petit stratagème. Et Marie vit dans une tension de plus en plus grande lorsqu'elle est en présence de Mathieu. Elle sent une menace constante. Tout son petit corps est tendu, mais elle n'a pas les moyens de résister à son frère, qui est plus fort qu'elle. Elle ne peut que presser sa poupée sur sa poitrine pour prévenir le geste de son frère, mais il la lui arrache de force. La colère de Marie se transforme alors en une rage impuissante. Et lorsqu'elle récupère sa poupée, elle boude longtemps pour exprimer son sentiment d'injustice.

Les croyances se développent à partir de tels états affectifs. Marie commencera par se dire : « Mathieu est dangereux. Je dois rester constamment sur mes gardes, sinon je vais perdre ce qui m'est le plus cher. » Par la suite, elle pourrait passer de : « Mathieu est dangereux » à : « Les hommes sont dangereux, ils nous enlèvent ce qu'on a de plus précieux. Il faut donc s'en méfier et ne pas s'abandonner à eux. » Et ces raisonnements pourraient se conclure par : « Je suis forte. Je n'ai pas besoin d'homme dans mon existence[27]. »

L'exemple de la poupée que Mathieu arrache à Marie permet d'entrevoir la mécanique de base de la formation d'une croyance. Le mécanisme est semblable lorsqu'un enfant réagit aux attouchements sexuels ou à la brutalité d'un parent. Inévitablement, des croyances se forment et dictent à l'enfant, puis à l'adulte, sa ligne de conduite.

Certains développeront l'idée qu'il faut se méfier de tous et de chacun ; d'autres en concluront qu'il ne sert à rien de résister à plus puissant que soi, puisque de toute façon la force et la brutalité finissent toujours par triompher. D'autres encore se sentiront salis pour la vie et réduits

---

27. *Ibid.*

à une impuissance passive et coupable. J'ai connu une jeune femme de vingt-six ans qui a vécu la perte, en couches, de son premier enfant comme une confirmation de son indignité et comme une punition pour les abus sexuels qu'elle avait subis étant jeune.

En fait, à la longue, le comportement adopté en réponse aux heurts devient si intégré que la personne finit par ne plus se rappeler pourquoi elle doit se méfier ou se soumettre sans cesse. Les événements et les émotions qui se rattachent à la blessure ont été refoulés dans l'inconscient, avec la blessure elle-même. Ne restent que les peurs et les croyances, qui jouent d'abord leur rôle protecteur pour permettre la stabilité du moi conscient, mais qui, hélas, finissent par l'enfermer.

En effet, qu'il s'agisse de la formulation de croyances limitatives, de refoulements ou de la négation pure et simple de certaines expériences, ces mesures ont d'abord et avant tout un but de survie. Elles permettent au moi de continuer à se développer sans être constamment perturbé. Il est capital de saisir cette notion, car elle permet d'éviter l'écueil de la culpabilité.

La rigidité psychique

Je le répète, à long terme, le problème principal qui se développe vient du fait que ces systèmes de peurs et de croyances se rigidifient. L'individu perd de sa souplesse psychique, physique et intellectuelle. Il ne peut plus passer aussi facilement d'une position à l'autre, d'une émotion à l'autre, d'une idée à l'autre. Observez un enfant qui passe rapidement d'un état à un autre sans le moindre problème : il est en bonne santé. S'il n'y arrive pas, s'ensuit une perte de vitalité à tous les niveaux. Il y a tout autant d'énergie dans l'organisme. Toutefois, cette énergie rencontre des blocages et ne peut plus irriguer et régénérer aussi facilement les cellules. Il s'ensuit l'enclenchement d'un processus de dégradation qui peut trouver son aboutissement dans la maladie.

Je me suis rendu compte dans mes travaux que les gens opposaient beaucoup de résistance au simple fait de bouger physiquement lors des menus exercices de réchauffement corporel qui commencent nos journées d'atelier. La résistance qu'ils éprouvent à « s'assouplir » exprime la peur inconsciente de stimuler la mémoire d'expériences refoulées. Ils n'osent pas brasser trop fort la marmite. Une partie d'eux sait que les refoulements ont sombré dans le corps.

C'est comme si cette partie leur soufflait à l'oreille les croyances suivantes : « Garde les fesses serrées. C'est comme ça que tu as survécu jusqu'ici. Pourquoi aller au-devant de problèmes ? Attendons qu'ils se présentent d'eux-mêmes. » Effectivement, les problèmes ne manqueront pas de se présenter, mais il est parfois trop tard pour revitaliser le corps et la psyché, qui ne trouveront plus la force de surmonter l'épreuve.

Voilà pourquoi il ne peut y avoir de retour à la santé sans une tentative d'assouplir tant le corps que le psychisme. Il faut permettre une décontraction, qui stimulera une circulation plus libre de l'énergie qui, en retour, aidera les mécanismes d'autoguérison de l'organisme à jouer pleinement leur rôle.

Miroir, miroir, dis-moi qui est la plus belle...

Parler de l'estime de soi est une autre façon de parler des croyances. Rappelez-vous la scène de *Blanche-Neige* où la reine interroge son miroir : « Miroir, miroir, dis-moi qui est la plus belle... » Et le miroir de lui répondre : « Tu es belle, mais Blanche-Neige est la plus belle ! » Voilà l'illustration même d'une croyance qui trahit une faible estime de soi. Le reflet du miroir intérieur de la marâtre lui renvoie une image très négative d'elle-même : « Ce n'est pas toi qui es la plus belle, c'est une autre... »

Nous possédons tous un tel miroir intérieur par lequel nous pouvons mesurer la valeur que nous nous accordons. Certains ont un miroir qui leur dit : « Tu es laid, tu es idiot. Rends-toi à l'évidence, tous les autres sont mieux que toi. » Ces gens souffrent d'une estime de soi défaillante.

D'autres encore entendent à l'intérieur d'eux : « Tu es le plus beau, le plus gentil, le meilleur. Les autres ne t'arrivent pas à la cheville ! » Ceux-là souffrent d'une estime de soi tout aussi défaillante, mais elle apparaît sous les traits d'une soif de grandeur tout à fait irréaliste.

D'autres enfin ont un miroir qui leur répond : « Tu n'es peut-être pas le plus beau, ni le plus intelligent, mais tu possèdes des talents que tu sais mettre en valeur, à ta façon. Continue. Fais-toi confiance. » Ces personnes possèdent un sens bien ajusté de leur propre valeur, et l'on peut dire que leurs croyances sont « aidantes ».

Quelle est la source de l'estime de soi ? Elle provient du regard intérieur que nous portons sur nous-mêmes. Ce regard intime est lui-même le résultat de la façon dont nous avons été regardés. C'est-à-dire que nous nous regardons intérieurement comme on nous a regardés lorsque nous étions enfants. Nous nous mirions alors dans le regard de nos parents, et la lueur de plaisir qui pétillait dans leurs yeux nous rassurait sur notre valeur propre.

Hélas, la lueur de plaisir dans l'œil du parent n'est pas toujours au rendez-vous. Imaginez, par exemple, que toutes les fois où vous entrez dans la cuisine pour le petit-déjeuner, vous vous trouvez face à une mère dépressive pour laquelle vous êtes un fardeau. Ou que vos parents traversent une période difficile, qui dure depuis longtemps, et qu'ils n'ont pas d'attention à vous accorder. Si vous cultivez ces pensées, vous arriverez vite à la conclusion que vous n'êtes pas important et que votre présence ne réjouit personne. Ce sera votre croyance intime. Et une pauvre estime de vous-même en résultera.

Attention, cependant, il ne s'agit pas de faire porter un poids trop lourd aux parents. L'estime de soi de l'enfant se construit peu à peu. Elle est le fruit d'une relation qui peut être suffisamment bonne, sans être parfaite. Des altercations ponctuelles entre parents et enfants ne peuvent la détruire d'un seul coup.

La confiance en soi

L'estime de soi se manifeste essentiellement par la confiance en soi. Si vos parents vous ont accueilli avec plaisir, vous penserez que vous valez la peine et vous oserez vous affirmer. Sinon, vous douterez de vos possibilités, vous vous comparerez sans arrêt aux autres, et vous arriverez à la conclusion que vous allez vous rendre ridicule si vous tentez quoi que ce soit – ou, à l'inverse, que vous allez écraser tout le monde dès que vous oserez vous affirmer.

En fait, la personne qui possède une mauvaise image d'elle-même finit par dépendre complètement du regard des autres. Elle s'accroche à des gens qu'elle admire et qu'elle trouve plus puissants qu'elle, se disant inconsciemment : « Si ces gens-là m'accordent de l'attention, cela veut dire que je vaux quelque chose. » Elle peut ainsi devenir le jouet de telles personnes. En réalité, elle est manipulée par son propre besoin d'être appréciée. Elle ne peut maintenir un bon équilibre dans son estime de soi sans ce regard posé sur elle.

Cela explique aussi pourquoi cette même personne risque de s'écrouler si on la rejette ou si on ose la critiquer. Son juge intérieur prend alors le contrôle de la situation et ne manque pas de mettre l'accent sur ses faiblesses : « Tu vois bien que tu es incapable et que tu ne vaux pas grand-chose ! Voilà pourquoi on ne te comprendra jamais. »

Autrement dit, plus on possède une estime de soi défaillante, plus on devient dépendant du regard des autres, cherchant ainsi à contrer l'image négative que nous portons sur nous-mêmes. Mais entendons-nous, il est tout à fait normal d'être sensibles au regard que les autres posent sur nous. Après tout, ils participent à notre équilibre psychologique. Mais s'ils deviennent des béquilles dont on a besoin pour avancer, il y a problème. Dans des cas semblables, il y a lieu de consulter un professionnel.

La meilleure stratégie, pour restaurer l'estime de soi, est d'apprendre à se regarder avec plus de bienveillance. Il faut se donner une chance. Pour développer une meilleure image de soi, il faut également poser des gestes qui nous permettent d'éprouver une satisfaction réelle, et prendre ensuite le temps de savourer ce contentement intérieur. C'est ce dont nous discuterons plus tard. Pour le moment, résumons notre analyse afin d'en avoir une idée plus claire.

LA MISE EN PLACE D'UN CONDITIONNEMENT

Voici une synthèse, présentée sous forme schématique, de ce que nous venons de voir dans ce chapitre et dans ceux qui l'ont précédé. Il s'agit du schéma d'un conditionnement ou d'un complexe, et il est bon de se familiariser avec lui si l'on désire faciliter une expérience de déconditionnement.

SCHÉMA D'UN CONDITIONNEMENT

Niveau 1

12) Situations inconfortables, malaises et conflits
11) Comportements et attitudes
10) Émotions et affects (états intérieurs perturbants)
 9) Attentes et besoins
 8) Peurs et insécurités
 7) Croyances et interprétations limitées
 6) Heurts de la vie

Niveau 2

5) Mise en place des cuirasses corporelles
4) Besoin de reconnaissance
3) Formation de la personnalité
2) Impression de division
1) Naissance

Nous sommes partis de l'idée que chaque être est animé par une pulsion de vie universelle, et habité d'une essence créatrice qui définit son individualité. Nous avons comparé cet être à un diamant. Or, la lumière de ce diamant se trouve voilée. Son éclat est terni par les attitudes que cet être prend face aux difficultés de l'existence. La première est liée au passage de la naissance lui-même et à une première expérience de division qui engendre la formation de cuirasses corporelles et de ce que nous avons appelé la personnalité. Ensuite, nous avons fait un bond dans le temps pour nous mettre à l'écoute d'un couple en conflit, et pour comprendre que les dynamiques psychologiques d'un être humain, dans une situation tendue, sont exacerbées. Nous les avons alors distinguées plus clairement.

Autrement dit, à partir du choc de la naissance, des expériences difficiles à intégrer – expériences que nous avons appelées charges, heurts ou blessures – engendrent la formation de croyances négatives sur soi ou sur la nature de l'existence. Elles produisent aussi des peurs qui, par la suite, stimulent des besoins qui évoluent sous forme d'attentes. Ces attentes largement inconscientes se transforment à la longue en exigences que nous imposons aux autres sans trop le savoir. Lorsque ces exigences sont insatisfaites, elles induisent des émotions prédéterminées, comme la tristesse ou la colère. Ces émotions s'associent à des comportements de protection ou d'agression qui, à leur tour, entraînent des conflits ou des situations inconfortables avec notre entourage.

Le point que je veux éclairer en présentant ce schéma est que la réalité d'un conflit se situe à l'inverse de ce que nous croyons habituellement. Nous pensons d'ordinaire que les comportements d'autrui stimulent en nous des émotions dont les autres sont responsables. Toutefois, il est intéressant d'observer qu'il en va tout autrement. Dans la perspective que je vous propose, nos conflits sont pour ainsi dire programmés à l'avance, et les frictions avec notre environnement humain agissent comme des révélateurs de ce qui est bloqué en nous depuis fort longtemps.

Dans cette hypothèse, chaque émotion qui éclate est une occasion de remettre en question les conditionnements ou les complexes qui nous possèdent et nous oppriment à notre insu. C'est dans ce sens précis que nous pouvons dire que les heurts sont créateurs ou qu'ils sont lumineux, car ils nous offrent la chance de nous libérer d'attitudes contraignantes et de comportements qui nous limitent, à condition toutefois que nous les éclairions sans fausse honte et sans jugement, ce qui est déjà un accomplissement en soi. S'ils ne sont pas utilisés pour une telle prise de conscience, les heurts se répètent inlassablement et nous entraînent dans des vies insatisfaisantes.

Finalement, je rappelle que l'autopsie de la mésentente entre Hélène et André se situe dans le cadre d'une perspective générale à laquelle nous consacrons la première partie de ce volume, celle de la dépendance et de l'autodestruction. En effet, la conséquence la plus importante de la perte de contact avec notre puissance intérieure est la dépendance par rapport aux autres, qui nous maintient en position de victimes et nous conduit à une lente dégénérescence. N'ayez crainte, cependant, nous ne manquerons pas, dans la deuxième partie de ce livre, d'opposer cette perspective de dépendance et d'autodestruction à celle de l'autocréation et de l'autorégénération.

Votre propre conflit

Ce schéma peut agir comme aide-mémoire et il peut vous permettre d'aborder dès maintenant l'éclaircissement d'une situation inconfortable. Je vous propose de prendre quelques instants pour identifier un malaise dans votre vie.

Dans un souci de clarté, il est préférable qu'il s'agisse d'un conflit vécu avec quelqu'un et non pas avec vous-même. Il n'est pas utile que ce soit un conflit amoureux au sens strict du terme. Il peut s'agir d'une querelle qui a éclaté dans le cadre d'une relation amicale ou familiale. Il peut même s'agir d'un malentendu au travail. Il n'est pas nécessaire non plus qu'il s'agisse d'un malaise profond. Choisissez plutôt une petite friction; elle vous semblera moins menaçante et il vous sera plus facile d'y voir clair.

Votre situation difficile bien en vue, vous allez d'abord explorer la première boucle. Elle se compose de trois éléments que nous avons appelés les conflits, les comportements et les émotions.

À partir du conflit choisi, passez en revue les comportements qui sont en jeu des deux côtés, ainsi que les émotions qu'ils entraînent.

Prenez tout le temps nécessaire pour faire l'exercice. Prenez note de ce que vous découvrez et, surtout, laissez résonner chaque élément dans sa dimension affective.

Ensuite, tentez de pénétrer au-delà de la première boucle. La deuxième se compose d'aspects plus inconscients comme les attentes, les peurs, les croyances et les charges du passé. Prenez la peine de détailler chacun de ces éléments, un par un.

Il se peut que vous sentiez assez tôt dans l'exercice le besoin de vous référer à la situation vécue dans un passé plus ou moins lointain, que le conflit réveille. Il peut également s'agir de plusieurs situations où des difficultés semblables ont été expérimentées. Suivez ce mouvement naturel. Il vous sera d'autant plus facile de comprendre les peurs, les croyances et les attentes que cette expérience passée a pu engendrer.

Finalement, il ne reste plus qu'à vous laisser surprendre par les résultats.

Ces deux boucles prises ensemble représentent le premier niveau de la compréhension de soi. À mon avis, une personne ne peut faire l'économie de cette étape si elle veut obtenir des résultats sérieux dans son évolution personnelle, même si cela exige souvent un accompagnement psychothérapeutique. Ce premier niveau sert en somme de fondation au travail évolutif. Il vient se poser tout naturellement sur le niveau plus profond que nous avons exploré en premier et qui s'associe à l'angoisse existentielle et à la formation des cuirasses corporelles et psychiques.

Nous allons poursuivre l'élaboration de notre schéma. Je consacrerai les deux chapitres suivants à un élément majeur directement lié à cette négligence de notre individualité profonde au profit de notre personnage de surface. C'est un sujet qui est susceptible de faire lever vos résistances d'un seul coup, et de provoquer honte, culpabilité et justifications de toutes sortes. Je veux parler des compensations.

Chapitre sept

Les compensations

LA RECHERCHE DE LA SATISFACTION

Un matin au réveil, vous voyez le soleil qui inonde votre chambre et il vous vient l'envie d'être vous-même, de vous déployer, simplement, avec authenticité, sans prendre la place de personne, comme ça, sans performance particulière, en suivant le fil. Ce désir semble à portée de la main. On pourrait dire qu'il a tout l'air d'être la chose la plus naturelle du monde. Et il l'est. Vous n'avez pas une perception très claire de cet état, mais il vous paraît très agréable. Il s'agit d'une impression, d'une sensation, d'une intuition, que vous avez envie de suivre. Vous imaginez que vous pourriez laisser le fil se dérouler de lui-même, sans souci pour votre image.

Mais voilà que les contractions s'en mêlent. Quelqu'un doit venir vous voir dans deux heures et il faut que vous ayez bonne apparence. Mais avant, il y a le petit-déjeuner à préparer, les enfants à mener à l'école, et les obligations de la vie courante, c'est-à-dire de la vie qui court jusqu'au soir sans que vous ayez le temps d'être vous-même. C'est frustrant et, surtout, c'est profondément insatisfaisant. Si insatisfaisant que vous devrez vous accorder quelques récompenses chèrement gagnées pour que tout cela garde une apparence de sens. Vous avez commencé votre journée dans une pièce inondée de soleil... et vous la terminez en sirotant un verre de vin dans la pénombre. Pourquoi ? Parce que sans ce verre, tout l'édifice s'effondrerait.

L'essentiel de nos existences se situe dans la recherche de satisfactions. Comme Freud l'a observé il y a plus de cent ans, le cerveau est orienté par le principe de plaisir. Qui d'entre nous n'a pas déjà souhaité une vie paradisiaque et sans effort ? Il ne sert à rien de se le cacher : nous sommes d'abord et avant tout guidés par l'assouvissement de nos besoins. Ce serait mentir que de prétendre le contraire. Nous cherchons une forme d'extase dans la nourriture, nous désirons que la sexualité nous emporte au septième ciel, et nous demandons à une cigarette de nous offrir un goût de paradis.

Tout cela est en rapport avec la pulsion de vie qui, sans relâche, nous incite à chercher une satisfaction profonde et durable dans une communion avec certains éléments de l'existence. Comme je le disais au tout début de ce livre, une pulsion est une force qui s'exerce au plus profond d'un être et qui le pousse à accomplir une action dans le but de réduire une tension. Toutefois, comme nous nous sommes identifiés aux mécanismes de protection qui nous procurent le bien-être découlant d'un sentiment de sécurité et d'appartenance au groupe, la portée possible de nos joies est restreinte.

Le flot créateur s'en trouve limité et, en conséquence, l'élan qui nous pousse à participer au monde avec nos talents et nos dons est inhibé. En raison de nos peurs, le mécanisme s'est inversé. Dépouillés de nos propres ressources, privés de notre pouvoir, nous cherchons confirmation dans le regard des autres, allant jusqu'à développer, pour leur plaire, des habiletés qui n'ont rien à voir avec nos goûts.

Nous nous retrouvons dans la peau d'un personnage fabriqué de toutes pièces, dans lequel nous ne nous reconnaissons plus. Il y a rupture intime dans l'être. Il s'y dessine un conflit inconscient entre l'individualité créatrice, d'un côté, et la personnalité protectrice de l'autre. Ce déséquilibre s'exprime par des tensions avec notre entourage, des malaises psychologiques, des maladies et des accidents.

Pourtant, nous survivons à la disharmonie et à tous ces moments frustrants. Nous arrivons même à les ignorer. Pour ce faire, nous investissons certains champs du plaisir, qui deviennent les endroits privilégiés où nous recherchons consolation et délectation. C'est ainsi qu'en douceur la pulsion de vie rate sa cible et que se développe peu à peu en nous l'impression de passer à côté de notre existence, alors qu'en surface tout semble aller comme sur des roulettes.

Le sain égoïsme

Si l'on poursuit honnêtement un examen de soi, on finit par se rendre compte que tout est question de contentement personnel. Lorsque nous entreprenons une démarche d'évolution et de remise en cause de nos schémas habituels, c'est pour en tirer profit. Sinon, à quoi bon changer ? Pourquoi consentir à un tel effort ? La vérité toute nue, c'est que l'on recherche sans cesse des satisfactions plus intenses et plus durables. Même nos gestes les plus altruistes sont motivés par le fait que nous nous sentons mieux lorsque nous les accomplissons. Ainsi, nous pourrions dire que la plupart du temps nous nous déployons dans ce que l'on peut appeler un sain égoïsme.

Le sain égoïsme est différent de l'égocentrisme. Il permet à un être de demeurer au centre de sa propre expérience de satisfaction, sans fausse honte, et en observateur et expérimentateur de sa réalité. Que recherche un être qui donne sa vie pour une grande cause humanitaire ? Il s'efforce de trouver une sensation de plénitude, précieuse sensation qu'il conquiert en mettant sa vie au service des plus démunis. Que recherche le mystique qui passe sa journée à contempler la divinité ? Il est en quête d'états de ravissement qui, pour lui, sont supérieurs à ce qu'un bon repas peut offrir.

Que recherchons-nous dans l'amour ? Un être qui va nous faire vivre des états d'animation intérieure intenses, dans lesquels nous nous sentirons vivants. Que tentons-nous de trouver dans un film d'action ? Une intensité qui nous donne pendant quelques heures le sentiment d'exister.

L'égocentrisme se situe à des lieues du sain égoïsme. Il consiste en l'enfermement d'un être dans sa propre bulle, un être obnubilé par la satisfaction de ses besoins et n'y arrivant jamais, car un besoin en engendre un autre, dans une quête sans fin. Un sain égoïsme permet de s'oublier. On s'oublie lorsqu'une activité nous rend heureux. L'égocentrisme ne le permet pas, car la peur de ne pas exister, de perdre le contrôle et de ternir notre image nous préoccupe sans cesse. Notre pouvoir, nos possessions, nos appuis sont des sujets constants de préoccupation. Dans ce monde-là, il ne peut y avoir ni détente ni abandon.

Le déséquilibre engendré par l'attachement à sa propre personne – au personnage – ne permet pas de satiété, parce qu'il est sans rapport conscient à l'individualité et que l'appui de fond fait défaut. C'est comme une maison qui serait sans fondation et sans mur de soutènement. La précarité de sa structure provoquerait des inquiétudes constantes et obligerait ses habitants à renforcer sans cesse les mesures de sécurité. Il ne saurait y avoir de détente profonde dans une telle demeure. On ne peut qu'y être constamment sur le qui-vive.

En remettant en question l'attachement au personnage, nous pouvons trouver une confiance plus grande dans le simple fait de vivre et de sentir la vie en soi. Au lieu de se sentir divisé et séparé de tout, on peut s'appuyer sur la sensation interne ressentie à l'idée de faire partie du tout et d'évoluer avec lui. Alors une détente est possible. On a ainsi un autre appui à partir duquel on peut se dégager du personnage. Nous pouvons alors prendre le risque de suivre nos élans créateurs, en suivant le chemin que cette confiance a ouvert en nous.

Prenez l'exemple de Bill Gates et de sa femme, qui ont investi trente milliards de dollars pour créer la plus grande fondation humanitaire au monde. Lors d'une entrevue, ils ont déclaré qu'ils croyaient que cet argent devait retourner à ceux qui leur avaient permis de disposer de leur fabuleuse fortune. On peut penser qu'ils ont découvert que la véritable richesse venait du fait de donner.

Entrevoir les choses sous l'angle du sain égoïsme offre des avantages. La démarche évolutive, en psychologie, s'inscrit loin de la sphère religieuse traditionnelle, avec ses péchés, ses jugements et ses punitions. Dans une telle sphère, l'être demeure en dehors de lui-même ; il est régi par des forces extérieures. Or, il s'agit ici de s'appuyer sur une liberté fondamentale pour faire un choix qui nous rapproche de la joie de vivre et, éventuellement, de l'extase.

Pour être en mesure de faire ce choix libre et libérateur, il est important d'avoir la faculté de concevoir un monde sans jugement et sans culpabilité, où l'on peut même faire les pires choses sans être écrasé par le poids du péché et la menace d'une peine éternelle. Dans une telle conception, un être peut faire volontairement, et non sous le coup de la peur, le choix d'aller vers sa liberté.

Lorsqu'un individu se rend compte qu'il est fondamentalement libre, il apprend du même coup que sa prison est sa propre construction. Il sait qu'il en a bâti les murs, à force d'habitude, et qu'il peut donc en disposer à sa guise. Il sait qu'il n'est pas victime de qui que ce soit ou de quoi que ce soit. Il sait que sa geôle lui apporte de belles satisfactions, mais que quelque chose en lui aspire à des joies plus intenses.

Il n'est pas facile d'admettre que rien ne nous comble de façon vraiment durable et que la main reste toujours en partie vide, à tenter de saisir quelque chose qui ne se saisit pas. Pourtant, si le goût de la plénitude existe en nous, il ne saurait être une simple tromperie de la nature. Ne serait-il pas plutôt comme un guide qui peut nous montrer le chemin vers un accomplissement plus grand ?

Ce faisant, il ne sert à rien de dénigrer les plaisirs qui sont les nôtres. Il n'est pas question d'entrer dans une forme d'ascétisme. Ce ne sont pas les plaisirs que nous allons critiquer dans ce chapitre, mais plutôt notre dépendance à ces plaisirs. Nous y verrons comment nous passons de la récompense à la compensation, et de la compensation à la compulsion. Passages qui scellent le sort de la pulsion de vie dont nous parlions plus haut. La pulsion devient compulsion. Le plaisir devient prison. Étonnant retournement des choses. Il est d'autant plus étonnant que, même en sachant tout cela, nous restons souvent enchaînés.

Le serpent tentateur

Le plus drôle, dans tout cela, c'est que je me suis rendu compte un jour que la plupart des compensations commençaient par un « S ». Ne riez pas, constatez plutôt : sel, sucre, sexe, stupéfiants, spiritueux, sodas, shopping, soldes, surconsommation, sport extrême, et même spiritualité (mal comprise) ! Je me suis dit que, puisque les compensations sont comme de grandes tentatrices, il n'est pas étonnant qu'elles prennent l'aspect du serpent : « Ssssss… Viens vers moi, petit personnage en manque de sensations fortes, je vais te divertir. »

Toutefois, à bien y penser, tous les serpents ne font pas « Ssss… ». Plusieurs font « Tsss… » pour mieux attirer notre attention. Pensez-y : travail, télé, téléphone, tabac… Ce sont là des formes de compensation respectables.

En fait, une bonne compensation est quelque chose que l'on doit avoir sous la main, le plus facilement possible. Sinon, cela ne sert à rien. Voilà pourquoi, à chaque coin de rue, on trouve des boutiques qui se spécialisent dans la vente de substances compensatoires. Au Québec, elles portent le nom de *dépanneurs*. Des *dépanneurs*! On croit rêver! Mais pas du tout. Les dépanneurs dépannent lorsqu'une crise existentielle pointe à l'horizon. Des dépanneurs, il y en a partout et, fait notable, la section des bons aliments s'y réduit d'année en année pour laisser le plus de place possible aux choses sérieuses: le café, les croustilles (*chips* en bon français), les chocolats, les crèmes glacées et les cigarettes. En fait, j'ai oublié de vous dire que les «C» occupent aussi une place de choix parmi les «S» et les «T». Mais, franchement, je ne sais pas comment les serpents font pour les prononcer!

Je vous disais donc qu'une bonne compensation se doit d'être facilement accessible. À côté du paquet de cigarettes et du chocolat, le cellulaire s'est taillé une place de choix dans nos sacs. C'était tout à fait prévisible, et il a certainement une longue vie devant lui. Pourquoi? Parce qu'il permet de combattre l'angoisse de séparation de façon très efficace. Si on le souhaite, on peut rester constamment en contact avec quelqu'un. Le cellulaire est un cordon ombilical électronique. Et puis, plus l'on reçoit de messages, plus on se dit qu'un tas de gens pensent à nous, et plus on existe. On est rassuré: on est reconnu. Dans les endroits publics, cela montre aux autres que l'on est important. Comme il est maintenant possible de prendre des photos avec le cellulaire, et de recevoir des courriels (*mails* en français), le petit appareil ne risque pas de disparaître.

Trêve de plaisanterie: ces avancées technologiques sont très pratiques. Tout dépend comment on s'en sert. Je me rappelle ma fierté lorsque j'ai commencé à recevoir des courriels par Internet. Je les consultais de temps à autre, et je me sentais bien. Aujourd'hui, ces fameux courriers électroniques sont devenus une forme d'esclavage. J'en reçois tellement que je n'arrive pas à répondre à la totalité, tout de suite. Car il y a une règle non écrite qui dit qu'il faut répondre tout de suite. Comme je me permets certains délais, cela semble poser problème. Si je ne réponds pas dans les 48 heures, je reçois souvent la copie du même courriel avec, cette fois, la mention «test», l'interlocuteur voulant vérifier si j'ai bien reçu le message en question, si son ordinateur «déconne», si je boude... ou si je suis mort.

Nous sommes englués dans la toile du Web comme on l'est dans celle des compensations. Le problème, c'est qu'elle est tissée de plus en plus serré. Comment allons-nous respirer, demain, dans cette vie que nous sommes en train d'échafauder? Et où tout s'accélère.

Les états intérieurs

Qu'elle vienne des croustilles ou du cellulaire, notre satisfaction repose sur une sensation d'animation intérieure. Nous souhaitons, consciemment ou non, être animés du dedans. Lorsque nous écoutons de la musique que nous aimons, elle produit en nous un mouvement agréable. Elle stimule une gamme de sensations et d'évocations plaisantes. Nous qui voulons avoir l'impression d'être vivants, nous mesurons l'importance de toutes ces expériences par l'entrain, la chaleur et la vivacité qu'elles déclenchent en nous. C'est une recherche d'*âme*, au sens propre. N'est-ce pas ce mot qui est à l'origine du mot *animation* ?

Notre bonheur est lié à nos états intérieurs. Ce que nous ressentons à l'intérieur de nous détermine notre bien-être. Mettez-vous pendant quelques instants en contact par la pensée avec quelqu'un que vous aimez beaucoup. Ressentez sa présence bienfaisante et voyez l'état que cela provoque en vous : détente, plaisir. Cependant, du fait que nos états intérieurs déterminent notre bonheur et qu'ils sont, en définitive, notre principale réalité, la seule que nous puissions influencer, cette réalité est constamment voilée par tout ce qui se passe à l'extérieur de nous-mêmes. Cela ne veut pas dire pour autant que ce ne sont pas nos états intérieurs qui mènent le bal.

Quand nous cherchons un bon restaurant, par exemple, ce que nous projetons est la sensation que nous aurons en dégustant un plat, ou le plaisir que nous aurons à le partager avec des amis. Si nous voulons aller voir un bon film, nous recherchons alors la sensation d'être nourris, remplis, contentés par le fait de voir de belles images et de vivre des sensations fortes, en toute sécurité.

Toute notre réalité est orientée vers le désir de vivre des états intérieurs de plaisir et de joie. Hélas, comme nous venons de le voir, ce bonheur potentiel est diminué par nos attentes, nos peurs, nos croyances, toutes issues de nos blessures passées. À la limite, la satisfaction des besoins devient un obstacle ; pire, un chemin vers des satisfactions limitées que l'on connaît bien, mais qui restreignent et emprisonnent.

J'avais une amie qui adorait le cinéma – elle était du reste critique de cinéma pour un magazine. Un jour, elle m'a confié qu'elle allait parfois voir tous les films qui passaient en ville, n'importe lesquels, pour se remplir. Mais, paradoxalement, elle a fini par se sentir de plus en plus vide. Plus rien ne pouvait la bourrer ; elle était désespérée. Remarquez que c'est déjà un avantage de ressentir le désespoir à partir d'un instrument aussi peu dommageable que le cinéma. C'est bien pire lorsqu'il s'agit d'alcool, de sexe ou de drogue.

Un grand nombre d'entre nous reproduisent, devant le téléviseur, la malheureuse stratégie de mon amie cinéphile. Il y a tant de programmes – dont si peu sont vraiment nourrissants et satisfaisants – que l'on finit par errer d'une chaîne à l'autre. D'une *chaîne* à l'autre ! C'est tout de même assez suggestif comme expression. Nous errons d'une chaîne à l'autre pour fuir l'esclavage d'une vie qui ne nous satisfait pas et qui nous enchaîne, justement. Peu à peu, pour intensifier l'expérience, pour la rendre plus satisfaisante, on ajoute le petit en-cas : *pop-corn*, *chips*, coca. Autrement dit, nous cherchons un état intérieur de satiété.

Tant que ça marche, ça marche, il n'y a rien à redire. Toutefois, d'une certaine façon, c'est pire, parce qu'alors on ne peut toucher à son malheur de fond. Il reste masqué. C'est pour cela que je pense que ma copine a eu de la chance de pouvoir toucher à son malheur intérieur à si peu de frais. Finalement, elle s'est mariée, a eu des enfants et est devenue romancière. Sa vie est plus active et plus nourrissante. Ses films sont devenus réalité.

Cette anecdote nous offre une belle illustration parce que c'est justement de vie dont il est question depuis le début. Par exemple, est-ce notre partie vivante qui nous pousse à trop manger parce qu'elle ne trouve rien de vraiment satisfaisant à se mettre sous la dent dans la nourriture appauvrie qui est souvent la nôtre ? Se pourrait-il que toutes nos boulimies soient la conséquence de cette recherche d'une plénitude vivante, et que ce soit le meilleur de soi qui, ainsi, manifeste sa volonté de vivre ?

FONCTION ET DÉFINITION DE LA COMPENSATION

Examinons de plus près la nature de la compensation. *Compenser* veut dire contrebalancer, ou remplacer. La notion de *compensation* a été introduite en psychologie par le psychiatre autrichien Alfred Adler. Le chercheur appliquait sur le plan psychologique un mécanisme similaire à celui observé du côté physiologique en ce qui a trait à des organes touchés par une insuffisance. On a remarqué que cette *infériorité d'organe* stimulait les capacités d'adaptation et que l'on aboutissait souvent à des rendements nouveaux et supérieurs.

Sur le plan psychique, Adler a noté le fait qu'un homme comme Napoléon, par exemple, qui possédait une *infériorité d'organe* reliée à sa petite stature physique, avait compensé le complexe d'infériorité qui en avait résulté par un désir presque sans limites de dominer et de conquérir. Les observations d'Adler décrivent à la base un mécanisme sain qui permet une adaptation à une infériorité réelle ou ressentie. Mais le mécanisme peut devenir névrotique[28].

C'est dans le passage entre *contrebalancer* tout naturellement une insuffisance et *remplacer* un besoin par un autre que l'on touche à la partie névrotique du processus psychique. C'est le cas lorsque nous remplaçons un besoin de convivialité par un verre d'alcool avalé en solitaire. Le geste sert alors à déguiser un élan et à le refouler à l'arrière-plan. Si cela se produit à l'occasion, il n'y a pas de mal. C'est même la preuve d'une souplesse psychique. Mais lorsque cette façon de faire devient coutumière et permanente, au point où l'on ne se rappelle plus le besoin d'origine, il y a problème.

Pour mieux comprendre la fonction des compensations, les exemples concrets sont très éclairants. Nous commencerons par ceux que m'ont offerts des personnes dans un atelier qui a été porté à l'écran[29]. Je leur avais demandé d'écrire une lettre à leurs compensations. Pour composer leurs missives, ils devaient s'imaginer face à leur façon de compenser préférée. À partir de là, tout en supputant les conditions intérieures qui enclenchaient le processus, elles devaient d'une part, décrire, les gratifications qui entraient en jeu et, d'autre part, se représenter les goûts et les élans qui se trouvaient empêchés quand elles compensaient. Voici quelques-unes de ces lettres.

Manger :

« À toi, ma nourriture,
Tu m'apportes de l'apaisement, du réconfort, du calme, du plaisir.
Tu endors mon mal-être, toute la douleur interne d'une blessure d'enfance que je traîne.

28. Carl Gustav Jung, *Les types psychologiques*, 3e édition, Genève, Librairie de l'Université, Georg et Cie, 1950, p. 417.
29. Productions Point de mire, *Guy Corneau en atelier*, épisode « Vaincre la résistance au changement », diffusé sur les ondes de Canal Vie en septembre 2006.

Tu m'aides à ne pas entendre les petites voix qui me jugent tout le temps, la mienne et celle des autres.

En ce moment, j'ai un grand désir de te changer pour laisser émerger mon être, me laisser le droit d'exister, de vivre et non plus de survivre. »

Fumer :

« Chère cigarette,

Tu me calmes quand je suis stressé.

Tu me calmes quand je suis en colère.

Tu es ma compagne quand je m'isole.

L'amour de la cigarette me détruit.

Je me détruis. »

Dormir :

« Chère compensation,

Tu me permets de fuir le monde, de ne pas avoir à affronter le monde extérieur.

Tu m'offres la possibilité de ne plus exister.

De ne plus sentir la souffrance, la douleur, la solitude, l'ennui.

Cependant, tu m'empêches de m'ouvrir au monde.

De vivre mes moments de loisir et de plaisir. »

Accomplir une performance :

« Chère performance,

Tu me réconfortes quand tu me fais croire que j'ai le contrôle sur ma vie, sur mes actions.

Avec le temps, petit à petit, tu m'as enlevé ma liberté, ma spontanéité, ma possibilité de faire ou de changer de choix.

Tu m'emprisonnes dans la rigidité, tu m'épuises et tu m'étourdis.

J'entreprends donc maintenant, par des actions concrètes, de me corriger au fur et à mesure que tu apparaîtras.

Je m'investirai dans des domaines que je ne connais pas et que tu m'empêches de découvrir.

Je prends tout simplement conscience que j'ai moins besoin de toi pour me faire aimer et apprécier. »

Comme vous pouvez le constater, la fonction des compensations apparaît clairement dans cet exercice de la lettre. Vous pouvez d'ailleurs le reprendre vous-même à la maison. Vous vous rendrez compte, à l'instar de nos protagonistes, que compenser a souvent beaucoup à voir avec tromper une forme d'ennui ou de solitude. Parfois, cela permet d'éviter des conflits ou de gérer des tensions intérieures.

Dans tous les cas, il est utile de prendre conscience, d'une part, des gratifications cachées que fournit l'emploi d'une compensation et, de l'autre, des aspects plus sombres de cette activité, même s'il s'agit d'une chose aussi inoffensive au premier abord que le fait de regarder la télévision – loisir auquel se livrent chaque jour des millions de téléspectateurs.

Ce n'est pas pour rien que j'ai demandé aux participants de noter les avantages et les désavantages que leur offre l'usage de leur compensation favorite. Je l'ai fait pour leur faire réaliser que, joyau de leur personnalité, elle joue elle aussi un double rôle : d'une part, elle permet de survivre en donnant de la saveur à un monde qui autrement pourrait en être dépourvu, mais, d'autre part, elle nourrit l'immobilisme. Elle devient la gardienne d'un système qui enferme l'individu dans le malheur. Par exemple, j'ai entendu plusieurs hommes me dire que le plaisir sexuel leur avait vraiment permis de rester en vie. Toutefois, aujourd'hui, la peur de perdre ce plaisir les empêche d'avancer.

Voilà pourquoi, la plupart du temps, on ne peut approcher le problème des compensations de front. La voie bénéfique, comme nous le verrons plus tard lorsque nous explorerons la deuxième perspective, consiste à stimuler la pulsion créatrice. Lorsque de nouveaux plaisirs apparaissent à l'horizon et que de nouvelles expériences se déroulent, l'individu peut alors relâcher son emprise sur sa compensation favorite, à laquelle il tient comme Linus, dans *Charlie Brown*, tient à sa doudou. D'ailleurs, on ne sait pas si c'est lui qui tient sa couverture ou si c'est sa couverture qui le tient. La même ambiguïté vaut pour les compensations.

Vous aurez noté également que j'emploie, pour parler des compensations, des verbes d'action comme « manger », « fumer », « regarder la télé » ou « dormir ». Je le fais pour souligner qu'il s'agit de comportements qui impliquent quelqu'un, et pas seulement des substances. La plupart du temps, nous mettons l'accent sur ces dernières. Elles jouent leur rôle car elles créent des assuétudes biochimiques. Toutefois, l'emploi du verbe nous permet de ne pas perdre de vue qu'il y a bien quelqu'un qui fait l'action. Il y a un sujet qui est en jeu, avec tout son appareillage psychique et un délicat équilibre qu'il tente de conserver du mieux qu'il peut.

La soif de reconnaissance

Une autre fonction des compensations est liée au besoin pressant d'être reconnu, dont nous avons parlé plus tôt. Les compensations ont souvent commencé avec les petites récompenses que nous recevions, enfant, et qui servaient à nous valoriser. C'est pourquoi, encore aujourd'hui, les compensations servent à combler inconsciemment ce besoin de reconnaissance et à faire échec à la peur d'être oublié, d'être laissé de côté, d'être isolé, et même de ne plus exister. Elles comblent le besoin d'approbation, d'admiration, d'applaudissements et de renforcements positifs.

C'est la raison pour laquelle « être amoureux » présente tant d'attrait. L'autre nous trouve « beau », « gentil », « intelligent », « unique », « lumineux ». Nous vivons dans son regard et nous nous y mirons comme Narcisse dans son lac. Inconsciemment, nous contemplons notre propre perfection et celle de l'autre. Sans le savoir, nous tentons surtout de restaurer une estime de soi qui a été fortement touchée par les tribulations de la vie. Nous tentons de nous reconnaître.

Un chanteur engagé me raconte :

Lorsque je donne un spectacle qui m'engage beaucoup et où je prends des risques, j'ai remarqué que je n'arrête pas, après, d'aller chercher des compliments pour me rassurer. Subtilement, je ramène la conversation à ma performance, comme pour amener mes proches à reconnaître comme j'ai bien fait cela sur scène. Ce besoin est comme un puits sans fond. On pourrait y verser des tonnes de compliments, ce ne serait pas assez. Il n'y a qu'une chose qui peut arrêter tout cela. Je m'arrête quelques instants et je me parle à moi-même. Je me dis : « Et toi, comment évalues-tu ta propre prestation ? »

Je me réponds que j'ai donné le meilleur de moi-même, que j'ai pris position clairement, au risque de déplaire à certaines personnes, bref, que j'ai été cohérent et même courageux. Je remarque que je pourrais améliorer certains points, mais, somme toute, je me rends compte que je suis content et que j'ai de bonnes raisons d'être satisfait de moi-même. Je me donne de la reconnaissance et, pour célébrer l'occasion, je m'offre quelque chose qui me fait plaisir.

Ce besoin de satisfaire la soif de reconnaissance explique sans doute mieux que toute autre fonction à quoi servent les systèmes compensatoires. Quel rôle joue le verre de vin à la fin de la journée sinon à se donner la tape dans le dos souhaitée et à masquer son absence ? En psychologie, cela s'appelle « se reconnaître ». Or, dans ce cas-ci, cela demeure une façon tout à fait inconsciente de le faire, car se reconnaître par soi-même demeure la plupart du temps en dehors de notre éventail de possibilités, pour la simple raison que nous cherchons cette reconnaissance à l'extérieur et que nous ne pensons pas à nous l'offrir nous-même.

Une des seules manières de sortir de l'emprise d'une substance ou d'un comportement consiste *à reconnaître en soi-même, par soi-même, et de façon consciente, quelque chose qui nous passionne.* Il s'agit également de faire de la place à ce goût et à s'y tenir. Autrement dit, la question qui permet de trancher, à travers le système compensatoire, est la suivante : *qu'est-ce que je reconnais en moi-même, par moi-même, qui me donne le goût de vivre ?*

Si l'on arrive à répondre à cette question, on prend une longueur d'avance, car la reconnaissance de nos goûts et de nos talents permet de sortir du système. Cela risque d'entraîner un conflit avec le personnage à court terme, mais cela apporte des satisfactions durables à long terme.

Si nous sommes reconnus pour des habiletés que nous n'apprécions pas nous-mêmes, ou si personne ne remarque le travail que nous accomplissons; nous devons presque nécessairement faire appel à une compensation pour combler ce déficit d'amour. Compenser correspond donc à une façon inconsciente de s'aimer lorsqu'on est prisonnier d'un système où l'on ne se sent pas suffisamment reconnu, ou pire, lorsqu'on est reconnu pour ce que l'on n'est pas. Si, d'une part, on peut trouver heureux que la compensation existe puisqu'elle permet de survivre, d'autre part, on doit bien se rendre compte qu'elle a sa partie toxique puisqu'elle enferme l'individu dans la dépendance.

Le conflit inconscient
Le mécanisme compensateur possède aussi une autre fonction cruciale : masquer le conflit qui fait rage à l'intérieur de la personne. Le chocolat,

le sexe, le café, la télé, le travail servent à se cacher cet inconfort, à faire en sorte qu'il ne monte pas à la surface. La lecture de la lettre suivante nous en convaincra.

« Chère télé,
Tu remplis un grand vide, une grande solitude.
Tu me désennuies, tu m'instruis, tu me fais rêver.
Tu me voles mon temps.
Tu m'anesthésies.
Tu me culpabilises.
Tu me fais mal.
Tu m'empêches de créer ma propre vie.
Tu m'empêches de faire ce que j'aime, car c'est plus facile de rêver.
Si je réussis à moins te regarder, peut-être que je vais réussir à bâtir une nouvelle vie.
Ma vie[30]. »

Anesthésié par l'une ou l'autre compensation, l'être ressent une impression de paix. Mais c'est une tranquillité de surface. Comme cette lettre le fait ressortir, un conflit existe à l'intérieur de la personne. Il y a, d'un côté, un duel inconscient entre la pulsion de vie qui étouffe et, de l'autre, le personnage qui cherche la sécurité du *statu quo*. C'est ici que la compensation fait mal. L'ignorance de cette guerre intime produit de nombreux dommages collatéraux qui se mesurent en perte de vitalité et en somatisations de toutes sortes.

La reconnaissance de cet affrontement caché a le mérite de limiter les dégâts, même si l'on ne modifie pas ses habitudes tout de suite. La prise de conscience entraîne une nouvelle cohérence dans l'être et affaiblit l'emprise destructrice de l'élément inconscient. En effet, au risque de me répéter, ce qui est inconscient reste autonome dans notre psyché et possède, de la sorte, d'autant plus de pouvoir de nous contraindre et de nous définir malgré nous.

---

30. *Ibid.*

LA RÉSISTANCE AU CHANGEMENT

Lorsqu'on passe en revue les différentes fonctions qui s'associent au fait de compenser, qu'il s'agisse de remplacer un besoin par un autre pour répondre à une tension, d'étancher une soif de reconnaissance ou de masquer le conflit intime entre créativité et conservatisme, on se rend compte que les compensations sont l'expression même de la résistance au changement. En effet, si vous avez bien suivi la démonstration que je poursuis depuis le début de ce livre, vous savez que l'être qui se retrouve identifié à son personnage au mépris de son individualité souffrira éventuellement d'une impression de déséquilibre et de déchirement interne. Plus son identification à la personnalité sera totale, plus le malaise risquera d'être grand. Au point que les éléments qui devront être utilisés pour provoquer malgré tout un sentiment de bien-être, ne serait-ce que passager, devront être de plus en plus puissants, quitte à oblitérer toute lucidité par un abus répété de certaines substances ou par l'acceptation d'une vie dans laquelle on n'a jamais de temps pour soi.

Autrement dit, compenser constitue une façon de survivre au déséquilibre intérieur et de résister au nécessaire changement qui se produit quand un individu craint les risques qu'il y aurait à prendre et les deuils qu'il y aurait à faire si jamais il prenait la route de la partie vivante de lui-même, le meilleur de soi. Paradoxal, n'est-ce pas ? Quand on considère toute l'énergie déployée à ne pas devenir soi-même tout en se plaignant des difficiles conditions de la vie, on se demande si les individus ont vraiment envie de sortir du rôle de victime. On finit par se dire que les êtres humains ne changent finalement que lorsqu'ils y sont obligés. Nous reviendrons sur le thème du changement dans la troisième partie du livre.

LA COMPENSATION CONCERNE L'HISTOIRE DE L'INDIVIDU

En conclusion, les compensations ne sont pas à prendre à la légère. On ne peut pas s'en débarrasser en deux ou trois coups de cuillère à pot. En plus de tout ce que nous avons déjà dit, l'on s'aperçoit vite que les compensations témoignent de toute l'histoire de l'être humain. J'ai eu en thérapie un homme qui entretenait plusieurs relations sentimentales à la fois. Sa vie était très compliquée ! On aurait pu dire que séduire constituait son principal acte compensatoire. En réalité, cela s'inscrivait davantage du côté des satisfactions sexuelles. Il avait besoin de s'assurer régulièrement l'octroi de tels plaisirs, sinon sa vie perdait son sens.

Qu'est-ce qui motivait un tel comportement? Il avait été, enfant, victime de violence physique de la part de sa mère, et une méfiance des femmes s'était inscrite en lui. Il avait une difficulté énorme à s'abandonner à l'amour et à s'engager. Son système lui permettait de jouir de la présence féminine, mais à la condition qu'il n'y ait aucun engagement à la clé. De la sorte, il sexualisait toutes ses relations et ne permettait jamais à son désir de tendresse et d'intimité de monter à la surface. Voilà ce que j'entends lorsque je dis que l'histoire de l'individu est totalement impliquée dans le choix d'une compensation.

Voici d'autres exemples. Une participante me raconte qu'elle fume quand elle se sent seule. Elle précise qu'elle a tenté d'arrêter à plusieurs reprises, mais qu'après un certain temps elle se jette sur la nourriture. Sa consommation a commencé lorsqu'elle avait douze ans. Elle voulait «faire partie du groupe», comme elle dit. Elle fumait donc pour se sentir reconnue, mais aussi pour s'affirmer et défier ses parents.

Quand Roger ne mange pas de pain au cours d'un repas, il ne se sent pas repu. Il a besoin de se bourrer, sinon, il sent le vide dans son ventre et panique. C'est tout à fait irrationnel, et il est incapable de se contrôler. Hélas, Roger a un problème d'embonpoint et le pain le fait grossir. Mais il ne peut arrêter d'en consommer, car c'est ainsi qu'il lutte contre l'angoisse de la solitude. Étant jeune, il a souffert du manque d'attention de ses parents et s'est réfugié dans son monde imaginaire pour survivre. Aujourd'hui, il a peur d'être seul.

Une femme dans la cinquantaine nous révèle qu'elle a des crises au cours desquelles elle se rue dans les boutiques de mode. Chaque fois qu'elle vit une déception, elle achète des vêtements coûteux dont elle n'a pas besoin. «Ils servent à rehausser mon image, dit-elle, m'assurent de mon pouvoir de séduction, compensent ma peur de déplaire, et satisfont mon besoin d'être acceptée.» Elle pense que cette habitude s'est enracinée en raison du manque de regard parental. Enfant, elle mettait déjà de beaux vêtements pour attirer l'attention de son père.

Chacun de nous possède un élément qui lui sert de compensation principale et qui agit à titre de rempart essentiel contre le vide. Pour le repérer, il s'agit de se poser la question: quelle est la chose qui enlèverait sa couleur à ma vie si je la perdais ? Pour certains, c'est faire l'amour ; pour d'autres, regarder la télé, travailler, séduire, contrôler, exercer du pouvoir, se plaindre ou boire du café. Peu importe, car, à la limite, n'importe quel élément de notre vie peut jouer un rôle compensatoire à partir du moment où nous l'utilisons pour masquer un besoin plus profond.

Il ne sert à rien de se sentir coupable ou honteux. Il est plus intéressant de tenter de comprendre la fonction que la compensation joue dans votre vie actuelle et passée. Cette compréhension marque le début d'une libération possible. Tant que l'on reste du côté du plaisir coupable, on risque de ne pas avancer, car, en jouant au chat et à la souris avec le comportement ou la substance, on s'empêche souvent de comprendre réellement ce qui est en jeu. On se punit et on se méprise, au lieu d'avoir de la compassion pour cette partie de nous-même qui s'efforce péniblement d'aller vers le meilleur de soi.

De façon à prévenir d'éventuels malentendus, je préciserai la nature de la compensation dans le chapitre suivant, en distinguant, par exemple, ce qui est de l'ordre de la récompense, de la compensation ou de la compulsion.

Chapitre huit

Récompenses et dépendances

Y A-T-IL QUELQU'UN QUI MANGE ?

Nous allons maintenant distinguer ce qui est de l'ordre de la récompense, de la compensation ou de la compulsion. Cette distinction est nécessaire, car, comme vous le constatez sans doute, une fois que nous sommes engagés dans cette façon de voir les choses, il est difficile de ne pas regarder tout ce que nous consommons sous l'angle de la compensation, avec en prime une impression de culpabilité. Or, se sentir coupable n'est pas le but de l'exercice. La position thérapeutique n'est pas affaire de moralité, elle cherche le rôle d'un élément dans un système, espérant que la prise de conscience pourra servir à une réorganisation de ce même système.

Il n'en reste pas moins que j'ai longtemps cherché un étalon de mesure qui permettrait de pratiquer une distinction intelligente. Puis, un soir, en conférence, ces questions me sont apparues. Y a-t-il, lorsque vous mangez du chocolat, quelqu'un qui mange du chocolat ? Y a-t-il, lorsque vous fumez, quelqu'un qui fume ?

Autrement dit, y a-t-il un goûteur ? Y a-t-il quelqu'un qui savoure ? Y a-t-il quelqu'un qui est présent dans le geste de fumer et de manger ou s'agit-il d'une activité purement mécanique ?

Plus précisément, y a-t-il quelqu'un qui mange ou êtes-vous dévoré par le besoin de vous remplir ? Y a-t-il quelqu'un qui mange ou êtes-vous possédé par la nécessité de créer un inconfort dans votre ventre, ce malaise étant plus tolérable que celui associé à la perception d'un vide fondamental ou d'un ennui intégral ? Y a-t-il quelqu'un qui fume ou êtes-vous brûlé par la cigarette, cherchant dans cette brûlure une intensité que votre vie ne vous offre pas. En effet, ce n'est pas toujours le plaisir qui répond à l'insatisfaction fondamentale, et il arrive fréquemment que nous provoquions un inconfort de surface pour faire diversion.

Lorsqu'il y a quelqu'un qui est conscient de son geste et qui le déguste, nous sommes du côté de la récompense, de l'abondance et de la célébration de la vie. Par contre, lorsque nous sommes enfumés par nos peurs et nos attentes magiques, nous sommes du côté de la compensation. Il faut alors enfiler toute une tablette de chocolat avant de revenir à la surface et se rendre compte que nous sommes en train de gober une friandise.

Je peux avoir absolument besoin d'un verre de vin, par habitude, pour terminer ma journée. À l'inverse, je peux prendre un verre de vin pour célébrer la vie qui coule en moi et pour témoigner de la majesté qui se déploie autour de moi. Dans ces gestes identiques, seule l'intention qui les sous-tend diffère. Dans le premier cas, je bois pour retrouver un état de bien-être intérieur perdu ; dans le deuxième, je consomme pour manifester ce bien-être et exprimer la douce ivresse qui m'a envahi. Remarquez que, d'un soir à l'autre, je peux louvoyer : parfois je suis présent à mon geste, parfois je ne le suis pas.

La compulsion

Lorsqu'une même façon de compenser devient un besoin irrépressible auquel on se sent tenu de répondre sous peine d'éprouver de l'angoisse et même de la culpabilité, cela veut dire que la compensation s'est transformée en compulsion. Une force intérieure nous pousse alors impérieusement à accomplir certains actes. Nous entrons dans le domaine de l'accoutumance.

J'aime la proximité des mots *pulsion* et *compulsion*, car, pour moi, lorsqu'on en arrive au point où la compulsion remplace la pulsion de vie, le malheur n'est pas loin. La compulsion décharge la tension de la pulsion de vie, mais d'une façon destructrice. Elle la détourne et la pervertit plutôt que de l'exprimer dans toute sa beauté.

Dans ma pratique, j'ai eu à traiter plusieurs patients, hommes et femmes, qui souffraient de dépendances diverses. Nourriture, alcool, travail et pornographie sont les principales que j'ai remarquées. Quelle que fût la substance, ces personnes connaissaient toutes les mêmes retournements intérieurs.

Je me souviens du cas d'Alice, une femme obèse qui ne pouvait résister aux friandises :

> Au retour du travail, elle finissait toujours par entrer dans une pâtisserie pour y acheter un gâteau qu'elle avait l'intention de partager avec son fils. Mais ce dernier n'avait pas le temps de rentrer de l'école qu'elle avait déjà tout mangé. C'est la relation qu'elle vivait avec le sucre qui m'a le plus interpellé. Le processus par lequel elle passait chaque fois est exemplaire. En rentrant du travail, elle éprouvait toujours une grande tension intérieure, alors elle voulait à la fois acheter et ne pas acheter de friandises. Chaque jour, elle se disait que c'était la dernière fois. Comme elle le croyait, elle s'autorisait à manger pour la peine. Sitôt le gâteau déposé sur la table, il disparaissait rapidement.
>
> Une fois le dessert consommé, elle sortait de son rêve et revenait à elle-même, pour ainsi dire. Rassasiée, elle ressentait une grande détente, puis une certaine lucidité se faisait jour en elle. Elle ne comprenait plus le pouvoir d'attraction que le gâteau avait pu exercer. Elle se rappelait alors tout ce qu'elle avait lu sur les méfaits du sucre et décidait fermement de ne plus acheter de friandises. C'était réglé, le plus simplement du monde.
>
> Le lendemain, elle rachetait tout de même du gâteau pour se prouver qu'elle avait acquis une certaine maîtrise par rapport aux sucreries, se disant qu'elle arriverait à en manger, mais sans faire d'excès. Elle le posait sur la table… et finissait par le dévorer tout entier, se disant que c'était une erreur d'en avoir acheté et qu'elle n'avait pas encore la force de résister à une telle tentation.
>
> Forte d'une nouvelle résolution, elle repartait au bureau le surlendemain. Mais la journée ne se déroulait pas bien. Elle essuyait quelques réprimandes de son patron, et puisqu'elle avait échoué et que manifestement elle était nulle, elle se disait qu'elle ferait tout aussi bien d'oublier tout ça en s'offrant un morceau

de gâteau. Elle tirerait ainsi profit de son sentiment d'échec. Au moins, il servirait à quelque chose d'agréable. Le jour suivant, elle recevait des excuses du même patron, qui disait avoir exagéré ses critiques. Elle se sentait alors revalorisée. Et célébrait la bonne nouvelle avec du gâteau !

Vous voyez le manège mental dans lequel la personne dépendante tourne. Les alcooliques vivent la même chose avec la bouteille. Les amateurs de porno vivent la même chose avec le sexe. Les maniaques du travail éprouvent les mêmes malaises lorsqu'il s'agit de ralentir leurs activités et de ne rien faire. Je voudrais souligner un ingrédient essentiel qui est en jeu par rapport à tout cela : le mépris de soi.

Lorsqu'elles commencent à être conscientes du cercle vicieux qui les entraîne, toutes ces personnes ressentent de la honte par rapport à leur comportement. Elles se sentent impuissantes à le corriger et, peu à peu, cela colore toute leur vie. Bientôt, elles ne voient plus en elles que cet aspect de déchéance. Il leur devient alors de plus en plus difficile de voir les beaux côtés d'elles-mêmes. Elles se méprisent aussi pour avoir cette double vie. Alors que leur entourage les admire pour d'autres facettes de leur personnalité, elles ne peuvent s'empêcher de penser : « Si seulement vous saviez à qui vous avez affaire ! »

Un goût d'éternité

Cette dépendance a pour effet de pousser les gens à rechercher des compensations de plus en plus intenses, qui seront capables de leur faire oublier, ne serait-ce que quelques secondes, leur drame secret. L'alcool devient alors de plus en plus fort, la porno de plus en plus « hard », les tablettes de chocolat de plus en plus nombreuses, le travail de plus en plus prenant. Suffisamment en tout cas pour vivre le *high* rattaché au fait de franchir une limite. Ce *high* permet de ressentir une sorte d'ébriété qui fait que l'on est complètement pris dans son univers.

Ces éléments sont instructifs puisqu'ils nous révèlent l'essence même de la quête de satisfaction : un moment d'intensité qui a une saveur d'éternité. Ce n'est donc pas l'objectif recherché qui est en cause, ce dernier étant parfaitement juste et relevant de notre nature essentielle à laquelle nous ne pouvons échapper. Ce sont les moyens qui, à la longue, deviennent destructeurs. Ils trahissent le malheur de fond : on n'arrive à rien parce que les compensations ne peuvent apporter le bonheur durable recherché.

La personne qui ne peut vivre sans son téléphone cellulaire trahit sa peur de l'abandon et de la solitude. Du même coup, elle exprime son besoin de se sentir sans cesse reliée. Or, de par notre nature, nous sommes constamment unis aux autres. Mais il faut investir du temps dans des pratiques comme la méditation ou la contemplation pour s'en rendre compte.

Dans un de mes ateliers, une personne nous a confié ce qu'elle a vécu avec sa compensation favorite : dépenser de l'argent.

Faisant l'inventaire des conditions qui déclenchaient son goût de dépenser, elle avait noté en premier lieu les occasions où des gens lui parlaient de moments pénibles de son passé. Y figurait aussi le goût de se défouler si une dispute était survenue dans son couple ou au travail. Les gratifications reliées au fait de dépenser se concentraient autour d'un sentiment de puissance et d'abondance. Lorsqu'elle flambait son argent, elle se donnait de la valeur.

Cependant, elle a remarqué peu à peu que ce même argent aurait pu servir à des choses qu'elle aimait vraiment et qui stimulaient son goût de vivre, comme les voyages ou les séminaires de croissance personnelle. Elle a donc appris à formuler des objectifs à long terme pour freiner sa boulimie d'achat. Elle a ouvert un compte spécial sur lequel elle verse de l'argent destiné à des projets créateurs. Cette démarche lui permet de regarder l'avenir avec enthousiasme.

Dans la mesure où l'on est partie intégrante d'un univers abondant, puissant et créateur, le sentiment de puissance, d'aisance et d'abondance existe au sein même de notre nature. C'est la prise de conscience de notre identité véritable qui peut résoudre le problème que nous vivons lorsque nous sommes attachés à notre personnage de surface.

Un attachement biochimique

Vue sous l'angle de la neurobiologie du cerveau, la dépendance à une substance se résume à un problème d'attachement, non pas à la substance en tant que telle, mais à son effet, c'est-à-dire le cocktail biochimique qu'elle déclenche et l'état émotionnel qui s'ensuit. La difficulté naît du fait que tout cela correspond à des circuits électriques du cerveau et qu'il est difficile de les modifier. Ce sont de mauvaises habitudes.

Même si le circuit est identifié comme déclenchant des réactions désagréables, il devient difficile, après un certain temps, de le changer. Une fatigue s'est introduite dans le système et les nouvelles cellules qui sont créées portent la trace de cette fatigue. Il y a moins de récepteurs en action et ils ne reconnaissent plus les informations qui pourraient permettre une reprogrammation. De là vient la difficulté de changer.

Cette difficulté fait cependant apparaître une possibilité insoupçonnée. Puisque l'accoutumance constitue un attachement à certains types d'influx biochimiques provoquant un type donné d'état affectif, la reprogrammation peut se faire à partir de l'état affectif lui-même. Par exemple, il m'arrive d'encourager des patients à se projeter en imagination vers des images positives d'eux-mêmes dans lesquelles ils se voient dégagés de leur accoutumance. Je leur propose d'imaginer ce changement avec une intensité allant jusqu'à entraîner une émotion. De cette façon, ces représentations ont la possibilité de s'implanter en créant de nouveaux circuits biochimiques. Ces nouvelles connexions neurologiques peuvent à la longue les amener à rechercher de nouvelles sensations plutôt que les anciennes.

En réalité, l'imagination facilite énormément le développement psychologique et il est difficile d'avancer sans elle. Sur un plan plus large, comme je l'ai déjà mentionné, un problème de dépendance nécessitera presque à coup sûr une mise en action dans une expression créatrice et passionnante. Nous sommes des créateurs, et c'est l'expérience de la création qui nous transforme véritablement.

DÉPENDRE DES ÉMOTIONS

Puisqu'il est question d'attachement biochimique, je voudrais introduire ici un point qui n'est pas souvent traité dans la documentation psychologique : l'accoutumance aux émotions. Je prends tout de suite un exemple. À la fin d'une journée de stage, un homme affable offre de me raccompagner chez moi. Je ne sais pas encore que je vais devenir le témoin privilégié d'une colère monstre. Raoul, qui a mal garé sa voiture, aperçoit un billet d'infraction sur son pare-brise. Sa réaction est démesurée. Il s'en prend à la police, aux autorités de la ville, et au « gouvernement de merde » qui est en place. Manifestement, j'assiste à ce que l'on appelle un déplacement. Une rage qui n'a pu s'exprimer ailleurs, peut-être même dans mon stage, est en train de se manifester en prenant pour motif ce petit incident. J'imagine vite le rapport avec des parents peu à l'écoute des besoins de leur enfant, et qui ont contribué par leur attitude à ce qu'il devienne, dans sa vie de tous les jours, un véritable perfectionniste.

En effet, Raoul est irréprochable dans sa vie de famille comme dans sa vie professionnelle. Irréprochable à une chose près : il boit. Il boit trop et il le sait. Il se dit qu'il peut arrêter quand il le veut, qu'il peut « changer des choses ». Car il sait aussi qu'il ne fait pas ce qu'il aurait eu envie de faire. Mais il a peur de se retrouver seul s'il modifie sa façon d'être. Il ne se rend pas compte que c'est maintenant qu'il souffre de solitude, car peu à peu sa famille s'éloigne de lui à cause de son problème d'alcool.

Il est conscient de tout cela, mais il ne réalise pas qu'il est également dépendant de ses émotions. Il est dépendant de cette colère et de cette rancune qui le détruisent. Ses cellules se sont habituées à cet état intérieur, et elles en redemandent. Alors, lorsqu'il boit, Raoul laisse aller sa colère encore plus librement. Il croit qu'il boit parce qu'il y a trop de choses qui le mettent en colère, alors qu'en fait il boit pour être en colère. Cette colère prend de plus en plus de place, et bientôt il ne sera plus qu'un être acariâtre.

Le cas de Raoul fait caricature. Toutefois, la plupart d'entre nous sommes abonnés à un type donné d'émotions, que ce soit la colère, la tristesse, le désespoir ou la peur. De cette manière, nous tournons dans une sorte de cercle vicieux. Comme si, lorsque nous ne sommes pas dans cet état affectif, la présence d'un ami familier nous manquait. Nous cherchons ainsi à combler notre vide intérieur, celui que l'on a peur de devoir affronter si l'on se retrouve seul. Cependant, la compulsion crée du vide, de plus en plus de vide et de rejet. Les autres se fatiguent vite des personnes qui sont toujours tristes, apeurées ou désespérées.

Les émotions fortes

Il y a souvent confusion entre la notion d'animation intérieure et les « émotions fortes ». Lorsque je parle de l'attachement au personnage ou à notre personnalité, l'allégeance au monde émotif y occupe une large part. Or, comme nous l'avons vu dans les chapitres précédents, l'émotion est le signal d'une friction entre le monde extérieur et le personnage, friction qui a pour rôle de nous ramener à une position plus juste par rapport à notre individualité profonde et par rapport aux autres.

Aussi, pour atténuer le pouvoir des émotions liées à des attentes déçues ou à des angoisses de fond, nous nous attachons à des formes compensatoires qui nous font vivre des stimulations fortes et intenses. D'où l'excitation que l'on peut éprouver devant une danseuse nue, une bouteille d'alcool, un gros morceau de gâteau ou même un film d'action. Ces éléments, et bien d'autres, sont tous à même de créer une animation intérieure suffisamment bouleversante pour que l'on en oublie ses problèmes. Ces stimuli, par leur intensité, ont le pouvoir de faire taire les émotions troubles qui habitent l'être. Dans ces conditions naît le risque de déviation et de détournement de l'émotion.

Ainsi, la consommation régulière de notre dose « d'émotions fortes », comme le dit la publicité, fait qu'elles peuvent se transformer en émotions destructrices. Elles ne sont pas « destructrices » en elles-mêmes, c'est l'usage que l'on en fait qui leur donne ce potentiel. Comme elles voilent le conflit réel et nous offrent des formes d'évitement si fortes que l'on en oublie momentanément qui l'on est, on entre sans le savoir, et parfois de façon fort plaisante, dans l'autosabotage et l'autodestruction.

En obéissant de façon aveugle à un monde de surstimulation et de surconsommation qui nous permet de refouler notre drame intérieur, nous permettons aux émotions liées au conflit inconscient de miner non seulement notre monde émotif, mais notre intégrité physique.

Entendons-nous bien, je ne suis pas en train de dire que nous ne devrions pas vivre des émotions. Ce que je veux dire, c'est que, lorsqu'on ne peut se donner des moments intenses que par l'entremise d'émotions fortes, on risque de bloquer son propre chemin. Certains couples survivent uniquement dans un climat permanent de querelles, et même de violence. Encore une fois, sur un plan existentiel, il n'y a rien à redire à cela, et surtout pas de jugement à porter. Toutefois, si l'on veut évoluer, cela vaut le coup de tenter de comprendre les attentes, les peurs et les blessures du passé qui conditionnent de telles interactions.

L'émotion ne dit pas toute la vérité

En acceptant de nous dégager de nos émotions, surtout de celles qui semblent posséder le sceau de l'authenticité, nous devenons de meilleurs acteurs sur la scène de la vie.

Une amie me téléphone. Elle veut que nous allions prendre un verre parce qu'elle a envie de pleurer. En l'écoutant, je comprends qu'elle s'est complètement identifiée à son émotion. Une fois le verre pris et son émotion exprimée, je ne connais toujours pas la véritable raison de sa tristesse. C'est que dialoguer avec une émotion et s'y identifier sont deux attitudes très différentes.

Dialoguer avec une émotion consiste à la mettre sur une chaise, pour ainsi dire, comme une personne, et à l'écouter – écouter de quelle situation elle émerge, ce qu'elle fait résonner en soi, quelle blessure elle rappelle, et sur quel besoin elle veut attirer notre attention.

Toutefois, la remise en cause de l'identification aux émotions est difficile, car la plupart des gens ont l'impression d'être « vrais » lorsqu'ils éprouvent quelque chose. Ils se sentent alors habités et animés de l'intérieur et se disent qu'ils sont enfin authentiques. Ce qu'il y a d'authentique, c'est qu'ils sont alors complètement possédés par leur processus émotionnel.

La plupart du temps, les émotions naissent d'attentes déçues, qui sont elles-mêmes le produit du passé, comme nous l'avons vu plus tôt. Elles ont l'avantage de se communiquer directement à notre entourage. Pourtant, elles nous démontrent l'ampleur de l'écart entre soi et soi-même. Elles nous parlent de l'éloignement du meilleur de soi. Elles remplissent ainsi leur rôle. Toutefois, il est nécessaire que celui ou celle qui les éprouve les entende. Sinon, elles ne font que se déverser sur l'entourage de façon incontrôlée, la personne n'ayant pas encore saisi qu'elle doit être la première réceptrice de ce déversement.

La même chose vaut pour les impulsions instinctives. Nous pensons souvent qu'elles sont irrépressibles. Pourtant, nous pouvons les remettre en question, elles aussi, car elles ne sont pas toujours bonnes conseillères. Par exemple, une de mes amies entretenait une relation avec un homme qui la manipulait allègrement. Elle était très consciente du stratagème, mais elle était incapable de fermer la porte à cette relation toxique. Chaque fois que cet individu rappliquait, ses autres relations pâlissaient, et elle se jetait dans ses bras, pour le regretter quelques semaines plus tard.

Elle le trouvait irrésistible, ce qui veut dire qu'elle n'arrivait pas à résister aux impulsions qui montaient en elle à sa vue. Elle devait donc trouver une façon non pas tant de lui résister que de ne pas se laisser entraîner par ses propres impulsions. Couper la communication avec lui ne constituait qu'une partie du programme ; elle devait également investiguer le pourquoi de cette faiblesse par rapport à l'inconscient. Je lui conseillai d'aller en thérapie pour voir ce qui lui faisait préférer à toute autre cette relation où elle se sentait diminuée et mise de côté. Il ne lui servait absolument à rien d'accuser son beau manipulateur. Elle devait plutôt comprendre ce qui l'enfermait, elle, dans ce mécanisme.

En réalité, on se noie dans la mer des émotions humaines. Et on a grand besoin d'un gouvernail. Nos goûts réels, orientés par nos idéaux, constituent ce gouvernail. Grâce à lui, les émotions vécues peuvent être considérées comme provenant de la lutte que chacun doit mener contre ses conditionnements de fermeture. Toutefois, cela signifie que l'on réalise que rien de ce qui arrive n'est gratuit et que tout contribue à ce que l'on prenne de plus en plus la responsabilité de soi-même, jusqu'à devenir créateur de sa vie.

LES COMPENSATIONS SONT LIÉES AUX SENSATIONS

Je suis aux îles Canaries. C'est le matin. Je quitte l'hôtel pour aller méditer sur la plage, courir et me plonger dans la mer. Tout à coup, il m'apparaît comme une évidence que mon corps est en fait un véhicule, un véhicule magnifique, capable de mouvement, de rapidité et de souplesse. Il est là pour me porter partout où mon esprit le désire, à condition que je lui donne les aliments nécessaires à cet exercice.

Je m'émerveille de cette découverte. Bien que je me sois répété cela des dizaines de fois, cela ne m'est jamais apparu comme une évidence sentie. Je suis comme cela. Pour moi, les choses ne sont réelles que lorsque je les sens physiquement. Aujourd'hui, mon corps sait qu'il est un véhicule enjoué, vif, léger, qui prend plaisir à exister entièrement près de cet océan Atlantique. Avec les couleurs de l'aube et celles du couchant, il respire, il bouge, il mange et il est content.

Car le corps a des exigences, comme ces extensions de notre corps physique et de notre système nerveux que sont nos véhicules automobiles. Ces derniers nécessitent de l'essence, de l'huile, des entretiens réguliers, un filtre à air, de bons pneus, des lavages fréquents et bien d'autres choses encore. Bref, si l'on désire qu'une automobile nous serve bien, nous devons l'entretenir, sinon nous risquons de rencontrer maints périls sur la route.

De la même façon, notre corps a des exigences : nourriture, air, mouvement, repos, abri, caresses. Il faut lui donner les éléments les plus adéquats afin qu'il dure longtemps. Pourtant, lorsque nous sommes identifiés à notre corps, lorsque nous ne le voyons pas comme un véhicule, mais comme notre être global, nous devenons soumis à ses appétits. Se développe alors une passion pour la nourriture, pour le tabac, pour la paresse ou pour le mouvement extrême sans repos adéquat. Nous croyons que ces appétits sont les nôtres alors que ce sont les appétits du corps.

En réalité, ce ne sont même pas les appétits du corps. Notre corps aspire à la santé. Votre automobile, si elle avait son mot à dire, aspirerait à un fonctionnement optimal, elle aussi. Non, ce sont plutôt des appétits qui s'appuient sur le corps et déforment son mouvement naturel et fondamental, celui d'un équilibre fluide et mobile. Puis, ces appétits deviennent des habitudes. Et les inconforts qu'ils engendrent deviennent, bizarrement, des sortes de conforts.

Par exemple, le fait de trop manger apporte un inconfort. Et pourtant, au niveau psychologique, cela entraîne un bien-être, pour le moins paradoxal. Ce confort inconfortable, si l'on peut dire, remplit une fonction. Une gratification inconsciente s'y attache, celle d'un sentiment de satiété et de sécurité. Nous finissons par attendre le repas qui aura lieu dans quelques heures, ou la friandise que nous pourrons déguster dans quelques minutes comme si notre vie en dépendait, comme si elle allait nous sauver de quelque chose. Et, pour tout dire, il est vrai qu'elle nous sauve de quelque chose : la perception de notre insatisfaction profonde, de notre royal ennui, de notre malaise fondamental.

Ne me croyez surtout pas...

Vous n'êtes pas obligé de me croire, pas du tout. En fait, il serait préférable que vous ne croyiez pas un mot de ce que je raconte. Contentez-vous de jeûner totalement pendant quarante-huit heures. Contentez-vous de vous abstenir de sucre durant quelques jours et vous saurez ce que je veux dire. Cela deviendra *votre* expérience et vous n'aurez plus besoin de me croire.

Ces appétits deviennent des compensations, puis des compulsions qui nous détruisent, des prisons qui nous enferment dans la cellule du bien-être et qui nous enchaînent dans l'esclavage des petits plaisirs. Le pauvre corps supporte tout cela sans mot dire, mais pas sans maux dire. Cette surcharge crée des tensions, des ruptures, des maladies, des déséquilibres de toutes sortes qui signifient que nous fonctionnons mal, qu'il y a quelque chose que nous n'avons pas compris par rapport à nous-mêmes. Car ce corps fidèle et merveilleux est un véhicule qui nous exprime, pour le meilleur et pour le pire.

Mais je vous parlais du corps pour vous dire que les compensations sont toujours liées aux sensations. Ce qui veut dire que, si nous désirons en sortir, nous devons nous déployer du côté des sensations, des sensations intenses qui nous réjouissent au lieu de nous détruire. Autrement dit, pour se réaliser, il ne suffit pas d'y penser ou même de le ressentir au niveau affectif, il faut le sentir dans son corps.

Consommer, c'est compenser

Parmi les sensations courantes liées aux compensations, il faut placer la consommation. Comme je le disais plus haut, le shopping et les soldes apparaissent au premier rang dans le registre des activités compensatoires. L'on peut même dire que le monde de consommation dans lequel nous vivons contribue au passage de la récompense à la compensation et de la compensation à la compulsion. Il pousse à consommer jusqu'à la dépendance, car le client accro est le client le plus profitable.

« Le téléjournal apporte les mauvaises nouvelles, la publicité apporte les bonnes. » Ainsi s'exprimait un de mes professeurs de communication. Il soulignait le fait que la consommation de biens est à mettre en rapport avec l'angoisse d'un monde divisé qui ravive les angoisses existentielles de chacun. Elle sert à calmer la peur. En temps de crise personnelle, par exemple, les études ont révélé que les gens achètent plus.

Consommer rassure, divertit et redonne un pouvoir momentané. Lorsqu'on dépense, on a l'impression d'exercer un contrôle, de valoir quelque chose et d'avoir encore une marge de liberté, même si la marge de crédit, elle, est défoncée.

Le plus étonnant, c'est que nous croyons à ce que la publicité nous raconte. Que ce soit pour des vacances ou pour le dernier sandwich en vogue, il semble que nous soyons toujours prêts à nous procurer la clé du paradis tant attendu, pour quelques dollars. Nous avons besoin de partage, de convivialité et d'authenticité, et nous achetons du coca-cola parce qu'« avec Coke, y'a de la joie ! ». Le monde de la consommation est le monde de la compensation par excellence. Il nous permet de façon aisée de mettre un besoin à la place d'un autre.

Qu'apportera le prochain amour ?

À l'évidence, cela ne vaut pas seulement du côté des biens marchands, loin de là. Par exemple, nous pensons réellement que le prochain amour nous apportera plus de satisfaction que celui que nous vivons actuellement. Nous avons la ferme conviction qu'après une période de vacances tout ira mieux. Mais comment cela pourrait-il être, puisque nous ne touchons pas à la mécanique qui nous enferme ? Le mécanisme va se répéter, apportant un peu de satisfaction, pour sûr, mais pas la félicité espérée.

Malgré tout, nous préférons entrevoir des résolutions magiques. Nous espérons que notre cas va se régler sans que nous ayons à nous en mêler, par l'effet d'une aide extérieure aimante et généreuse. Un tel espoir est vain. Rien ne peut se régler sans que nous ne mettions la main à la pâte – ce qui ne veut pas dire que nous ne pouvons pas rencontrer sur notre chemin de la bonté vraie et de la générosité. Nous rencontrons de tels soutiens, mais souvent nous ne pouvons pas les accueillir tellement nos complexes sont puissants et nous interdisent de sortir de leur sphère d'influence.

Dans un tel état de fait, même l'événement le plus dramatique est bénéfique parce qu'il marque une rupture de notre système d'équilibrage. Cela est heureux parce que ce système d'équilibre compensateur nous mènerait à notre perte. Alors, autant qu'il montre sa limite avant de nous entraîner trop loin.

Néanmoins, toute rupture du système nous rappelle qu'un besoin demeure en nous : celui d'un rassasiement plus complet. Cet état de satiété ne peut se trouver sans qu'il y ait une prise de conscience et une remise en question du personnage. Il s'agit de se rendre compte que, malgré des satisfactions intenses, les plaisirs que nous nous procurons ne durent pas. Tout au plus, par l'excitation qu'ils nous apportent, nous maintiennent-ils dans une absence d'insatisfaction, mais ils ne nous contentent pas totalement.

UN EXERCICE PRATIQUE

Si vous comprenez que les compensations sont votre manière d'entretenir le *statu quo* et de résister au changement, si vous saisissez qu'elles masquent le conflit destructeur qui fait rage entre les voix du personnage et celles de l'élan créateur, si vous comprenez qu'elles vous mènent à l'autosabotage et à l'autodestruction, malgré tous vos « oui, mais... », cela veut dire que vous entrevoyez l'essentiel. Faisons un exercice qui va vous permettre de ressentir tout cela.

Commencez par vous détendre en prenant quelques bonnes respirations. Puis entrez en contact avec vous-même. Observez dans quel état vous êtes, en ne vous demandant rien de particulier. Goûtez ce contact et cette détente aussi longtemps que vous le souhaitez. Ensuite, par l'imagination, mettez-vous en présence de votre compensation favorite, encore une fois sans jugement. Visualisez le lieu, l'heure du jour, l'atmosphère. Êtes-vous seul ou y a-t-il des gens autour de vous ? Soyez le plus précis possible dans votre description.

Procédons par étapes, avec sept questions. À chaque fois, laissez venir ce qui vient sans rien forcer. Si la détente vous agace, prenez un crayon et répondez simplement aux questions.

1) Quels sont les plaisirs immédiats offerts par votre compensation préférée ? Pensez aux divers aspects de la question en réfléchissant à la nature des sensations, des émotions et des stimulations qui sont en jeu.

2) Quelles sont les conditions du déclenchement du comportement compensatoire ? Par exemple, y a-t-il une tension dans l'air, de l'ennui, ou une confrontation qui se profile à l'horizon ? Êtes-vous sous le coup d'une déception ? Répondez-vous simplement à une habitude de façon mécanique ?

3) À quoi sert cette façon de compenser ? Qu'est-ce qu'elle comble ? À quel besoin répond-elle ? Vous offre-t-elle une impression de sécurité ? Remplit-elle un manque ? Vous divertit-elle dans une vie sans plaisir ? Y a-t-il des attentes qui sont en jeu ?

4) Y a-t-il des peurs qui se profilent en arrière-plan ? Quelles sont-elles ?

5) Quelle est l'histoire de cette compensation ? Dans quelles blessures ou dans quel manque a-t-elle pris sa source ?

6) Quels sont les désavantages, à long terme, de compenser de la sorte ?

7) Quel est le goût profond, la pratique constructive ou le projet créateur qui se trouve inhibé par le comportement compensatoire ?

Une fois l'exercice terminé, revenez à votre état de détente. Prenez du recul intérieurement et contemplez votre être avec bienveillance. Rassurez-le et dites-lui que, le moment venu, vous serez capable de prendre le chemin du meilleur de vous-même.

Comme vous le voyez, ce questionnaire résume pratiquement toutes les interrogations que nous avons soulevées jusqu'ici. Il nous fait passer à nouveau par les besoins, les peurs et les blessures qui se tapissent dans l'ombre de nos plaisirs. Il nous fait réaliser que, si compenser offre des gratifications à court terme, il y a souvent des désavantages sérieux qui surviennent à long terme. Pensez à quelqu'un qui souffre d'embonpoint et qui n'a pas la force de résister aux gourmandises qui le séduisent au passage : gratification instantanée mais gain assuré de poids à plus ou moins brève échéance. D'autant plus que tout cela étouffe la pulsion créatrice. Cet autosabotage constant, qui n'a pas l'air de porter à conséquence, peut néanmoins mener à l'autodestruction. Nous en parlerons dans le chapitre suivant, tout en procédant à la conclusion de la première partie de ce livre.

Chapitre neuf

L'autodestruction

LE SABOTAGE

Nous voici arrivés à la fin de la première partie, dans laquelle nous avons exploré la perspective de la contraction, de la dépendance et de l'autodestruction. Nous avons vu comment notre personnage intérieur fonctionnait et comment, identifié à lui, nous devions utiliser nombre de compensations pour trouver de la satisfaction à vivre, et à survivre au déséquilibre d'une vie trop corsetée.

Les voies du personnage sont sans fin ou, plus justement, elles ont une fin prévisible. Elles mènent tout droit à l'autodestruction. Elles mènent à une sorte d'abus de soi et d'autotromperie dont nous ne nous rendons compte que lorsqu'il est trop tard.

Cela me fait penser à ce que j'ai vécu lors de la rédaction d'un livre précédent. J'avais sagement aménagé une période de plusieurs mois pour écrire de façon confortable. Toutefois, de mois en mois, de projet en projet, de voyage en voyage, je me suis vu acculé à négliger mon ouvrage. J'avais beau me lever chaque matin bien décidé à coucher quelques lignes sur le papier, il y avait toujours quelque chose de plus important qui m'obligeait à remettre cette bonne résolution au lendemain. C'est ainsi que tout le temps prévu s'est écoulé sans que j'arrive même à terminer le premier chapitre. J'ai donc dû me résoudre à demander à mon éditeur de retarder la publication.

Par rapport à ce qui nous concerne, mon état d'esprit était particulièrement intéressant et instructif. J'étais convaincu que je finirais par trouver du temps pour écrire. Je le croyais dur comme fer. Et quand je ne le faisais pas, je me soulageais de ma frustration en louant un film ou en allant voir un spectacle. Je mangeais des glaces. Je sortais avec mes amis. Jusqu'au jour où j'ai constaté qu'il ne me restait que six semaines pour boucler le tout. On ne peut écrire un livre en six semaines. Cette journée fatidique, le drame m'est apparu dans sa totalité. On ne peut faire un travail d'importance lorsqu'on a trop à faire à côté. L'esprit n'y est pas. On n'est pas disponible pour l'inspiration. On est dispersé.

Ainsi, pour les meilleures raisons du monde, parce que tout était important et devait être fait, j'avais dérivé au cours des semaines dans une totale irréalité. Alors que je me croyais concentré sur la tâche à faire, j'avais perdu de vue ma cible. J'ai dû, à ce moment-là, prendre des mesures énergiques pour écrire.

Je trouve que cette petite mésaventure est une bonne métaphore de notre évolution intérieure. Nous sommes intéressés par la méditation, l'expression, la manifestation de ce qu'il y a de meilleur en nous – en principe, chacun de nous l'est –, mais nous sommes pris dans un filet d'activités toutes plus urgentes les unes que les autres. La famille, les enfants, les amitiés, la profession nous réclament. Les insécurités financières, affectives et sexuelles parlent également très fort. La peur d'être isolé, rejeté ou négligé devient criante. Et les doutes sur nos capacités réelles achèvent le travail.

Croyant vivre, nous nous dispersons et nous oublions l'essentiel : notre bien-être intérieur. Nous fonctionnons, parfois avec bonheur, parfois avec peine. Nous ne voyons pas que la bougie des jours diminue et qu'il ne restera bientôt plus assez de temps et plus assez d'énergie pour le grand œuvre, l'ouvrage majeur, celui de la libération.

Il n'y a rien à dire, personne à qui adresser un reproche. Le personnage et ses peurs ont triomphé. Les compensations peuvent ainsi occuper, la vie durant, la place qui devrait être réservée à un épanouissement véritable. Il ne reste que le dépit, le regret d'une vie passée à courir après un bonheur qui reste hors d'atteinte. On s'est saboté sans trop s'en rendre compte.

LA NÉGATION DE SOI

Chaque fois que nous compensons, nous pratiquons, presque à notre insu, une forme d'autosabotage qui consiste essentiellement en une négation de notre puissance créatrice. Il s'agit d'une sorte de mise en échec de soi. Elle découle principalement d'un manque de conviction par rapport à nos capacités d'entrer en contact avec notre source intérieure.

La même chose est valable en ce qui concerne notre attente d'une solution extérieure à nos problèmes, par exemple lorsque nous attendons qu'un amour vienne nous tirer de la solitude. Nous nous trouvons alors dans une sorte de négation de nos ressources, puisque c'est en cultivant un état amoureux en soi que l'on devient attirant pour son entourage. Par conséquent, l'attente et la dépendance correspondent à une négation du meilleur de soi.

Bien que cette métaphore ne soit pas tout à fait juste, nous pourrions dire que le courant de la vie coule de l'intérieur vers l'extérieur. Chaque fois que l'on inverse le courant, quand on se met à attendre, par exemple, on se retrouve dans une vie plus difficile où il y aura nécessairement plus de heurts et plus de souffrances, autant de signaux nous indiquant que l'on est mal aligné par rapport au flux naturel des choses. C'est exactement comme si l'on nageait à contre-courant dans une rivière. C'est, obligatoirement, plus difficile.

Cette attitude ne peut qu'entraîner du désespoir à long terme, à savoir la durée de temps nécessaire pour que la compensation atteigne ses limites ou produise des désordres psychologiques ou physiques (pensez à l'abus d'une substance comme l'alcool, par exemple). En se plaçant selon un certain point de vue, on pourrait se dire : tant mieux, parce que je vais maintenant être confronté à moi-même, à mon petit système et, finalement, à tout ce déni de soi. Car c'est le déni du meilleur de soi qui fait mal dans tout cela. C'est comme si, en nourrissant et en protégeant le personnage, nous avions décidé de nourrir en nous la part mourante au lieu de la partie vivante.

UNE ABSENCE D'INSATISFACTION

En réalité, la compensation est le fleuron de la réactivité au lieu d'être celui de la créativité. Sous son emprise, nous réagissons au passé et à tout ce qu'il a fait naître en nous de croyances, de peurs et d'attentes. Entraînés dans la quête des plaisirs, cherchant à nous récréer sans cesse, nous ne prenons pas conscience du drame inconscient qui se joue. Mais pourquoi est-il nécessaire de tant se divertir ? De quoi devons-nous nous distraire ? Nos vies sont-elles donc si angoissantes qu'il faille chercher sans cesse à s'égayer l'esprit ? Toutes ces ivresses, malgré les gratifications indéniables qu'elles apportent, ne créent-elles pas une *absence d'insatisfaction* plutôt qu'une satisfaction réelle et durable ?

Y a-t-il moyen de sortir de cet état ? Sans aucun doute. Toutefois, cela semble difficile à croire si l'on adopte le point de vue du personnage qui trouve que la vie est difficile et qu'il n'y a pas de mal à se défouler et à compenser pour se changer les idées. « Mais si on n'a que ses compensations, m'a dit un jour un de mes amis, si on est complètement identifié à elles, si on ne reconnaît pas autre chose en soi, que peut-on faire ? Que peut-on attendre ? » J'ai eu envie de répondre, le plus simplement du monde : « Attendre que ça fasse mal ! »

Si j'ai écrit ce livre, c'est pour dire que nous n'avons pas à attendre que cela nous blesse. Comme le dit si bien le philosophe indien Krishna-murti, lorsqu'on reconnaît que tout ce montage de conditionnements nous mène à notre destruction de façon accélérée, on s'éloigne de tout cela naturellement, comme on s'éloigne d'un précipice.

Comme je le disais d'entrée de jeu, il ne sert à rien de jouer les hypocrites ou les ascètes : chacun cherche une satisfaction profonde ; chacun cherche une sensation d'accomplissement et d'épanouissement. Toute la question est là et, en dernière analyse, cette sensation d'accomplissement et d'épanouissement est la seule qui compte.

Si votre vie vous apporte les satisfactions espérées, pourquoi vous préoccuper ? Cependant, si vous avez été touché par ma démonstration, cela vaut le coup de remettre en question votre personnage. Pas pour être une meilleure personne, par parce que vous vous sentez coupable de ce que vous êtes, pas pour plaire à Dieu ou pour suivre une quelconque prescription spirituelle, pas pour vous guérir d'une supposée névrose ou parce que vous avez peur de l'enfer ; non, tout simplement pour avoir une vie plus jouissive et plus créatrice. Pour mourir avec le sourire, après avoir retrouvé votre source.

Le piège

Il y a un piège lié à une connaissance plus profonde du monde des compensations : celui de vouloir s'améliorer. C'est tout à fait naturel et cela ne
peut pas nuire. Toutefois, il faut savoir que c'est encore une stratégie du
personnage, et que cela risque d'être fait pour les mauvaises raisons. Je
veux dire que l'on fera cela pour l'image plutôt que pour la joie de créer.
Vous n'avez pas vraiment besoin de cette tension pour aller vers le meilleur
de vous-même. Vous pouvez faire un effort pour abandonner le café, le
sexe, la porno, et vous rendre heureux ou malheureux avec ça. Mais vous
n'aurez pas tout à fait compris ce dont il est question dans ces pages.

En réalité, cela n'a aucune espèce d'importance que vous soyez
malade, en bonne santé, gros, riche, pauvre, homo, hétéro, infirme, français, américain ou chinois. La partie de vous qui trouve cela important
réagit en fonction du personnage qui est attaché à son histoire, parce que
cette histoire le rassure en lui donnant une identité. Cependant, il s'agit
de votre identité de surface et c'est précisément celle-là qu'il faut remettre
en question, parce qu'elle vous enferme dans une vie trop étroite. Voilà
la prise de conscience nécessaire.

Je ne vous dis pas que la négociation avec le personnage et ses
compensations est facile. Pour ma part, je la trouve ardue. Sans cesse,
le personnage me rattrape au détour du chemin et me fait glisser de
nouveau dans mes vieilles habitudes. Mais je sais que le personnage,
avec toutes ses peurs, ne peut offrir qu'une version limitée de la réalité. Je suis conscient que la peur du vide qu'il agite est fausse. Ce
vide est le produit d'un passé qui essaie de me persuader qu'au-delà de
ce vacuum, il n'y a que néant.

Et si c'était le contraire ? Si, au-delà du point zéro, il y avait un sentiment de plénitude et de liberté ? Si cette croyance n'était que la pierre
d'angle qui justifie la structure que nous avons édifiée pour notre personnage ? Si cette certitude que chacun est seul et abandonné n'était que de
la poudre aux yeux et qu'au-delà se trouvait le secret de notre puissance
véritable ? Voilà précisément ce que nous explorerons dans la seconde partie de ce livre. Nous y rencontrerons ce qui peut nous rendre heureux sans
nous détruire. Je souhaite y présenter une vision où l'être peut se déployer
grâce à son essence créatrice – une vision qui constitue un pas vers la part
vivante de soi. Pour y entrer du bon pied, nous allons réviser les notions
liées à la première perspective, de manière schématique cette fois.

SYNTHÈSE DE LA PREMIÈRE PARTIE

Jetons un coup d'œil au tableau suivant, qui résume la première perspective au complet. Nous placerons le niveau que nous venons de lui ajouter au-dessus de ce qui a été démontré dans les autres chapitres, car le monde de compensation, de dépendance et d'autodestruction que nous venons de décrire est la conséquence de conflits qui ne se règlent pas – dont le conflit entre notre personnalité et nos élans créateurs.

SCHÉMA DE LA PREMIÈRE PERSPECTIVE
DÉPENDANCE ET AUTODESTRUCTION

Niveau 3
16) Dépendance et autodestruction
15) Résistance au changement
14) Insatisfactions (satisfactions limitées et absence d'insatisfaction)
13) Compensations

Niveau 2
12) Situations inconfortables, malaises et conflits
11) Comportements et attitudes
10) Émotions et affects (états intérieurs perturbants)
9) Attentes et besoins
8) Peurs et insécurités
7) Croyances et interprétations limitées
6) Heurts de la vie

Niveau 1
5) Mise en place des cuirasses corporelles
4) Besoin de reconnaissance
3) Formation de la personnalité
2) Impression de division
1) Naissance

Il est bon de se rappeler qu'un schéma n'est pas la réalité. Il s'agit d'une façon de regarder l'existence, d'un outil visant à simplifier un processus vivant et mystérieux qui nous échappe. Ce qui manque à ce diagramme, c'est toute la souplesse de la vie. Ainsi, il y a des peurs et des émotions à tous les niveaux. Si un embryon de personnalité existe probablement déjà au niveau du fœtus, il est clair que cette personnalité se renforce la vie durant.

Il est évident que les croyances ne se forment pas dans l'enfance, une fois pour toutes. Il s'agit d'un filet vivant, sans cesse en construction et en déconstruction, mais qui a tout de même certains nœuds plus difficiles à défaire que d'autres. Malgré ses limites, le schéma aide à se concevoir et à s'orienter. Comme toute hypothèse, celle-ci est valable pourvu qu'elle éclaire le présent et donne un sens à nos vies.

Lorsqu'une personne se dégage de certains refoulements pour pénétrer au-delà de ses cuirasses protectrices, lorsqu'elle ose revivre les expériences difficiles du passé, un certain calme s'installe. Elle est alors en mesure de concevoir qu'elle est aux commandes de son propre navire.

Ce niveau de responsabilité ne plaît pas à tout le monde. Nous préférons souvent ignorer cette réalité et nous réfugier au sein d'une sorte de malheur confortable qui, s'il n'offre pas de grandes joies, dispense une foule de petits plaisirs compensatoires, avec en prime le soulagement de penser que nous ne sommes responsables de rien. Toutefois, cette tiédeur n'est pas le destin qui appelle un être humain. L'élan créateur veut se manifester. Nous allons maintenant lui donner l'espace nécessaire.

DEUXIÈME PARTIE

L'expansion

 corneau

Chapitre dix

Aux confins de la science

En 2006, j'ai dirigé un nouveau type de séminaire à Coeur.com. J'y ai réuni des artistes et des thérapeutes et je leur ai proposé de créer des ateliers de quatre jours, avec la consigne suivante :

> Chaque participant doit éprouver, ne serait-ce que quelques secondes, la sensation de créer sans contrainte. Par le truchement de jeux et d'exercices préparatoires qui favorisent ouverture et disponibilité, chacun doit dépasser ses peurs habituelles et s'abandonner à l'inspiration.

J'ai ensuite fait la proposition suivante aux participants :

> Au lieu de parcourir le pénible chemin des embûches qui, au cours de votre vie, vous ont empêché d'être vous-même, vous allez, dès ce soir, prendre contact avec la partie vivante de votre personne. Au cours des prochains jours, nous allons nourrir cette partie vivante et la faire exister le plus possible. Nous verrons ensuite, au bout du parcours, si le jeu en valait la chandelle.

Ces séminaires ont connu un immense succès. Selon Régine Parez, coordonnatrice européenne de Coeur.com, nous y avons battu le record du plus petit nombre de mouchoirs en papier utilisés pour éponger les pleurs de participants submergés par le chagrin. Ce n'est pas faute de ne pas avoir visité les épreuves jalonnant leur existence. Cependant, nous l'avons fait alors qu'ils avaient déjà un pied dans une autre partie d'eux-mêmes. Ils savaient d'ores et déjà que leurs ressources créatrices étaient restées intactes et que les charges du passé ne pouvaient pas les empêcher d'être ce qu'ils étaient véritablement.

Vous l'aurez deviné, ce séminaire portait le titre : *Le meilleur de soi*. Peu après, en lisant les formulaires d'évaluation, je me suis rendu compte que le pari qu'il représentait avait été gagné haut la main. Avec succès, mes différentes équipes avaient pu servir de « passeur » vers la partie lumineuse de chaque participant. Tous ensemble, nous avons pu favoriser des rencontres intimes avec le soi. Chaque individu a pu ainsi éprouver la sensation de sa propre vibration lorsque celle-ci est en expansion – c'est-à-dire plus légère, plus enjouée et plus créatrice qu'à l'accoutumée.

Je vous parle d'emblée de ce séminaire, car sa perspective d'autonomie et de création de soi correspond à celle que nous allons élaborer dans la deuxième et la troisième partie de ce livre. Nous verrons que, tout au long de sa vie, l'être a accès à la partie lumineuse de lui-même. Sans cesse, il peut se régénérer en faisant vivre son individualité créatrice, au lieu de rester attaché à sa personnalité protectrice.

Au lieu de déboucher sur le rapetissement prévisible de la première perspective, la deuxième conduit à un épanouissement graduel. La personne retrouve ainsi peu à peu la route d'un bonheur personnel réel. Cette route conduit aussi à une rencontre de plus en plus intime avec soi-même et avec les sources de la vie en soi. Elle favorise également le contact avec les autres et permet une transformation sociale. Pour résumer, plus un être devient conscient de ses aspects lumineux et les nourrit, plus il a la possibilité de s'épanouir d'une façon satisfaisante.

Puisque nous parlons d'interaction, terminons cette introduction à la deuxième partie en retournant visiter le meilleur de soi.

Dans un premier temps, prenez quelques grandes respirations, en insistant sur l'inspiration, et laissez aller vos préoccupations du moment. Détendez-vous le plus possible et entrez dans un accueil sans réserve de vous-même. Faites-le à partir du cœur, sans jugement.

Graduellement, ouvrez-vous à la partie vivante de vous-même, celle qui se trouve au-delà de vos soucis. Ouvrez votre cœur à la partie qui est disponible à la vie, à l'amour et au bonheur. Savourez cette vibration. Dégustez-la. Laissez-la émaner tout autour de vous. Voilà, vous êtes déjà dans le meilleur.

Pour l'essentiel, il s'agit simplement de prolonger ce moment. Les chapitres suivants nous y aideront.

OÙ SE LOCALISE L'INTELLIGENCE DE LA CELLULE ?

Puisque nous plaçons cette deuxième partie sous le signe de l'expansion, nous allons commencer par remettre en question quelques idées reçues sur la nature de l'être humain et de l'univers dans lequel il évolue. Nous le ferons en nous référant d'abord au domaine des sciences, puis, dans le chapitre suivant, en explorant quelques notions philosophiques.

En ce qui concerne les données scientifiques, comme je l'annonçais, nous allons nous inspirer principalement du livre *L'univers informé* que la journaliste d'investigation médicale Lynne McTaggart a consacré aux nouvelles découvertes scientifiques, notamment à celles de la physique quantique. La physique quantique est la science qui a trait aux propriétés générales de la matière dans le domaine de l'infiniment petit – un quantum étant la plus petite quantité de matière indivisible que l'on ait identifiée à l'heure actuelle. Une des avenues que nous allons emprunter également est celle des recherches sur l'intelligence et la mémoire. Vous le verrez par vous-même, l'ensemble de ces recherches débouche sur des hypothèses étonnantes.

Je vous encourage à persévérer dans la lecture de ce chapitre, même s'il présente quelques aspérités. Il nous fait entrevoir ce que sera le monde de demain. À la rigueur, vous pouvez le sauter pour mieux y revenir ; cela ne devrait pas nuire outre mesure à votre compréhension des chapitres suivants.

Dans un livre intitulé *Intelligence dans la nature*, le biologiste et anthropologue Jeremy Narby explique que la science actuelle constate l'existence de l'intelligence à tous les degrés de l'évolution[31]. Les fonctions cognitives supérieures qui permettent de communiquer et de prendre des décisions sont loin d'être spécifiques aux vertébrés. En somme, nous dit l'auteur, à peu près tout l'édifice du vivant est capable de prendre des décisions, et de bonnes décisions. Par exemple, le mini cerveau d'une abeille peut maîtriser des règles abstraites, comme celles dont elle a besoin pour calculer la distance d'approche d'une fleur par rapport à la vitesse de son vol. Une expérience récente a même démontré que des abeilles que l'on déplace à plus de treize kilomètres de la ruche savent comment retrouver leur chemin. Ainsi, les insectes ont l'intelligence nécessaire pour traiter les informations que leur transmet l'environnement, et ils le font de façon adaptative et flexible.

Cette intelligence des insectes exprime ce que l'on appelle l'*intelligence d'essaim*. Isolée, une fourmi n'est pas géniale, mais associée à d'autres, elle le devient – quand il s'agit de contourner un obstacle, par exemple, ou pour transporter quelque chose de lourd. Pareillement, un neurone de notre cerveau pris individuellement ne peut pas produire grand-chose, mais l'ensemble des neurones œuvrant conjointement devient performant, tout comme l'ensemble de nos cellules. L'intelligence d'essaim est aussi l'une de nos formes d'intelligence.

Se pose maintenant la question de savoir si cette intelligence des insectes est consciente d'elle-même. La fourmi sent-elle quelque chose lorsque nous la mutilons, par exemple ? Jusqu'à maintenant, l'hypothèse scientifique était qu'elle ne sentait rien puisqu'elle pouvait continuer à œuvrer. Or, il se trouve que les fourmis mutilées travaillent mieux lorsqu'elles sont anesthésiées. Nous aurions donc affaire à de petits êtres conscients. Jeremy Narby nous encourage même à penser aux insectes comme à « de petits êtres humains ». Il en va de même lorsqu'il parle des plantes :

Les cellules à l'intérieur d'un être humain sont en conversation permanente par un système de signalisation complexe et symbolique. Il existe environ 11 000 signaux moléculaires ou électri-

---

31. Jeremy Narby, *Intelligence dans la nature*, Paris, Buchet/Chastel, 2005, 415 p.

ques qui sont véhiculés dans une sorte de bavardage permanent entre nos cellules pour que nous puissions exister. Maintenant qu'on arrive à écouter aux portes des cellules et à capter leurs messages, on découvre que les mêmes signaux neuromoléculaires véhiculés par nos neurones sont utilisés par les cellules d'une plante lorsqu'elle perçoit le monde de façon sensible et prend des décisions. Une plante n'a peut-être pas de cerveau, mais elle se comporte dans son ensemble comme un cerveau... Elle réagit au monde avec intelligence[32]. »

Le champ universel

Mais où se localise l'intelligence, la leur comme la nôtre ? C'est ici que de surprenantes hypothèses apparaissent. Elles proviennent essentiellement du domaine de la physique, de la biologie et de la neurologie. L'une d'entre elles pourrait se formuler comme suit : l'intelligence et la mémoire ne sont pas localisées au sein de la cellule, dans le cerveau, ou dans l'ADN, comme nous l'avons cru jusqu'ici, mais plutôt dans les particules du champ universel.

> Dans la relation entre nos corps et l'univers, il n'y a pas de dualité *moi* et *non-moi* : il y a seulement un champ d'énergie sous-jacent. Ce champ, à l'origine des plus hautes facultés de notre esprit, constitue la source des informations qui dirigent la croissance de nos corps. Il est notre cerveau, notre cœur et notre mémoire. En fait, ce champ est la matrice du monde en tout temps. De plus, il est la force qui, plutôt que les germes ou les gènes, détermine en fin de compte, chez nous, la santé ou la maladie[33].

Si ce champ universel est la source d'information qui dirige notre croissance, on peut alors se demander par quel moyen se fait le transfert des données. Selon les chercheurs, l'interaction entre cette matrice et les cellules de notre corps se produit par le biais des ondes qui ont la capacité pratiquement infinie de coder, transporter et transmettre l'information.

---

32. Jeremy Narby, « Nature et conscience », interview de Laurent Montbuteau, *Rectoverseau*, n° 172, octobre 2006, p. 27.
33. Lynne McTaggart, *op. cit.*, p. XIV.

Ainsi, la cellule, le cerveau et l'ADN seraient plus adéquatement décrits comme des antennes. Cela voudrait dire que le cerveau n'est pas un lieu d'entreposage, mais plutôt un *mécanisme de réception*.

Cette découverte a été faite dans le cadre d'expériences au cours desquelles on a désactivé progressivement le cerveau de rats. Tant qu'il restait une parcelle de leur cerveau, les rats se rappelaient du chemin qu'ils avaient à emprunter pour accomplir telle ou telle tâche, même s'ils y allaient en boitillant[34].

Cela signifie que le mécanisme très réduit de réception qui continue à exister, c'est-à-dire le peu de cerveau qui reste, se syntonise sur la mémoire globale grâce aux ondes du champ universel, et reçoit ainsi l'information souhaitée. Cela consiste à dire que chaque cellule du cerveau de chaque rat a accès à la totalité de l'information nécessaire, et que ce ne sont pas des parties spécifiques du cerveau qui emmagasinent des informations précises, à l'exclusion des autres.

On peut également en conclure qu'à titre de mécanisme de réception le cerveau traite l'information transmise par les ondes de façon *holographique*. Chacun de nous a déjà vu un hologramme. Une telle image est très différente d'une photographie ordinaire. Si je déchire un hologramme, je possède encore toute l'information puisque l'image globale est reproduite dans chaque partie. Alors que, lorsque je déchire une partie d'une image photographique, je perds en même temps une partie de l'information[35].

De telles expériences ont entraîné plusieurs chercheurs à penser que le modèle de l'univers pourrait bien être holographique : chaque partie contenant l'image du tout[36].

Une nouvelle histoire de la cellule

À ce titre, l'histoire de la cellule humaine, dont j'ai parlé dans le premier chapitre, doit être mise en perspective. Cela ne rendra pas l'histoire moins miraculeuse – et elle n'en sera que plus complexe et intrigante. Chez les vertébrés, grâce à l'ADN, une cellule mère microscopique est censée

---

34. *Ibid.*, p. 111.
35. Jean Ratte, *L'homme cellulaire*, Montréal, Éditions Janus, 2001, p. 43.
36. Stanislav Grof, dont nous parlions plus tôt, a écrit un livre sur le sujet : *The Holographic Mind*, New York, HarperCollins, 1992, 240 p.

posséder toute l'information nécessaire à la création d'un organisme complet, avec ses organes et son squelette, incluant le rôle spécifique de chaque cellule. Imaginez la somme d'information invisible stockée dans cette cellule souche. Or, la théorie des ondes permet de comprendre comment la cellule peut accéder à un tel degré de précision.

> Si l'ADN utilisait des fréquences de toute variété comme outil d'information, on aurait un système de rétroaction de communication parfaite grâce à des ondes qui engramment et transfèrent l'information[37].

Un engramme est la trace organique laissée par un événement dans le fonctionnement bioélectrique du cerveau. Il constitue en somme la base matérielle du souvenir. Ce passage signifie donc que les ondes encodent l'information et la font circuler.

Toutefois, elles n'encodent pas seulement les informations du champ universel pour les transmettre à l'ADN de la cellule, elles encodent également les transformations de l'ADN – incluant les fameuses mutations dont nous entendons souvent parler – et elles les font circuler dans le champ universel. Le système rétroactif de communication correspond à un échange de style *biofeedback* : dans chaque échange, le système tient compte des modifications qui ont eu lieu d'un côté comme de l'autre de la communication. Cet aspect rétroactif de la communication est essentiel, car la cellule doit à la fois assurer un niveau de stabilité pour permettre une continuité des formes vivantes et être capable de composer avec de nouvelles indications pour permettre une adaptabilité.

L'être humain est une antenne

Plusieurs de ces théories ont été inspirées par les travaux d'un neurochirurgien du nom de Karl Pribram. En ce qui a trait au traitement de l'information par le cerveau, Pribram jugeait déficiente la métaphore de l'ordinateur qui stocke des informations. Il préférait utiliser l'image du téléviseur qui ne possède aucun contenu en soi, mais qui a le mécanisme nécessaire – dont les fameuses antennes – pour capter, traduire et diffuser de l'information venue de l'extérieur.

---

37. Lynne McTaggart, *op. cit.*, p. 59.

Composé de milliards de cellules qui captent et qui émettent des ondes, l'être humain serait donc lui-même une antenne. Son cerveau serait un appareil sophistiqué ayant la capacité de syntoniser certaines fréquences. Cette perspective de l'être humain comme une antenne captant des ondes codifiées relève de sa réalité énergétique.

Ainsi, l'amalgame énergétique qu'est l'être humain émet et reçoit des ondes qui correspondent à différentes fréquences. Chacun de nous a même ce que nous pourrions appeler une signature vibratoire qui correspond à son code d'identification dans le champ universel – à l'instar de chaque téléphone cellulaire qui possède une identité sur le réseau informatique parce qu'il a une signature énergétique.

Tenez-vous bien, c'est le cas également pour chaque molécule, qui possède son signal personnel. Lorsque l'on sait que chaque être humain est composé de milliards de cellules et que chacune de ces cellules est composée de molécules, on en a presque le vertige.

Nous baignons pour ainsi dire dans un univers d'ondes informées qui représentent la connaissance universelle. Ces ondes permettent la *mise en forme* – c'est le sens du mot information – de chaque structure matérielle et disent à chaque cellule ce dont elle doit *avoir l'air* et quel rôle elle doit jouer à un moment ou à un autre. À quelle vitesse se fait cette transmission d'information? La science sait maintenant que le fonctionnement instantané de la pensée humaine se produit dans un laps de temps allant de un dix millième à un millième de seconde, de manière que l'information soit transmise à une vitesse variant entre 100 et 1000 mètres par seconde[38].

La raison pour laquelle les ondes apparaissent aux chercheurs comme les transporteurs idéaux de l'information universelle est que leur capacité de codage est pratiquement illimitée. Pensez à votre système Internet, où tout se transmet grâce aux ondes, et à nos ordinateurs équipés de logiciels qui permettent le décodage de ces ondes.

Actuellement, nous sommes de plus en plus conscients du rôle des ondes dans nos vies, celles qui sont favorables et celles dont il faut se protéger. Ce n'était pas le cas lorsque j'étais jeune. Les mystérieux postes de radio à ondes courtes étaient pratiquement les seuls appareils qui éveillaient notre attention par rapport aux ondes. Maintenant, il y a les fours à micro-ondes,

---

38. *Ibid.*, p. 108.

les opérations au laser, les ordinateurs et les fameux téléphones cellulaires. Ce n'est pas tout, les chercheurs pensent même qu'un organe comme la vue fonctionne également sur la base des ondes. Une information visuelle est transmise à l'œil, qui la traduit en ondes que le cerveau traite pour restituer une image qu'en retour nous projetons sur la chose que nous regardons. En réalité, l'image de l'objet flotte dans l'air entre nous et lui. Elle aurait d'abord et avant tout une réalité énergétique ou imaginaire[39].

Cette machinerie est spectaculaire. Le plus extraordinaire, c'est que nous pouvons recevoir ces ondes, les condenser, les canaliser, les traduire, les exprimer, les chanter, les danser ou les écrire. Chaque individu a non seulement la capacité de capter ce savoir, mais il peut même y contribuer puisque chacune de ses créations se transmet automatiquement et est enregistrée dans le champ universel. Chacune de nos pensées originales participe au mouvement de l'univers.

Sur le plan des applications pratiques des ondes électromagnétiques, un groupe de chercheurs québécois a commencé un travail visant à produire de l'électricité à partir de l'énergie libre, ou énergie de l'éther. «Cette énergie du vide dans laquelle nous baignons en permanence semble avoir des composantes électriques et magnétiques, tout comme l'électricité actuellement utilisée dans nos sociétés[40].» En regardant le documentaire qu'ils ont produit, on se prend à rêver à une source d'énergie gratuite, illimitée et non polluante.

QUE DIRE DE LA CONSCIENCE ?

Que signifie la conscience dans un tel contexte ? Elle constitue une propriété inhérente du champ universel. Elle l'oriente et le structure. Elle représente une *information plus cohérente*, qui a la capacité d'organiser les ondes, qui tendent naturellement vers le désordre ou le chaos. Cette information plus cohérente équivaut donc à un principe d'organisation supérieur qui permet de réorganiser les systèmes sous-jacents.

---

39. *Ibid.*, p. 94-97.
40. Lumière sur la planète, *Une énergie gratuite, illimitée, et non polluante qui peut remplacer le pétrole*. DVD, quatrième de couverture. Montréal, 2006. On peut trouver plus d'information et se procurer le DVD sur le site www.lumièresurlaplanète.org. Lumière sur la planète est un organisme humanitaire à but non lucratif dédié à la recherche scientifique et à la diffusion d'informations sur l'énergie libre.

Cela est important dans le domaine de l'évolution psychologique. Nous pourrions même formuler l'hypothèse que ladite évolution psychologique est fonction du rythme vibratoire de chacun, à savoir l'amplitude moyenne des ondes qu'il capte – autrement dit, le taux vibratoire de chacun. Ainsi, en nous ouvrant volontairement à des dimensions plus subtiles – en méditant, par exemple, ou en nous exposant à de nouvelles connaissances –, nous accélérons tout naturellement notre rythme vibratoire, dans la mesure où la conscience représente en elle-même un rythme plus rapide et plus cohérent. Alors, notre taux vibratoire change et nous avons accès à de nouvelles fréquences, ou – pour demeurer dans la métaphore de la radio ou de la télévision – à de nouvelles stations de diffusion. Cela se traduit par de nouvelles inspirations.

Nous pourrions même penser que les fameux mantras psalmodiés par les hindous pour entrer en contact avec telle ou telle divinité – ou même les prières et les litanies qui faisaient partie des cérémonies religieuses de notre enfance – constituent des façons de se brancher, littéralement, sur une certaine longueur d'onde. La vibration des ondes sonores sert alors de pont vers la source d'inspiration recherchée.

Prenons l'exemple du décollage d'un avion. Au début, alors que la vitesse est faible, nous ressentons fortement toutes les vibrations. Dès que le rythme de croisière est atteint, tout fonctionne sans que nous ressentions aucun frottement. L'accélération du taux vibratoire d'un individu produit le même effet. La conséquence en est qu'il ressent moins les heurts de sa vie et qu'il peut jouir d'une vision élargie, parce qu'il est plus conscient.

Dans le même ordre d'idée, la maladie correspondrait à un affaiblissement du flux informatif et s'apparenterait à un état de connexion appauvri. Chez le malade, le tonus est parfois si bas et le rythme tellement ralenti qu'il ressent alors des frictions de tout ordre. Cela produit un état d'alerte générale dans l'organisme. Cet état interpelle la conscience, qui va alors chercher l'information nécessaire pour redonner sa cohérence au système.

Si toutes ces hypothèses trouvent confirmation, nous verrons sans doute le jour où, au lieu de prendre un médicament, on nous branchera sur la longueur d'onde des éléments actifs de ce médicament – ce qui permettra au corps de recevoir l'information dont il a besoin pour retrouver son harmonie.

Sur ce chapitre, l'eau que l'on boit a une importance capitale, car, si elle est de bonne qualité, la cohérence de sa structure moléculaire offre aux cellules qui composent notre corps les résonances énergétiques dont elles ont besoin pour rester en bonne santé. Conscients que notre organisme est composé de près de 90 % d'eau, certains scientifiques croient que les molécules de H_2O jouent un rôle central dans la transmission de l'information, puisque chaque cellule baigne dans les molécules d'eau.

En ce qui concerne les fruits et les légumes, l'on peut dire qu'ils nous offrent, à travers les photons – particules transmettant les interactions électromagnétiques –, la quantité de lumière dont nous avons besoin pour nous nourrir et nous informer en profondeur. La qualité de ces aliments joue donc également un rôle fondamental dans notre équilibre. C'est sans doute là l'intuition de base qui a conduit Hippocrate, le fondateur de la médecine, à dire : « Que ton aliment soit ton médicament ! »

Il aurait pu ajouter : l'attention que tu apportes à tes aliments, à tes pensées, à tout ce qui se passe en toi et dans le monde est d'une importance capitale, car la conscience est un facteur de cohérence qui a la capacité de réaligner l'être sur son programme fondamental, c'est-à-dire sa connexion et son unité avec le tout.

Notre conscience a aussi un aspect collectif, car nos pensées et nos souhaits peuvent même influencer d'autres personnes à distance, comme l'ont démontré de rigoureuses études sur l'influence de la prière et des bonnes intentions.

Tout comme les particules atomiques qui nous constituent ne peuvent être séparées de l'espace et des autres particules qui les entourent, les êtres vivants ne peuvent être isolés les uns des autres. Un organisme vivant ayant une cohérence supérieure peut transmettre de l'information et créer ou ramener la cohérence dans un système désordonné, aléatoire ou chaotique. L'état naturel du monde vivant semble être l'ordre ou, en quelque sorte, un élan vers une cohérence plus grande[41].

Cela revient à dire que notre élan naturel est un élan vers la conscience. J'oserais ajouter : un élan vers le meilleur de soi.

---

41. Lynne McTaggart, *op. cit.*, p. 163.

Et l'inconscient, dans tout cela ?

Ces réalités nous amènent tout naturellement à poser la question de l'inconscient. Qu'advient-il de lui dans une telle perspective ? Est-il bêtement évacué ? Pas du tout. Le systématicien Ervin Lazlo s'est rendu compte que dans des états de *passivité réceptive* – lorsque nous rêvons, par exemple –, dans des états seconds, ou même pendant l'enfance, il se produit un *élargissement de la bande de réception des ondes*. Cela donne un accès instantané à beaucoup plus d'informations. Il faut savoir que, dans la perception normale, la capacité du cerveau à recevoir de l'information du champ universel est strictement limitée parce qu'il syntonise une bande délimitée de fréquences.

> Dans n'importe quel état modifié de conscience (méditation, relaxation, rêves) cette limite est annulée. [...] C'est comme si chacun de nous était une radio dont la largeur de bande augmente. Les zones de réceptivité dans le cerveau deviennent plus ouvertes à un plus grand nombre de longueurs d'onde du champ[42].
>
> [...] la notion de « largeur de bande élargie » expliquerait un nombre de comptes rendus étonnants et extrêmement détaillés sur des gens ayant fait des régressions ou s'étant souvenus de vies antérieures, phénomène qui survient principalement chez les jeunes enfants. Les analyses des encéphalogrammes de cerveaux d'enfants de moins de cinq ans indiquent que ces derniers fonctionnent en permanence sur le mode alpha, l'état de conscience modifié chez l'adulte, plutôt que sur le mode bêta ordinaire propre à celui-ci[43]. »

C'est ce qui expliquerait que, sous l'effet du LSD, des respirations intenses ou des mouvements oculaires, une personne a soudain accès à des souvenirs refoulés. Elle peut même prendre contact avec des vies antérieures qui, bizarrement, ne sont pas toujours les siennes – comme me l'a confirmé Stanislas Grof lui-même lors d'un entretien personnel.

C'est comme si, lorsque la bande est largement ouverte, il pouvait y avoir collision avec l'inconscient d'autres personnes, ou même tout

---

42. *Ibid.*, p. 160.
43. *Ibid.*, p. 162.

simplement avec des expériences qui sont encodées dans l'histoire phylo-génétique de toute l'humanité – comme l'a formulé Jung avec sa théorie de l'inconscient collectif. Ce dernier pensait en effet que nous portions la mémoire de toutes les étapes que l'humanité a parcourues, du poisson à l'être humain en passant par les primates. La perspective énergétique vient en quelque sorte étayer son hypothèse.

Ces découvertes soutiennent également une dimension sur laquelle Jung a insisté toute sa vie, à savoir la nature essentiellement créatrice de l'inconscient. Ainsi, un génie serait quelqu'un qui a plus facilement accès aux informations du champ universel ou à l'inconscient, et cela expliquerait aussi pourquoi nombre d'inspirations géniales sont venues en rêve alors que la bande était très large. Ce serait également cette capa-cité d'ouvrir la réception à volonté qui expliquerait la médiumnité.

Aujourd'hui, grâce aux découvertes de la physique quantique et à de nombreuses recherches sur le cerveau et la conscience, la science prouve qu'il y a un dialogue constant entre le champ universel et nous, autrement dit entre le conscient et l'inconscient. Il n'en tient qu'à nous de cultiver ce dia-logue afin que les idées créatrices et l'inspiration puissent irriguer nos vies.

Lynne McTaggart en a conclu ceci :

Si le corps humain échange de l'information avec un champ mutable de fluctuations quantiques, cela sous-entend quelque chose de très profond sur le monde, à savoir que les humains seraient capables d'accéder à des connaissances et de communiquer de manière bien plus profonde et vaste que ce que nous envisageons actuellement. Les frontières de l'individualité seraient également estompées, ainsi que notre sentiment d'être séparés du reste.

Si les organismes vivants se résument à des particules char-gées qui interagissent avec un champ envoyant et recevant de l'information quantique, où finissons-nous et où le reste du monde commence-t-il ? Et où, dans tout cela, la conscience se trouve-t-elle ? Dans notre corps, ou dans le *Champ* ? Mais, à l'évidence, il n'y a plus de reste du monde si nous et le monde sommes si intimement interreliés[44].

---

44. *Ibid.*, p. 111.

En d'autres mots, nous sommes unis dans le tout. Chacun de nous est ce tout!

UN CHAMP DE POSSIBLES

Comme vous pouvez le constater, la science nous offre une vision de notre propre univers fort différente de ce que nous avons toujours imaginé. Le film documentaire *What the bleep do we know!?* *(Que savons-nous vraiment!?)*[45] en témoigne éloquemment. Associé à des témoignages de psychologues, de psychanalystes et de théologiens, il nous présente des figures de pointe de la physique quantique, qui nous disent qu'au niveau de l'infiniment petit ce que nous appelons la réalité n'est pas ce qu'elle semble être. Elle n'apparaît pas comme un champ d'objets solides, puisque tous ces objets sont intrinsèquement vides. Ils sont plutôt des concentrés d'énergie en ondulation, des vibrations aux différentes fréquences[46]. Par exemple, quand nous regardons une table, nous voyons une table; toutefois, dans sa réalité atomique, cet objet est à la fois une onde et un assemblage de particules en mouvement. Bref, au sens de la physique moderne, ce que nous appelons la réalité n'est pas un champ de choses fixes, mais beaucoup plus un «champ de possibles».

Toutes ces perspectives nous aident à saisir jusqu'à quel point l'enfant ne vient pas au monde comme un disque vierge où les parents écrivent un programme. Au contraire, il représente plutôt un système codé et hiérarchisé qui a l'ingénierie nécessaire pour recevoir, traiter et interpréter de nouvelles informations. Certes, les conditionnements apportés par les parents, l'école, l'Église et la société ont une influence déterminante. Toutefois, en ouvrant littéralement ses antennes, l'être a aussi le pouvoir de se déconditionner, de revenir au programme de base qu'est sa réalité énergétique et de se reprogrammer.

Cela étant dit, je ne prétendrai pas détenir les connaissances nécessaires pour démontrer que notre réalité psychique correspond point par point

---

45. Lord of the Winds Films, *What the bleep do we know!?* États-Unis, 2004.
Le titre du film est intraduisible. Il vient de l'expression: «*What the fuck do we know?*»
Toutefois, le mot «*fuck*» est considéré comme grossier et il est recouvert par le son «*bleep*» chaque fois que quelqu'un le prononce en ondes, d'où le «*bleep*» du titre. Ce jeu de mots génial à sa façon révèle déjà toute la portée de ce documentaire peu commun.
46. *Ibid.*

à ce que nous constatons en science physique. Par contre, les nouvelles conceptions que la science nous offre peuvent servir de métaphore par rapport à ce qui se passe au niveau psychologique. En effet, les observations de la physique rejoignent ce que nous observons en psychologie : les êtres vivent des réalités qui sont largement déterminées par ce qu'ils attendent de la réalité. Leur monde est fonction de leurs conditionnements inconscients, de la manière dont ils conçoivent la réalité et dont ils se conçoivent au sein de cette réalité.

Ainsi, une personne rejetée dans son enfance vivra sous la pression de cette expérience. Elle sera sans cesse *informée* par elle au niveau cellulaire, comme s'il y avait un blocage dans le système, et elle sera plus sensible aux aspects du rejet à travers ce que disent les autres, même s'ils font des efforts positifs envers elle. Elle est prisonnière de sa vision limitée des choses et elle construit sa réalité à partir de ce qu'elle connaît de l'ensemble de ce qui est possible. Cela ne nie pas les autres possibilités, mais elle ne les voit pas. Tout comme quelqu'un qui arrête de fumer ne pense qu'à ses cigarettes et éprouve de la difficulté à se concevoir comme ne fumant plus. Il se demande comment il va pouvoir survivre sans ce geste familier. Il a oublié les solutions de rechange du champ des possibles. Elles ne sont pas activées, pour ainsi dire.

La question du psychothérapeute ou de tout être conscient devient donc : comment vais-je accompagner cet individu dans l'éveil de ses possibilités oubliées ? Comment vais-je l'éveiller à sa nature libre de la cigarette ou libre de l'empreinte du rejet ? Comment vais-je stimuler en lui l'idée qu'une partie de son être désire une autonomie réelle, non seulement par rapport à la cigarette, mais par rapport à tous les conditionnements qui le possèdent à son insu ? Nous pourrions même aller jusqu'à dire : comment vais-je l'amener à se concevoir comme un mouvement lumineux de particules pour lequel un infini de possibilités est ouvert ?

Comme vous pouvez le constater, les sciences actuelles sont de plus en plus proches des sources de la vie et elles nous présentent une image de l'univers très différente de celle à laquelle nous sommes habitués. Fort de ces audaces, je voudrais maintenant vous entraîner du côté de quelques convictions intimes qui n'ont pas de fondement scientifique, mais qui ont du sens dans mon propos sur l'expansion et la rencontre avec soi.

corneau

Chapitre onze

Des convictions intimes

À travers notre exploration de la personnalité protectrice se dégage la vision d'un être conditionné par son enfance et par sa naissance. Ses comportements, ses humeurs, ses attentes, ses peurs, tout est conditionnement. Il n'a pas de réelle autonomie ; au mieux, il peut envisager une indépendance relative par rapport à ce qui le contraint, mais pas de liberté, point.

Or, ce livre s'est ouvert sur la dimension de la liberté. C'est pourquoi il est nécessaire de poursuivre notre descente en profondeur et, cette fois, au-delà de la naissance. Cependant, nous ne pouvons le faire sans avoir recours à ce qui peut être considéré comme du matériel hautement spéculatif. C'est pourquoi, par souci d'honnêteté, j'ai décidé de donner le titre « Des convictions intimes » à ce chapitre où je vous présente quelques-unes des pistes qui m'inspirent.

Pour moi qui ai frôlé la mort et connu lors de cette expérience des états d'union tels avec le reste de l'univers qu'ils m'ont marqué de façon indélébile, il ne s'agit pas de spéculations. Il s'agit plutôt de notions qui m'aident à expliquer ce que j'ai ressenti en profondeur de façon à pouvoir l'intégrer[47].

---

47. Voir le compte rendu de cette expérience dans l'avant-propos de mon livre *La guérison du cœur*, publié aux Éditions de l'Homme (pour le Québec) et chez Robert Laffont (pour l'Europe francophone), en l'an 2000.

Je suis conscient du fait qu'un psy ne s'aventure pas tous les jours à parler de ce qui touche au domaine de la spiritualité. J'ai du reste exprimé souvent mes propres réserves par rapport à ce terme et par rapport aux doctrines organisées que sont les religions. Néanmoins, certaines idées spirituelles me sont chères, car elles soulignent l'essence créatrice de notre être et nous ramènent à notre responsabilité par rapport à nous-mêmes.

Lorsque j'ai abordé de telles formulations dans *La guérison du cœur*, des journalistes ont écrit que j'avais quitté le domaine de la raison et que je n'obéissais plus au fameux credo de Descartes : « Je pense, donc je suis. » Ce à quoi un de mes collègues freudiens a rétorqué que le credo de la psychanalyse n'était pas : « Je pense, donc je suis », mais plutôt : « Je pense trop, donc je ne suis pas », ce qui est la définition de la névrose selon Freud. Alors, je vous rassure : je ne suis pas en train de renier ma chère raison, je suis en train de manier des perspectives philosophiques, qui demandent confirmation.

LA NOTION DE L'ÂME

En premier lieu, je voudrais revenir sur la notion de l'âme, une notion souvent galvaudée qui peut encore nous rendre service. Son mérite principal est de nous faire entrevoir que nous sommes beaucoup plus qu'un corps voué à la décrépitude.

Pour introduire ce thème, je vous propose de revenir sur la naissance et, plus précisément, sur le moment de la gestation. Pour que le fœtus puisse réagir aux humeurs des parents et aux pressions de son environnement – ou tenter de frapper l'aiguille qui sert à l'amniocentèse –, il faut qu'il ait un minimum de conscience de soi qui lui permette de ressentir quelque chose. Or, c'est précisément ce qui interpelle la recherche en psychologie.

En théorie, à un stade si primaire de la formation du cerveau et du développement neurologique, il ne peut pas y avoir de « ressenti ». Il semble pourtant que ce ressenti existe, puisqu'il y a déjà quelqu'un, dans le ventre de la mère, qui répond aux pressions et aux agressions. Cette réalité entraîne une série de questions toutes plus difficiles les unes que les autres. La conscience précéderait-elle la formation de l'être ? Naîtrait-elle avec la première cellule, comme une propriété intrinsèque à celle-ci, se manifestant à mesure que l'évolution prend cours ? Interviendrait-elle au cours de la formation de l'embryon ?

Lorsque j'ai demandé au chercheur et psychologue David Chamberlain ce qui, selon lui, guidait le développement de l'embryon et lui permettait une mémoire alors même qu'en termes neurologiques le cerveau n'était pas mûr, il m'a répondu ceci : « Vous pouvez appeler cela l'âme, ou Dieu, ou la conscience, cela me va tout à fait. Je sais seulement que les faits sont indéniables : de nombreux patients racontent des événements relatifs à leur conception, à leur gestation et à leur naissance, événements que, concrètement parlant, ils ne peuvent pas connaître. Comme les parents et les sages-femmes confirment ces faits, il faut bien avouer qu'il y a là quelque chose qui dépasse notre niveau d'explication actuel[48]. »

L'âme comme organe de relation

Comment concevoir l'âme, Dieu et la conscience ? Passons en revue quelques façons de voir pour éclairer notre lanterne.

Dans le contexte religieux chrétien que nous connaissons, l'âme est un principe spirituel de vie et de pensée, conçue comme immortelle, dissociée du corps de l'être humain, et susceptible d'être jugée par Dieu.

Du côté psychanalytique, Jung concevait plutôt l'âme (*Seele* en allemand) comme un *organe de relation* entre la psyché consciente représentée par le moi et la psyché inconsciente, dont le centre est le soi. Comme nous l'avons vu plus tôt, chacun de nous développe une manière d'être qui est en rapport avec son milieu de vie. Le psychiatre suisse a appelé *persona* cette fonction psychique que nous avons décrite comme étant la personnalité protectrice. Or, nous avons aussi une manière d'être en rapport avec notre milieu interne, l'inconscient ; c'est ce que Jung appelle l'*âme*. Toutefois, comme nous nous identifions la plupart du temps à notre mécanisme d'adaptation extérieur, notre personnalité, nous sommes largement inconscients de notre attitude interne.

Fait intéressant, cette attitude interne porte immanquablement les traits qui sont exclus de l'attitude consciente. Cela est plus facile à comprendre par le biais de quelques exemples. Si la personne est intellectuelle et qu'elle s'identifie exclusivement à la rationalité, sa *persona* sera cérébrale et son âme sera empreinte de sentimentalité. Si la *persona* est

---

48. Entretien personnel de l'auteur avec David Chamberlain, le 16 juin 2005, à Montréal, lors du premier *Symposium international de la santé et de la périnatalité.*

très virile, l'âme sera faible et l'inconscient se jouera de cette personne par le truchement d'humeurs et de caprices de toutes sortes.

Alors que, dans l'attitude externe de l'homme, logique et réalisme prédominent ou sont pour le moins son idéal, chez la femme, c'est le sentiment qui tient le plus de place. Dans l'âme, c'est le contraire ; intérieurement, l'homme s'abandonne aux sentiments, et la femme délibère. Aussi, l'homme désespère-t-il plus vite dans des circonstances où la femme peut toujours se consoler et espérer, et recourt-il plus facilement au suicide. Si la femme devient aisément victime des conditions sociales (dans la prostitution, par exemple), l'homme succombe aussi aisément aux poussées de l'inconscient, comme l'alcoolisme ou autres vices semblables[49].

Pour Jung, l'âme n'est pas préhensible directement. Nous n'en voyons que les effets. Ils s'expriment dans la psyché sous les traits de l'*animus* chez les femmes et de l'*anima* chez les hommes. Ces figures représentent notre contrepartie sexuelle et nous apparaissent dans les rêves et dans les productions de l'imagination, telles que les fantasmes.

Comme les personnalités intérieures que sont l'*animus* et l'*anima* sont largement inconscientes, nous les projetons sans cesse en dehors de nous, en particulier dans le champ amoureux, où nous cherchons le supplément d'âme ou d'*anima*-tion que l'amour procure. Cependant, plus nous sommes ignorants de notre *animus* ou de notre *anima*, plus nous exigeons de nos partenaires qu'ils se conforment à cette partie oubliée de nous-mêmes. Cela explique l'animosité que nous éprouvons envers nos intimes lorsqu'ils ne répondent pas à ce que nous attendons d'eux.

Pour le maître de Zurich, la tâche spécifique de chaque être consiste à retirer la projection de l'âme qu'il fait sur les autres. Il s'agit en somme d'*intégrer* l'âme en cessant de demander à son entourage de correspondre à ce qu'il a oublié qu'il était. Il en résulte un arrondissement de l'attitude consciente. Dès lors, l'être n'est plus exclusivement cérébral, il entend également les raisons du cœur. Prendre contact avec l'*animus* ou l'*anima*

---

49. Carl Gustav Jung, *Les types psychologiques*, 3ᵉ édition, Genève, Librairie de l'Université, Georg et Cie S. A., 1968, p. 410.

signifie entretenir un dialogue conscient avec ces figures intérieures, qui peuvent alors jouer leur véritable rôle, à savoir nous transmettre les messages du soi et de l'inconscient.

Si vous prenez quelques instants pour imaginer avec quelle sorte d'homme ou de femme vous aimeriez être en relation amoureuse, il y a de fortes chances pour que vous soyez en train de décrire votre *animus* ou votre *anima*, sans sa partie ombrageuse cependant. N'ayez crainte, elle ne manquera pas d'être au rendez-vous, car l'âme embrasse tout aussi bien l'ombre que la lumière.

Même si tout le reste s'écroulait

De son côté, le philosophe indien Sri Aurobindo parle de l'âme comme du *centre psychique* de l'être. Ce faisant, il donne une acception tout autre du mot *psychique,* car, pour lui, cela ne désigne ni nos pensées, ni nos impulsions, ni nos sentiments, ni nos actes. Le centre psychique représente plutôt l'*individualité* profonde. Ainsi, il voit d'un côté la *personnalité frontale,* ce que nous décrivons dans ce texte comme la *personnalité protectrice,* et de l'autre la *personnalité psychique,* qui correspond pour nous à l'*individualité créatrice.* Aurobindo voit l'individualité comme différente de tous les revêtements culturels, sociaux ou religieux. Elle correspond à cette chose en nous qui n'est pas « notre milieu, notre famille, nos traditions, notre mariage, notre métier, qui n'est pas le jeu de la Nature universelle, et qui fait que nous sommes " je ", même si tout le reste s'écroulait[50] ».

Ce *je* est l'âme, une *conscience-force* cachée dans nos profondeurs et qui relie tous nos états. Ses premières manifestations se trouvent du côté de la joie et de l'amour.

La joie psychique n'a besoin de rien pour être, elle *est* ; même au fond d'une prison, elle ne peut s'empêcher d'être, car c'est un état, non un sentiment, comme la rivière qui coule et qui est joyeuse partout où elle passe, sur la boue ou les rochers, dans les plaines ou les montagnes. Un amour qui n'est pas le contraire de la haine et qui n'a besoin de rien non plus pour être, il est ;

---

50. Satprem, *Sri Aurobindo ou l'aventure de la conscience,* 3ᵉ édition, Paris, Buchet/Chastel, 2003, p. 101.

il brûle tranquille en tout ce qu'il rencontre, tout ce qu'il voit, tout ce qu'il touche parce qu'il ne peut s'empêcher d'aimer, c'est son état[51].

D'autres signes révèlent le centre psychique.

Il est léger, rien ne lui pèse, comme si le monde était son jeu ; il est invulnérable, rien ne le touche, comme s'il était à jamais au-delà des tragédies, déjà sauvé de tous les accidents ; il est le mage, il voit ; il est tranquille, tranquille, comme un petit souffle au fond de l'être, vaste comme s'il était la mer pour des millions d'années. Car il est éternel. Et il est libre, rien ne peut l'attraper[52].

Pour Aurobindo, l'âme est éternelle et elle évolue de vie en vie jusqu'à ce que nous soyons en mesure de la découvrir et de manifester sa force et sa conscience dans la vie concrète. Il s'agit d'ailleurs d'un point central et original dans l'œuvre du philosophe indien. Le but visé par la croissance psychique n'est pas l'extinction de l'âme dans le *nirvana* ou le paradis, comme plusieurs traditions spirituelles le proposent, mais bel et bien la transformation de la vie terrestre. Tout comme l'âme réside en nous sans que nous en soyons conscients, elle est aussi au cœur de la matière et peut en permettre la transmutation.

Non sans ironie, Satprem, le disciple d'Aurobindo à qui nous devons les textes que je viens de citer, décrit également comment la vie devient souvent un lent emprisonnement de l'âme. Il parle de la crise de croissance de l'adolescence comme étant « une crise d'étouffement ; la maturité étant atteinte lorsque l'étouffement est devenu un état naturel[53] ». C'est-à-dire, au sens de ce que nous avons décrit dans ce livre, lorsque l'identification du moi avec la personnalité, le personnage ou la personnalité frontale est presque complète et que l'individualité réelle est oubliée.

---

51. *Ibid.*, p. 103.
52. *Ibid.*
53. *Ibid.*, p. 102.

Les étoiles veulent se voir !

Deepak Chopra, médecin américain d'origine indienne, aborde également la notion de l'âme. « Pour connaître la réalité, nous pouvons utiliser trois sortes de regards, nous dit-il : celui du corps, celui de l'esprit et celui de l'âme[54]. »

On ne peut se fier au regard du corps, car il repose sur les sens, qui ne nous disent pas toute la vérité. Par exemple, nous croyons que nous sommes stables alors que nous bougeons tout le temps. Le corps est en somme « l'endroit que nos souvenirs et nos rêves appellent maison (home) au moment présent », mais ce n'est que temporaire, ajoute Deepak Chopra.

Par le regard de l'esprit, nous apprenons que la matière essentielle de l'univers est le vide. Tout repose sur les ondes électromagnétiques, et le courant est *discontinu*. Il oscille sans cesse entre *ouvert* et *fermé* (*on/off*). Toutefois, le film se déroule si vite que nous sommes uniquement conscients de la *continuité*. Nous ne nous rendons pas compte des ruptures entre les images. Autrement dit, nous percevons seulement la phase *ouverte*. Mais qu'y a-t-il dans la phase *fermée*, celle de la *discontinuité* ? C'est un niveau de réalité qui n'a pas de localisation précise (*non local level of reality*). On n'y retrouve ni énergie, ni informations, ni objets. Il s'agit donc d'un champ de possibilités infinies qui permet des corrélations instantanées entre tout ce qui existe au-delà des notions d'espace et de temps. La phase fermée permet des mutations physiques tout autant que des changements rapides de tout ordre.

Enfin, le regard de l'âme enseigne que l'univers ne peut exister s'il n'y a pas une conscience qui le regarde. « Regarde vers le ciel, les étoiles veulent se voir », s'exclame Deepak Chopra. Cette conscience est l'attribut de l'âme individuelle. Par définition, elle est omnisciente, omnipotente et elle est essentiellement créatrice.

---

54. Cette citation, ainsi que celles qui suivent, proviennent de notes que j'ai prises lors d'une conférence de Deepak Chopra à Montréal, le 8 juin 2006. Cette conférence constitue le cœur d'un livre intitulé *Power, Freedom and Grace : Living from the Source of Lasting Happiness* (*Pouvoir, liberté et grâce : vivre à la source d'un bonheur durable*), Amber-Allen Publishing, Coll. Personnal Growth and Spirituality, 2006.

L'âme écoute comme une présence tranquille dans laquelle les pensées vont et viennent, tout comme les sentiments et les émotions, et même les univers. Ne reste qu'une présence sans cesse consciente. Ne reste que la présence. S'en tenir à cette présence est notre billet pour la liberté[55].

Deepak Chopra nous fait réaliser qu'à un certain niveau non seulement il n'y a pas de *moi* et de *toi*, mais que nous vivons dans une réalité multidimensionnelle où les phases ouvertes et fermées existent en même temps. « Je suis en vous, vous êtes en moi, nous sommes à la même place. Toutefois, cet endroit n'est pas localisé dans l'espace et le temps. » Pour ce médecin, il s'agit donc de s'ouvrir au fait que nous vivons dans un mystère lumineux dont nous sommes les co-créateurs avec Dieu, Dieu étant entendu comme la somme des énergies universelles. Pour conclure, il voit la véritable guérison de l'être comme un retour à l'âme, comme « le retour en soi de la mémoire de la totalité ».

L'âme comme cellule énergétique

Chacune de ces conceptions est à même de nous faire réfléchir sur la nature de notre être et sur le sens de notre vie. Il s'en dégage quelques idées communes. La première est celle de l'âme comme organe ou fonction de relation avec plus grand que soi, quand ce n'est pas le soi lui-même ou la réalité universelle en tant que telle.

L'autre élément qui apparaît est que l'âme, notre essence la plus subtile, a accès d'emblée à des états de joie, de tranquillité et d'amour qui existent déjà dans l'être. En remettant en question notre identification inconsciente au corps et à notre personnalité frontale, nous pouvons découvrir notre individualité profonde, notre âme.

Pour sa part, Deepak Chopra insiste sur l'aspect conscient de l'âme, comme si le monde ne pouvait exister que par l'entremise de cette conscience. Et, en effet, à quoi servirait-il que ce monde existe si aucune conscience ne pouvait en témoigner ou en jouir ? Quant à la conception chrétienne, son avantage est de faire ressortir l'immortalité de l'âme individuelle.

Conscience, immortalité, joie, tranquillité, amour, essence individuelle et relation à l'universalité sont les caractéristiques de l'âme qui

---

55. *Ibid.*

ressortent de ces différentes conceptions. Ces caractéristiques se marient bien avec la réalité énergétique que nous avons explorée dans le chapitre précédent. Au sein de cette réalité énergétique, nous pourrions parler de l'âme comme d'une cellule de base ou d'une cellule mère possédant deux noyaux : l'un représentant son caractère individuel, l'autre son caractère universel. Cette cellule énergétique est pure conscience et elle est à la source de notre être. Elle est ce qui persiste dans le temps parce que sa nature participe à l'océan d'énergie universelle qui vit au rythme de l'éternel présent, dans lequel les notions de début, de fin, et par conséquent de temps, sont relatives.

Ainsi, par un phénomène que nous pourrions qualifier d'électromagnétique, une « cellule âme consciente » est attirée par l'expérience de l'incarnation. Le fœtus devient l'expression de cette cellule énergétique en plein déploiement. Elle en est pour ainsi dire la projection dans la dimension spatio-temporelle. Tout comme nous concevons une idée, en projetons la réalisation dans la matière et la voyons bientôt s'incarner dans un projet concret. Pendant toutes les étapes de ce processus, notre conscience nous guide, et l'amour est le moteur du changement, car tout se meut grâce au pouvoir de l'attraction, dont nous parlerons plus loin.

Dire de l'âme qu'elle est énergie, c'est parler du même coup de sa réalité vibratoire et ondulatoire au sens que nous prêtions à ces mots dans le chapitre précédent. Ainsi, chaque fois que je vous invite à entrer en contact avec votre propre vibration et à la déguster, c'est comme si je vous proposais de rencontrer votre essence individuelle, votre conscience, votre centre psychique, énergétique, ou votre âme, selon le terme qui vous agrée.

Le besoin de reconnaissance qui nous tenaille est un besoin de reconnaissance de notre réalité universelle. Voilà pourquoi il est essentiel que chacun et chacune reconnaisse, dans son intimité, la réalité de son âme. Le besoin d'être reconnu sans cesse adressé aux autres s'en trouvera fortement diminué, car notre désir profond et inconscient est d'être considéré comme faisant partie de la grande famille universelle. Peu de gens peuvent reconnaître notre réalité universelle, mais si nous nous appliquons à accueillir chaque personne que nous croisons comme un être universel, cela contribuera au renouvellement de la fraternité humaine. La paix mondiale est en rapport étroit avec la capacité de chacun de se voir et de voir ses semblables comme faisant partie, pour ainsi dire, de la même âme.

L'HISTOIRE D'UNE CELLULE

Je vous parle de l'âme ou de la cellule énergétique de base pour revenir à l'empreinte laissée par la naissance. Plusieurs traditions, dont l'hindouisme, professent que la force de cette impression de séparation réside dans le fait que la naissance est en somme la deuxième épreuve de ce genre que vit l'âme. En effet, si nous imaginons l'âme comme une cellule énergétique dotée de conscience et d'individualité qui circule dans l'infini de l'univers, on pourrait dire que le moment de l'incarnation, c'est-à-dire celui où la conscience arrive dans le véhicule de chair qu'est l'embryon, correspondrait à la première impression de rupture.

D'un monde sans limites et à partir d'un état beaucoup plus fluide, l'âme prend pied dans un monde fini. Elle doit avoir l'impression d'un rétrécissement terrible. Dans un tel contexte, on peut même penser que la nostalgie du paradis perdu qui persiste en nous se réfère beaucoup plus à cet état de fluidité disparu qu'à la nostalgie du ventre maternel.

Il y a d'ailleurs une reconnaissance implicite de cet état de fait dans les discussions qui entourent le droit à l'avortement. On se demande à quel moment apparaît la vie. Nous pourrions argumenter que la vie est là depuis le début, vibrante et en plein déploiement. Il y a toutefois lieu de reformuler la question du point de vue de la conscience : à partir de quel moment l'âme, ou la conscience individuelle, s'incarne-t-elle dans le fœtus ? Ne serait-ce pas ce moment que nous tentons de situer ?

La science actuelle place cet événement autour de la douzième semaine, parce que cela correspond à l'apparition du cortex qui, pour nous, est le siège du cerveau et de la conscience. Cette marque temporelle recoupe en gros ce que les traditions spirituelles professent, mais pour des raisons tout autres. Pour elles, la conscience est présente partout et en tout, mais le fait est que l'âme individuelle consciente n'incorpore l'embryon qu'au cours du troisième ou quatrième mois.

Tout se passe donc comme si une âme consciente, à savoir la cellule énergétique de base, associée à un esprit – l'esprit pouvant être vu comme un outil de l'âme qui permet son orientation pratique sur un plan donné d'existence –, prenait corps dans un embryon se développant dans le ventre d'une femme. Cet embryon est un véhicule de chair déjà codifié par les gènes parentaux – un peu comme lorsque nous prenons possession d'un véhicule automobile dont les rouages ont déjà été systématisés par la compagnie qui l'a fabriqué, lui apportant énergie et direction.

Pendant les neuf mois que dure la gestation, et grâce à l'accueil de la mère, l'être en développement a le temps de retrouver dans l'utérus la sensation d'unité qu'il a perdue en s'incarnant. Toutefois, après avoir rétabli cet état d'union, il est de nouveau propulsé vers la sortie par les contractions du ventre maternel, qui le poussent cette fois dans le canal de la naissance.

Pourquoi venir au monde ?

Pourquoi l'âme s'incarne-t-elle ? Passons en revue quelques hypothèses. Tout comme un individu devient amoureux d'une autre personne, sans trop savoir ce qui l'attend, nous pourrions penser qu'une âme est attirée par la dynamique qui se vit dans un couple, dans une famille ou dans une société, et vient y rejouer le drame de son emprisonnement, essentiellement pour se libérer. Cette hypothèse sous-entend que, malgré son état naturel d'expansion, l'âme ne serait pas complètement libre. Elle peut être alourdie par des charges passées, que les hindous appellent *karma*.

Une autre façon de dire serait d'affirmer que l'âme vient dans le simple but de retrouver l'unité fondamentale, pour se rendre compte que la séparation est illusoire. Ou même pour réaliser, à travers toutes ses péripéties, qu'elle est toujours demeurée créatrice de son propre mouvement. Ou encore pour favoriser l'accroissement de conscience de ceux qui ne voient que la dimension physique des choses. Ou, tout simplement, pour être joyeuse et célébrer la vie sous toutes ses formes.

Je pense, pour ma part, que l'âme s'incarne pour la simple joie de s'incarner, mais qu'elle rencontre des écueils en chemin. En essence, nos âmes sont peut-être des voyageuses et des goûteuses universelles ouvertes à toutes les expériences et dont la seule mission est l'extase de vivre, mais qui, dans le grand banquet de la vie, ne sont plus attirées que par certains types d'aliments, ayant oublié l'immense champ des possibles.

Nos âmes sont peut-être à l'image du joueur qui, entrant dans un casino, croit que sa présence dans ce lieu n'altérera pas son identité, et que ce qui s'y passera n'affectera pas son essence. Pourtant, voilà que les émotions ressenties en jouant font qu'il s'accroche aux tables, oubliant qu'il y a une vie en dehors de cet établissement. Alors, l'amusement tourne au drame. Il n'arrive plus à se détacher du casino et devient une victime du jeu – une victime qui se croit emprisonnée et aliénée de ce qui se passe dans le reste du monde, alors qu'il n'en est rien.

Voilà peut-être ce à quoi ressemblent nos vies. Nous sommes des énergies libres et unies au mouvement créateur global, mais, un jour, nous sommes entrés dans une maison de jeu qui avait pour nom la Terre, nous y avons connu des peines et des joies si intenses que nous n'arrivons plus à nous détacher de cet établissement, attachés que nous sommes aux émotions que nous y avons vécues. Bien entendu, le casino Terre n'a rien à voir avec cet état de dépendance. Il n'empêche que chaque joueur compulsif doit un jour ou l'autre se dégager de sa dépendance afin de retrouver sa dignité et de revendiquer sa liberté fondamentale. Il est alors utile de se souvenir de son âme, car, même voilé en partie, notre centre psychique est constamment branché sur l'existence pure et universelle.

Et si nous revenions

Abordons maintenant un autre sujet que certains trouveront encore plus spéculatif : celui des vies antérieures. Il est important de considérer une telle hypothèse de façon sérieuse, ne serait-ce que le temps de lire les paragraphes qui suivent. Elle a le mérite de faire ressortir plusieurs aspects intéressants sur le plan psychologique, car l'âme individuelle y apparaît encore plus libre de son destin.

Personnellement, la conception bouddhiste de la réincarnation me semble difficile à accepter. Cette progression linéaire de l'âme, du crapaud à l'homme, selon la valeur morale des actions accomplies par un être, me semble manquer de nuances. Toutefois, une vision plus large qui verrait l'âme s'incarner sur différents plans de conscience – la terre n'étant que l'une des possibilités – me paraît plus alléchante. Ces incarnations pourraient même être simultanées, puisque nous ne savons pas si le corridor espace-temps existe en dehors de notre plan de conscience.

Le point le plus intéressant est que, dans une conception où l'on accorde la prédominance à l'histoire de l'âme individuelle à travers différentes vies ou différents états, la liberté fondamentale de l'être se trouve respectée.

Mais comment comprendre que l'on puisse mourir de famine et de diarrhée dans une file de réfugiés au Rwanda ou au Darfour alors que d'autres êtres humains étouffent dans l'abondance ? Il y a là une injustice criante difficile à accepter, surtout lorsque nous commençons à saisir l'intelligence du vivant à tous les échelons.

Une idée comme la réincarnation rétablit un semblant de justice. Néanmoins, cette notion constitue un couteau à double tranchant, car elle peut nourrir la passivité et l'indifférence au sort des autres. On cesse alors de lutter pour le changement social. Or, notre bonheur est lié en partie à celui de ceux qui nous entourent, puisque nous sommes intrinsèquement unis à l'humanité et à l'univers. Au lieu de servir à la démission, la perspective d'une vibration individuelle qui perdure au-delà de cette vie devrait nous encourager à une action de plus en plus juste, et dégagée du souci constant de soi – car c'est lui qui est à l'origine de la plupart des conflits qui causent des catastrophes.

Revenons maintenant à ce qui précède et tentons une intégration. Chacun de nous correspond à une cellule du champ universel. Ce champ informé et unifié est vivant, conscient, et il s'exprime. Il crée, et le mouvement qu'il produit est un mouvement d'amour, de cohésion et d'unité. Chacune des cellules énergétiques – ou chacune des âmes – générées par le mouvement universel possède deux noyaux, ou deux polarités, un qui la lie à la nature universelle, l'autre qui l'associe à sa propre individualité.

En tant que cellule individuelle et universelle, chaque âme voyage dans cet univers, pour son plus grand bonheur, comme un enfant s'émerveille lorsqu'il joue. Elle explore au gré des attractions, dans la plus grande légèreté possible. Toutefois, un voyage ne va jamais sans risques.

La voici attirée par la dynamique d'une famille où elle compte pouvoir s'exprimer totalement. Au moment de l'incarnation, lorsqu'elle entre dans la matière vivante du fœtus, une première sensation de division est expérimentée, dont la naissance ne sera qu'une confirmation.

À mesure que le fœtus croît, il se charge des traits de l'humanité, de la race, et de la lignée familiale dont il reçoit l'information à travers les gènes parentaux, antennes du champ global. Sur le plan psychique, les pressions qu'il ressent par l'intermédiaire de la mère le mettent également en contact avec les types de pressions vécues dans le monde qui l'attend.

De plus, si l'on accepte une hypothèse comme la réincarnation, dès les premières vibrations de peur, l'embryon se charge – énergétiquement parlant – des voiles et des difficultés qui proviennent d'expériences passées. Ainsi, l'âme ressentirait ses incarnations précédentes sous forme de tensions, de sensations et de lourdeur. Certaines de ces incarnations ont présenté des aspects difficiles, souvent traumatiques, qui n'ont pas été compris, ni intégrés. Voilà pourquoi ils doivent être visités à nouveau. L'âme est venue à la fois les exprimer, les comprendre et les dépasser, pour une libération et un retour conscient à l'unité.

L'âme reprend aussi ses goûts et ses talents naturels, ceux qui ont été développés antérieurement et ceux qu'elle désire explorer. Ces talents vont constituer l'essence individuelle de l'être, celle qui est son meilleur atout de libération. Si jamais l'être ne parvenait pas à s'exprimer ou à exprimer son âme, il aurait la sensation de passer à côté de sa vie. Il éprouverait une souffrance qui l'informerait que quelque chose ne va pas.

Avec ou sans réincarnation, la dynamique reste la même : les expériences mal comprises créent des nœuds. Elles se répètent jusqu'à ce que les nœuds puissent être dénoués, tant sur le plan physique que psychique.

De même, il est important de saisir que l'intensité d'une expérience n'a rien à voir avec sa durée, et que nous apprenons à chacun de nos essais. Par exemple, bien que certains professeurs ne m'aient enseigné que pendant quarante-cinq heures, ils ont eu une influence déterminante sur ma vie. D'autres, qui l'ont fait pendant une année entière, n'ont laissé en moi qu'une impression fugace. Que ce soit une vie de quelques jours, de quelques années ou de quelques décennies, chacune est une projection et une expression de l'âme qui lui sert dans son chemin de réunification consciente.

Des parents éplorés

Voici un exemple concret de l'utilité de ces hypothèses. Des parents éplorés m'apprennent que leur fils unique de vingt ans, celui qui devait succéder au père à la tête de l'entreprise familiale, vient de se suicider. « Pourquoi ? Pourquoi ? Pourquoi ? martèle le père à travers ses larmes. Qu'avons-nous fait de mal ? » Je n'ai pas de réponse et, sur le coup, je me dis qu'ils ont plutôt besoin qu'on les accompagne dans leur peine. Je m'attache donc à vérifier si leurs ressources personnelles leur permettent de traverser l'une des pires épreuves que peuvent subir des parents.

Toutefois, quelques idées me viennent à l'esprit. La première se formule ainsi : l'âme de leur fils a eu la chance de connaître un foyer aimant, et c'est cette expérience qu'elle est venue chercher pour retrouver sa dignité. La deuxième s'énonce comme suit : les charges du passé éveillées par l'existence présente ont entraîné leur enfant à mettre fin à ses jours de façon prématurée. Quelque chose, de l'ordre des attentes parentales ou autres, a pu s'avérer intolérable et a fini par constituer un mur infranchissable. Troisième hypothèse : l'amour reçu était insoutenable – comme lorsque nous rejetons des gens qui sont bons pour nous, mais à qui nous ne savons pas comment répondre. Malgré l'apparente facilité de ce milieu, l'âme a été attirée par une épreuve trop difficile pour elle. Finalement, il se peut même que cette âme soit venue aider les parents à ouvrir leur cœur en les plongeant dans cette terrible épreuve.

En somme, il est impossible de connaître le secret ultime d'un être. Cette perspective présente l'avantage de décharger ce père et cette mère de la culpabilité d'avoir été eux-mêmes, en faisant de leur mieux. L'âme, ou la cellule énergétique, a un libre choix. Elle vient s'associer à une lignée qui l'exprime, c'est-à-dire qui lui permet de remettre en scène des problèmes qui lui appartiennent déjà – tout comme la mise en scène du passé au sein d'un exercice de psychodrame nous permet de revivre notre passé et de le voir avec un œil neuf. Ce nouveau regard dégagé délivre des liens qui nous attachent. Toutefois, nous n'y arrivons pas toujours, et l'expérience doit être recommencée ou poursuivie.

Bien qu'il existe de nombreux témoignages dignes de foi concernant la vie antérieure, que les deux tiers de l'humanité croient à une telle possibilité et que l'Église chrétienne ait elle-même sérieusement considéré la question, la vérification scientifique d'une vie antérieure demeure difficile. Malgré tout, je trouve qu'une telle perspective demeure éclairante.

Je ne me permettrais certes pas de l'utiliser en conférence ou dans une séance de psychothérapie, mais il me semble que cette hypothèse ouvre un horizon plus vaste à la psychologie. Sans en faire un credo, il est bon de l'avoir à l'esprit, comme une résonance lointaine. À l'inverse, s'en servir pour tout expliquer peut devenir une justification de l'immobilisme, et alors rien n'est gagné.

Pour résumer, une perspective comme la réincarnation me semble intéressante pour autant qu'elle nous aide à dégager une vision où l'être apparaît de plus en plus libre et, par conséquent, de plus en plus impliqué dans une responsabilité créatrice par rapport à lui-même.

Un exemple personnel

Pendant la moitié de ma vie, j'ai souffert d'une colite ulcéreuse, maladie inflammatoire chronique de l'intestin. Comme il y a de la colite ulcéreuse des deux côtés de ma famille, il y a vraisemblablement en moi une faiblesse génétique. Or, cette faiblesse a aussi un aspect psychologique. Je peux concevoir que j'ai été attiré par cette lignée où le non-dit s'exprimait par des maux de ventre. Cela a permis à mon âme de rejouer son propre dilemme, afin de se comprendre, certes, mais surtout pour se libérer de ces remous et retrouver le courant créatif.

À cette maladie réputée psychosomatique correspond un type de personnalité que la documentation médicale qualifie de névrotique – le type qui pense trop et qui oublie d'exister. Au début, le diagnostic m'a choqué. Puis, j'ai bien dû admettre que ma vie avait été jusque-là une tentative graduelle d'incarnation qui n'avait pas toujours été réussie. Je peinais à prendre contact avec mon corps, avec mes sens et avec le processus vivant.

La santé est revenue lorsque cette prise de contact s'est faite. Elle se poursuit de jour en jour. Plus j'approfondis cette expérience et plus j'ai l'impression d'être près de moi-même et de mon essence, plus j'expérimente une liberté et une légèreté dans ma vie.

Il n'y a pas lieu que j'en veuille à mes parents, qui m'ont amoureusement accueilli. Au contraire, je comprends qu'ils m'aient attiré parce qu'ils m'offraient un environnement qui me permettrait, d'une part, de remettre en scène mes difficultés et, d'autre part, de vivre suffisamment d'amour et d'aspects positifs pour m'aider à me comprendre et à me libérer d'un nœud qu'ils portaient vraisemblablement tout comme moi. Peut-être même que, lorsqu'on réussit à se dégager soi-même, c'est toute une lignée que l'on affranchit, puisque la solution a été trouvée. Ainsi, on ajoute à la création collective qu'est une lignée familiale.

Je vous parle ici d'une expérience très personnelle. Je peux dire en tout cas qu'il me plaît de me sentir créateur de ma propre vie et de l'expérimenter ainsi. Ce ne sont là qu'hypothèses et perspectives. Mais, encore une fois, à mes yeux, elles ont l'avantage de souligner le caractère libre, conscient, autonome et autocréateur de chaque cellule vivante. Elles soulignent également le rôle primordial de la conscience, pour se réorganiser et se redonner de la cohérence. De cette façon, le pouvoir ne repose plus dans les mains d'une autorité extérieure, comme les parents, ni dans celles d'un dieu tout-puissant extérieur à sa création.

En ce qui me concerne, ce qui est divin, c'est ce processus créateur inscrit au cœur de chacune des fibres de nos corps et de toute la création. Certains jours, je ne me sens pas seulement comme une gouttelette jetée dans l'existence, mais comme l'océan lui-même, toujours changeant en surface, toujours calme en profondeur, infiniment calme, ne serait-ce que pour quelques fractions de seconde à la fois.

OBSERVONS LA MER

Abandonnons-nous maintenant à une rêverie poétique et observons la mer. Tentons, à l'aide d'une métaphore, d'obtenir un portrait d'ensemble de notre condition d'être humain. Comme nous l'avons dit, la nature universelle n'est pas immobile : une pulsion centrale l'habite. Elle est comme un océan mû par les vents et les courants de fond. Lorsqu'on est assis sur la plage, que l'on entend et que l'on contemple la mer, on peut comprendre la connaissance subtile transmise par chaque vague : unité, puissance, simplicité, changement. Cela correspond sans doute aux informations émises plusieurs milliers de fois par seconde par le champ universel.

Une vague éclate sur les rochers et un milliard de gouttelettes sont projetées dans les airs. La vie individuelle s'éveille. Vous êtes l'une de ces gouttelettes qui vit une expérience à la fois semblable et à la fois différente de celle de sa compagne, et vous êtes conscient de votre existence. Puis, vous retournez à l'Océan universel pour vous y mélanger à nouveau. Votre conscience individuelle perd de son relief pour un temps, mais elle reste là, comme un potentiel inaliénable.

Voici qu'un autre courant vous prend. Vous venez à nouveau à l'existence individuelle. En un instant, vous vous rappelez ce que vous avez vécu auparavant. Cette fois, vous voudriez bien éviter telle ou telle chose. Votre voyage se fait, votre vie se vit et, à nouveau, vous retombez pour vous oublier dans le grand mouvement. Puis vous êtes attiré par un courant plus fort. Il précipite les vagues sur le rocher avec plus de force. L'expérience de l'éclatement et de la venue au monde est plus intense. Ensuite, c'est un courant plus calme qui vous séduit. Il se jette sur une jolie plage lumineuse, où les grains de sable vous caressent avant que vous ne retourniez à la mer. Un délice.

Ce que vous souhaitez, à travers toutes ces expériences, c'est d'expérimenter la totalité des possibilités de l'existence. Vous essayez d'exprimer tout ce que vous sentez en vous comme potentiel, dans la légèreté et la liberté du jeu, comme un enfant s'ébattant dans son carré de sable. Vous voulez jouir de la conscience d'être soi en unisson avec le tout.

Toutefois, cette fois, vous voici pris au milieu d'un tourbillon. C'est comme si votre conscience s'évanouissait. Dans votre voyage, il y a comme un arrêt, une fixation. Vous êtes captif d'un mouvement local. Vous êtes secoué, vous êtes agité, vous perdez votre cohérence. Vous n'arrivez plus à échapper à cette spirale. Vous vous élevez vers la lumière, mais, dès que vous parvenez à la surface et pensez échapper au remous, une force vous entraîne à nouveau vers le bas. Vous souffrez de ne pouvoir poursuivre votre voyage dans le grand Océan universel. Vous voulez revoir les belles plages et la nature luxuriante, pourtant cela vous semble inaccessible...

Vous êtes en somme prisonnier d'une existence passionnante et tourbillonnante, mais dont se dégage une impression de cloisonnement et de répétition. Pour en sortir, vous aurez à comprendre le mouvement qui vous emprisonne. Vous devrez étudier comment votre énergie fonctionne pour la mobiliser de façon consciente afin d'échapper au tourbillon.

Somme toute, il n'y a rien de grave dans tout cela, car vous finirez par sortir du remous. Un premier pas consisterait sans doute à jouir de vos nouvelles expériences plutôt que de vous en affliger, car une partie de soi ne quitte jamais la position de témoin joyeux de tout ce qui est.

Ainsi, le rythme des jours qui succèdent aux nuits résume-t-il sans doute celui des vies qui se succèdent, ou des vagues qui vont et viennent. Partout le même mouvement, la même respiration. Contraction et expansion, sac et ressac, impression et expression, inspiration et expiration, la pulsion de vie triomphe.

EN BREF

En schématisant ce que nous avons vu dans ce chapitre, nous obtenons un autre niveau, prénatal celui-ci, que nous ajouterons ultérieurement aux autres.

5) Naissance

4) Charges des vies antérieures – charges de la lignée familiale – charges de la mère – pressions de l'environnement social – climat du couple parental – événements prénataux

3) Choc de l'incarnation – première impression de division

2) Âme ou cellule énergétique ou essence individuelle

1) Nature universelle

Vu sous cet angle, on peut entrevoir que le conflit vécu par un individu au présent a une très longue histoire, dont les racines se situent au sein même de la cellule créatrice qui cherche à se réunifier. Pour se faire, elle est attirée par des situations qui lui permettront à la fois une expression de son état de contraction, mais surtout une détente, une décontraction, une expansion et une nouvelle création.

Cela permet également de penser que ce qui est en jeu ici, ce ne sont pas tant les situations en elles-mêmes que notre façon d'y réagir. Au bout du compte, l'expérience d'une pleine expression nous permettra de comprendre qu'il n'y a jamais eu séparation entre l'être et la puissance créatrice dont il est issu, ou entre la cellule individuelle et la mer universelle. Les interprétations qui ont été mises en place instinctivement pour nous protéger sont autant de voiles à déchirer si nous voulons gagner notre autonomie.

En tout cas, à travers la thérapie, à mesure que nos patients défont des nœuds et s'affranchissent de conceptions limitantes sur eux-mêmes et sur la vie, on s'aperçoit que leur destin change, la plupart du temps pour le mieux. Il semble y avoir une corrélation entre le vécu intérieur et l'aventure extérieure. C'est ce que Jung a appelé la synchronicité. Il s'agit d'un synchronisme entre l'intériorité et l'extériorité qui ne s'explique pas d'une façon causale mais par un principe de similarité. La science quantique l'admet facilement puisque tout y est question d'ondes en résonance. Comme si un principe d'attraction menait l'univers au grand complet.

Nous voici donc prêts à aborder l'expérience créatrice en elle-même, la promesse de ce livre.

Chapitre douze

L'individualité créatrice

UN ÉLAN VERS LA LUMIÈRE

Grâce aux apports des sciences et de la psychologie, nous comprenons de mieux en mieux la machinerie de la vie. Toutefois, il ne faut pas oublier que les mécanismes que nous décrivons sont subordonnés à la vie ; ils en permettent la manifestation, ils la servent, mais ils ne la résument pas. Ainsi, le grain de blé qui est déposé en terre et qui prend son essor malgré la rigueur de l'hiver n'est pas une machine. La vie se manifeste à travers lui, une vie que je décrirais comme cet élan irrépressible vers la lumière, vers l'union, vers la communion.

Le meilleur de soi est ce pur élan vers la lumière qui habite chaque être, même le pire des criminels. Au-delà des vicissitudes, chacun de nous, égal à tous les autres, participe à la nature universelle. Nous ne faisons pas qu'y participer, nous exprimons cette nature universelle de façon individuelle et unique par l'entremise de notre essence créatrice, soit nos talents, nos goûts, nos dons – parce que nous ne faisons qu'un avec cet univers qui est mouvement de création.

L'individualité créatrice, comme j'ai choisi d'appeler l'essence individuelle de l'être, répond à la personnalité protectrice. Ces deux termes résument à eux seuls les deux perspectives que je veux éclairer dans cet ouvrage. Si nous restons soumis à nos mécanismes de protection, nous finissons par trouver le malheur. Par contre, si nous osons exprimer notre essence créatrice, nous courons de bonnes chances de nous épanouir et de trouver le bonheur – ne serait-ce qu'en ouvrant notre cœur et en exhalant de l'amour, ce que personne ne peut nous empêcher de faire. Nous allons donc consacrer les prochains chapitres à la nourriture et à l'orientation de l'individualité créatrice.

Dans ce chapitre, je décrirai une série d'exercices qui pourront vous permettre de découvrir vos aptitudes naturelles et d'aller vers une création dont vous avez le désir. Cela est important, car, ainsi, une notion de plaisir est liée à l'acte créateur. En effet, il n'est pas rare que l'on me demande s'il est nécessaire qu'une démarche de connaissance de soi passe par la douleur. Je réponds invariablement : « Pas du tout. Il s'agit de mettre en œuvre, sur le champ, les possibilités expressives. »

En effet, pourquoi attendre d'avoir compris ses mécanismes d'enfermement avant de se mettre à l'expression active ? De toute façon, la connaissance de soi entraînera une personne à conclure que se comprendre doit servir la vie, et que si cela n'est pas, cela ne sert à rien. Autrement dit, oui, il est possible d'évoluer sans que cela fasse mal. Cette évolution demandera sans doute quelques efforts, mais le plaisir sera vite au rendez-vous.

Nous découvrirons même qu'il est possible d'avancer sans s'occuper de ses problèmes, dans un premier temps du moins. Voilà sans doute une nouvelle qui réjouira ceux et celles qui répugnent à la descente en soi que j'ai décrite dans la première partie. En effet, l'attention portée aux problèmes a pour effet paradoxal de les amplifier – puisqu'on les met sous la loupe. C'est un des dangers de la thérapie lorsqu'elle n'a pas de perspective plus large à offrir. On peut donc faire l'inverse : commencer par la dimension expressive, et régler les problèmes à mesure qu'ils se présentent. Ne craignez rien, ils ne manqueront pas d'être là ! Puisque leur effet principal consiste à contracter le flux créateur, on les rencontre nécessairement lorsqu'on veut élargir ce flux.

IL Y A TANT DE COULEURS

Je suis au Québec, en train de diriger le séminaire intitulé *Le meilleur de soi*, dont je vous parlais plus tôt. À mes propos sur l'expression créatrice, une participante réagit et lance : « M. Corneau, vous ne voulez tout de même pas nous faire croire que c'est un "petit cours" de piano qui peut changer notre vie ! » Une telle réduction de mon propos me désarçonne. Je n'aurai pas le loisir de lui répondre, car une autre participante demande la parole.

« Je voudrais parler à madame de mon petit cours de peinture… »

Elle nous raconte son histoire :

J'ai toujours eu envie de faire de la peinture, mais je n'avais jamais écouté ce désir. Je me disais que j'étais trop vieille et que ce n'était pas à mon âge que l'on pensait à de telles choses. Mon inclination me semblait ridicule. Puis, un jour, j'ai vu une annonce pour un atelier intitulé : *Peinture et expression*. Je prends mon courage à deux mains et je m'inscris. Je me retrouve à l'atelier de la peintre Yolande Brouillard, l'animatrice de ce stage de dix soirées offertes en autant de semaines.

À peine entrée, j'ai la révélation de ma vie. Une grande quantité de pots de peinture se trouvent rassemblés sur une table, au centre de la pièce. Je n'ai jamais vu autant de couleurs ! Je ne savais même pas qu'il en existait autant. J'aurais pu retourner à la maison sur-le-champ, j'avais déjà compris ce que j'étais venue faire là. Je me suis dit : « Il y a tant de couleurs qui existent, comment se fait-il qu'il y en ait si peu dans ta vie ? »

Ces paroles simples et directes ont touché chaque membre du groupe en plein cœur. Comme le mari de cette dame était assis près d'elle, je n'ai pas pu résister à la tentation de lui demander son avis.

Il a commencé par dire qu'il ne l'avait jamais vue aussi sereine.

Elle est de bien meilleure humeur qu'auparavant. Je la trouve plus attentive à mes besoins et aux besoins de notre couple. C'est d'ailleurs ce qui m'a amené à votre séminaire. Je n'ai pas l'intention de faire de la peinture, mais je voulais savoir ce qui s'était passé dans son atelier pour qu'un tel changement puisse s'opérer.

Sa femme poursuit en nous expliquant comment la peinture a transformé son quotidien et comment elle s'attache maintenant à colorer son existence tout entière.

« Voilà, c'était pour dire que les "petits cours" ont parfois beaucoup d'influence », conclut-elle.

Cette anecdote est un exemple parfait de la prise de contact avec l'élan créateur. Il ne s'agit pas de révolutionner sa vie au grand complet, mais, d'une certaine façon, l'élan le fait graduellement. Le tout débute par un acquiescement, si petit soit-il, à la partie vivante de soi. En accordant une place officielle à ses goûts, on ouvre volontairement la porte au changement, au lieu de le subir. Ainsi, notre essence créatrice se sent reconnue et, ce faisant, c'est comme si on se reconnaissait soi-même au lieu d'attendre une permission venant de l'extérieur. Le cycle de la dépendance commence alors à se modifier.

Dans la plupart des cas, la leçon de piano ou de peinture sert principalement à enclencher le mouvement, car de nouveaux espaces s'ouvrent en soi quand on utilise de tels outils d'expression et de croissance. Les sensations inédites que procure l'utilisation de ces nouveaux espaces constituent l'enjeu central. Lorsqu'on connaît une satisfaction réelle parce qu'enfin on fait un geste qui correspond à notre goût profond et à notre talent, cela peut changer notre vie. Même si ça peut prendre du temps, on s'offre alors une existence plus colorée, plus chantante, plus dansante, bref, plus expressive.

Lorsqu'il en est ainsi, habiter exclusivement la partie mourante associée à la dépendance et à l'autosabotage ne nous convient plus. De nouvelles convictions se développent à partir des expériences récentes. Elles viennent remplacer les anciennes croyances et, en utilisant ces sensations neuves comme tremplin, on trouve le courage de changer bien des choses. Encore une fois, il ne sert à rien de croire à tout cela : la démarche consiste à en faire l'expérience.

LES INSTRUCTIONS CONTRADICTOIRES

Le psychologue Mihaly Csikszentmihalyi pense, lui aussi, que la créativité est une véritable source de joie, de richesse et d'épanouissement. Il écrit :

L'engagement dans un processus créatif donne la sensation de vivre plus intensément. La fièvre de l'artiste devant son chevalet, celle du scientifique dans son laboratoire sont proches du sentiment de plénitude que nous attendons de la vie et qui est si peu souvent offert. Seules la sexualité, les activités sportives, la musique et l'extase religieuse – même quand ces expériences sont fugaces et ne laissent pas de traces – nous confèrent un sentiment aussi profond d'appartenance à un tout plus vaste que nous-mêmes. En outre, la créativité produit des objets qui contribuent à rendre l'avenir plus riche et plus complexe[56].

En plus de confirmer ce que vit notre peintre en herbe, ces mots résument l'objectif de ce livre. Le chercheur ajoute une constatation qui embrasse nos deux perspectives et qui encourage l'exercice de notre pouvoir de création.

Nous naissons tous avec deux séries d'instructions contradictoires : une tendance conservatrice, qui comprend les instincts d'autopréservation, d'autoaccroissement et d'économie de notre énergie, et une tendance expansive faite des instincts d'exploration, du plaisir de la nouveauté et du risque – la curiosité qui produit la créativité appartient à cette série. Ces deux programmations nous sont nécessaires.

Mais si la première tendance nécessite peu d'encouragements ou d'appuis extérieurs pour motiver nos comportements, la seconde risque de disparaître lorsqu'elle n'est pas entretenue. Si notre curiosité manque d'occasions de s'exercer, si trop d'obstacles encombrent la voie du risque et de l'exploration, la motivation nécessaire pour s'engager dans la créativité finit par s'étioler[57].

Ce que le psychologue ne mentionne pas, c'est que si la créativité « finit par s'étioler » et qu'elle risque de disparaître, elle nous fera

---

56. Mihaly Csikszentmihalyi, *La créativité. Psychologie de la découverte et de l'invention*, coll. Réponses, Paris, Éditions Robert Laffont, 2006, p. 8.
57. *Ibid.*, p. 17.

disparaître en même temps, car si les valeurs conservatrices finissent par étouffer la pulsion de vie, cela change le destin de l'être en l'entraînant dans cette forme d'autosabotage amplement décrite dans les chapitres précédents. Mais notre attachement à ces tendances contractées a la vie dure. Voici une anecdote qui en témoigne.

Deux cents tableaux

Depuis plusieurs années, un homme fréquente assidûment les ateliers de Cœur.com. De tempérament sensible mais ayant hérité d'une lourde entreprise familiale pour laquelle il a peu d'inclination naturelle, il se retrouve à l'aube de ses soixante ans dans un malheur qu'il veut à tout prix renverser. Lui aussi veut peindre depuis toujours. Il a toutefois renié son talent pour assumer les tâches de PDG dans son entreprise. Son désespoir atteint son comble l'année où il se fait construire un atelier dans son jardin : il voit ce lieu tous les matins en ouvrant les volets de la chambre conjugale, mais n'est jamais en mesure de traverser la cour.

Un jour, je le vois arriver à l'un de nos stages l'air plus léger que d'habitude. Il est bronzé, ses cheveux sont plus longs et il porte une chemise colorée. Je pressens qu'il s'est passé quelque chose d'important, et je ne suis qu'à moitié surpris de l'entendre déclarer fièrement :

> « Eh bien, imagine-toi qu'après toutes ces années d'hésitation, je me suis enfin mis à peindre. Tiens-toi bien, j'ai produit plus de deux cents tableaux dans l'année !
>
> – Deux cents tableaux ! lui dis-je, ne cachant pas ma surprise. On peut dire que le bouchon a sauté d'un seul coup !
>
> – Pourtant, je ne sais pas si c'est bien la peinture qui est ma vocation. Qu'est-ce que je vais faire de tous ces tableaux ?
>
> – C'est facile, tu en offres cent à tes employés, cinquante à ta famille, et tu brûles le reste au milieu de la cour !
>
> – Les brûler ! Tu plaisantes !
>
> – À peine. Ces tableaux ont déjà rempli leur rôle, ils ont servi à la seule personne à qui ils devaient servir : toi. Ils t'ont remis en vie. »

Cette histoire nous renseigne sur un autre élément sur lequel je désire insister : même si l'on reprend contact avec son élan créateur et que l'on en retire de nombreux bénéfices, le personnage, roi du *statu quo*, n'est jamais loin et veut reprendre le terrain perdu. « Toute cette agitation ne sert à rien, souffle-t-il, ces tableaux ne seront vus par personne. Ils n'ont aucune valeur artistique. À quoi bon persévérer? Ta petite expérience est faite. Fini les folies. Rentre au bureau maintenant. » Son argument est simple : puisque cette activité n'apporte aucun résultat concret en termes de reconnaissance, de valorisation sociale ou d'argent, elle ne vaut rien. On assiste alors au retour en force de ce que Csikszentmihalyi nomme la première tendance, celle qui s'associe aux instincts d'accroissement et de préservation.

Le contact avec l'élan permet, lui, de bénéficier de la deuxième tendance, celle qui s'appuie sur le fait de jouir d'un geste ou d'un état sans attente de résultat. L'expérience de l'élan permet également de sortir de l'obligation de performance. Il ne s'agit pas d'exceller, il s'agit de prendre plaisir au processus. En ce sens, une expression créatrice qui nous remplit de passion et qui nous anime de l'intérieur nous montre le chemin de la satisfaction profonde et durable. Cette dernière ne se situe pas dans l'action performante – bien qu'elle puisse l'être si cela correspond à une forte aptitude –, elle se trouve dans la jouissance du processus vivant. Bref, il s'agit du plaisir de créer pour créer, de celui de transformer pour transformer.

Dans son livre, Csikzentmihalyi note que, bien que nous aimions les légendes dans lesquelles un chercheur trouve comme par magie la solution d'une énigme, il ne s'agit que de mythes sans fondement. Presque sans exception, de pareilles découvertes viennent couronner des années de labeur minutieux où l'attention a été presque exclusivement dévouée à la recherche. C'est le cas d'Einstein, qui s'est inspiré d'un rêve pour résoudre les problèmes que posait la théorie de la relativité. Cependant, ce songe est apparu dans le contexte d'un travail acharné.

Non seulement cela, plaide-t-il, mais ces découvertes appartiennent aussi à tout un contexte collectif, si bien que l'on peut difficilement dire qu'un tel a découvert à lui seul quelque chose. Ainsi, le chercheur créatif n'a d'autre choix que d'aimer sa recherche sans attente de résultat, car, en plus, il arrive souvent que la piste ne mène à rien. Si l'on s'aventure dans la créativité pour se faire un nom, on risque d'être fort malheureux. Mieux vaut trouver sa joie dans le plaisir d'apprendre et dans le travail bien fait, conclut-il[58].

---

58. *Ibid.*, p. 10.

MOUVEMENT, SOUPLESSE, LUMIÈRE

Sortir de l'attente d'un résultat constitue un élément central de la reprise de contact avec soi. Je l'ai appris à mes dépens lors d'un séminaire que j'ai mené en Inde en 2006 avec Pierre Lessard, un enseignant spirituel, et la psychologue et professeur de yoga Marie-Christine Kaquet. J'avais engagé comme accompagnateur un sculpteur de pierre du village de Mahabalipuram, dans la région du Tamil Nadu : D.V. Murugan. J'avais choisi le mode d'expression de la sculpture de pierre de façon toute intuitive, fort des expériences que nous avions menées à Cœur.com en associant toujours l'effort de compréhension psychologique à une plage d'expression créatrice comme le théâtre, la danse, l'art plastique ou la musique.

En Inde, je voulais pousser l'expérience encore plus loin. L'intitulé du séminaire, *Mouvement, souplesse, lumière*, appelait une prise de conscience des rigidités corporelles et psychiques. Le travail sur la pierre, une matière des plus rébarbatives, devait servir de métaphore aux rigidités qui nous rendent si difficile la tâche de sculpter nos vies. Mon idée était que les difficultés que les participants éprouveraient les renverraient aux raideurs de leur vie. Or, il n'en fut rien. Quand les participants se mirent à sculpter, ils le firent avec une ferveur et un enthousiasme que rien ne semblait abattre. Certains entretenaient même un rapport charnel avec leur bloc de pierre, lui parlant et le caressant comme si c'était un être humain.

Personne ne se plaignait de l'inconfort de la situation. Et, le premier matin, à la fin de la séance, tous et toutes sans exception étaient encore à l'œuvre. J'étais le témoin d'une ferveur qui avait occulté le temps et l'absence de confort physique. On n'avait plus ni mal au dos ni aux jambes. Les participants négociaient pourtant avec des douleurs souvent aiguës, dues principalement à la position au sol. Tout s'abolissait dans l'acte créateur. On pourrait même dire que chacun s'oubliait dans le geste. Chacun négligeait ses petits bobos et ses caprices habituels. Les fumeurs oubliaient même la cigarette de la pause.

Le séminaire ne semblait pas prendre la direction anticipée. À l'hôtel, j'ai confié mon inquiétude à Pierre, qui m'a répondu : « Ne t'inquiète pas. Je suis convaincu que demain il y en aura déjà deux ou trois qui hésiteront à venir. » Mais non, le lendemain, ils étaient tous à l'heure pour monter dans le car ! Je n'avais jamais vu cela, moi qui avais vécu plusieurs voyages de groupe.

Ce matin-là, les participants ont voulu prendre leur pause sans arrêter de sculpter et, au bout du temps alloué, ils nous ont supplié de leur accorder une demi-heure de plus. Ils voulaient même revenir l'après-midi. Je n'en revenais pas ! Nous avions préparé le scénario idéal pour faire face à la lassitude éventuelle d'un participant, voire du groupe entier, mais rien de tel à l'horizon, même lointain. Or, nous voulions nous servir de ces moments d'exacerbation pour atteindre les expressions de la rigidité profonde ! Mais il n'y en avait pas ! J'étais confondu.

« Ça va mal, ils vont bien ! »

Cet après-midi-là, j'ai dit à Pierre : « Ça va mal, ils vont bien ! » Il a alors eu une véritable inspiration : « Au lieu de regarder pourquoi ils devraient aller mal, m'a-t-il suggéré, nous allons regarder ce qui fait qu'ils vont si bien. » C'était une proposition fort simple et, dans les conditions que nous traversions, elle m'a paru géniale. En effet, examiner pourquoi nos participants allaient bien était une bonne piste. Qu'est-ce qui pouvait expliquer leur état ?

Le premier élément que nous avons pu isoler est une chose que nous n'aurions jamais pu prévoir : la sculpture de la pierre présentait un tel degré de difficulté que, dès les premières minutes, les participants avaient tous compris en leur for intérieur qu'ils n'arriveraient pas à grand-chose. Ils avaient donc abandonné toute attente d'un résultat spectaculaire. D'un seul coup, ils s'étaient trouvés sous le signe d'un jeu gratuit et sans prétention. Bref, j'étais devant trente enfants dans leur carré de sable qui, de plus, protestaient quand papa leur rappelait qu'il fallait rentrer pour manger.

Second élément : comme aucun d'entre eux n'avait jamais sculpté la pierre, ils se retrouvaient tous à la même enseigne, libre de jugements et de comparaisons, prêts à s'émerveiller des trouvailles de leurs voisins, plutôt que de se chagriner en raison de leurs propres incapacités et d'entrer en compétition. En somme, leurs personnalités n'étaient pas en jeu. Pendant ces heures, ils étaient libres de leur personnage ou de toute prétention à quoi que ce soit.

La remarque de Pierre, tout inspirée qu'elle fut, ne sauvait pourtant pas notre séminaire. Les propos que nous avions préparés pour l'émailler de jour en jour devenaient pratiquement désuets. Il était clair, si nous voulions aller à la chasse aux rigidités, que nous devions changer notre fusil d'épaule.

Suivant toujours le fil de son inspiration, mon collaborateur m'a alors fait remarquer que toute cette ferveur faisait monter une question qui allait peut-être sauver notre entreprise : comment se faisait-il que le reste de nos vies ne ressemblait pas à cela ? Se pouvait-il que nos vies de couple, nos amitiés, nos familles, nos professions s'alourdissaient tout simplement parce que nous étions sans cesse dans l'attente de résultats, et que cette tension vers la performance soit si grave et si sérieuse que nous y ensevelissions toute légèreté, tout sens du jeu et toute liberté ?

De façon inattendue, grâce à cet atelier de sculpture, le groupe entier était tombé dans le mouvement, dans la souplesse et dans la lumière. Nous pouvions maintenant nous servir de cette expérience de fluidité pour comprendre les rigidités de nos vies habituelles. Nous avions fait l'erreur de chercher les raideurs à la mauvaise place. En effet, la métaphore par rapport à la vie était parfaite : on est mal installé ; c'est difficile ; le temps est trop court et on ne se sent pas à la hauteur. Cela ressemble tout de même un peu à la vie de tous les jours, non ? Sauf que dans l'atelier, cela n'affectait pas la légèreté et n'entraînait pas de lourdeur ou de fatigue particulière. Alors que les mêmes conditions dans la vie courante nous menaient au bord de la catastrophe – à moins, bien entendu, que tout cela n'arrive qu'à moi !

Qu'est-il arrivé à nos carrés de sable ?

Était-il donc vrai que l'attente d'un résultat par rapport à un couple, par rapport à un enfant, par rapport à une amitié ou à un partenariat en entreprise nous gâche la vie à ce point ? La terrible réponse était *oui*. La réponse imparable était oui, oui à en pleurer ! Qu'était-il arrivé à notre créativité, à nos carrés de sable, à nos enfances légères ? Nous étions-nous éloignés à ce point de notre essence créatrice ? Au cours de ce séminaire, chacun a pu constater à quel point il était pris dans les rets du personnage, avec son filet de peurs, de doutes et de croyances négatives. C'est comme cela, en retrouvant son élan naturel, que chacun a pu se rendre compte qu'il menait sa vie d'une façon qui ne lui faisait pas de bien du tout.

Ma propre expérience confirmait celle des participants. Pendant l'atelier, je vivais aussi quelque chose de l'ordre d'une ferveur sans concentration mentale. Guidé par mon image intérieure, abandonné à une tâche impossible, jouant de mes habiletés et riant de mes maladresses, composant avec les veines de la pierre pour un bonheur ou un malheur passager, j'étais à l'œuvre comme on pourrait être à l'œuvre de soi ou de la vie quand on gagne de la légèreté. Une porte incroyable s'ouvrait pour moi, une façon de vivre ma vie de façon très différente, dans une attitude de lâcher prise.

Ce fut une grâce ineffable de connaître ces moments de création libérés du personnage. Cela me fit même dire au groupe : « On ne crée pas pour se guérir de quoi que ce soit. Toutefois, la création, lorsqu'elle nous entraîne dans de tels sentiers, nous guérit. Elle nous guérit de nous-mêmes. Elle nous guérit de la maladie du résultat et de la performance. Elle nous guérit des comparaisons et des jugements. Elle nous guérit du fléau de la prétention et de la perfection. »

Sans expérience, devant une pierre, on ne peut prétendre à quoi que ce soit, et cela soulage, cela fait du bien. Et surtout, cela nous permet de réapprendre quelque chose que chaque enfant éprouve : le plaisir du moment présent, un moment vécu dans la simple joie d'être, dans la simple évidence de l'existence et du jeu. Au bout du compte, le fait d'avoir pu sculpter la pierre m'a donné une force et un courage devant la matière – un courage dont j'ignorais même l'existence.

JE NE SAIS PAS CE QUI ME PASSIONNE

Comme nous venons de le voir à travers l'expérience indienne, ce n'est pas toujours en faisant une chose pour laquelle on a un talent quelconque que l'on retrouve la joie de créer, loin de là. Dernièrement, pour la télévision québécoise, j'ai animé un atelier où j'ai reçu douze personnes qui disaient ne pas savoir ce qui les passionnait. Pour les aider à trouver des éléments de réponse, j'avais invité Yolande Brouillard à coanimer l'émission[59].

Lorsque des gens se déclarent incapables de passion, il se crée en eux une sorte de crispation qui fait en sorte qu'ils deviennent prisonniers de toutes leurs suppositions mentales sur les tenants et aboutissants d'une telle incapacité. Pour certains, cela devient même obsessionnel. Si c'est

---

59. Les Productions Point de mire, *Guy Corneau en atelier*, épisode « Je ne sais pas ce qui me passionne » (titre de travail), Spécialiste invité : Yolande Brouillard, artiste peintre. Document inédit, diffusion prévue sur les ondes de Canal Vie au printemps 2007.

le cas, il ne faut surtout pas tomber dans le piège consistant à raisonner avec eux sur telle ou telle possibilité, car vous n'aurez en définitive que des réponses négatives. Le problème se situe ailleurs.

Ces gens sont en fait coupés de leur élan et ils ne sont pas capables de trouver quelle pourrait bien être leur activité de prédilection. Pourtant, c'est là qu'ils se concentrent et cette concentration devient un obstacle majeur qui ne permet plus de bouger. Il s'agit donc plutôt de les faire revenir au monde des sensations de façon à discontinuer ce discours mental et à leur faire reprendre contact avec la pulsion.

Après avoir exploré et remis en question quelques mythes autour de la passion – qui faisaient qu'ils s'attendaient à ce qu'une force spectaculaire les soulève de l'intérieur et les jette dans les bras de la création comme on se jette dans les bras d'un amoureux –, nous avons pu commencer à travailler. Le premier exercice que Yolande a proposé aux participants a été de fermer les yeux pour une visualisation en détente, au cours de laquelle ils devaient se retrouver en enfance. Ils devaient retrouver un moment de connexion avec eux-mêmes et dessiner l'impression qu'ils en avaient.

Les douze dessins qui sont sortis de cette expérience nous ont renseignés immédiatement sur ce qu'il en était de l'élan créateur. Si une bonne moitié du groupe présentait des visions colorées et joyeuses, les autres avaient des dessins où le noir et la déconnexion avaient déjà pris place. Deux de ces esquisses m'ont particulièrement impressionné. Dans l'une, l'enfant se trouvait séparé d'un paysage bucolique par une barrière brune qui lui interdisait l'accès à cette légèreté. Dans l'autre, tout était léger, sauf que la personne se trouvait en déséquilibre sur une grosse pierre noire qui symbolisait une assise déjà teintée par le malheur.

Ensuite, Yolande a amené les participants à reprendre le chemin de leur visualisation pour poursuivre leur route jusqu'à l'adolescence. Quel était à ce moment-là le sort de leur pulsion de vie ? À ma grande surprise, presque tous les dessins ont pris des allures sombres. Après avoir exposé les deux dessins de chacun, nous avions un portrait très clair des contractions parfois précoces qui avaient amoindri leur élan créateur. Il ne pouvait y avoir de compte rendu plus clair des fameuses cuirasses corporelles dont fait état Marie Lise Labonté dans son œuvre.

À la suite de ce constat, j'ai guidé une intériorisation où je leur ai proposé la vision d'un monde sans limites : « S'il n'y avait pas de limites, s'il n'y avait pas de contraintes financières, familiales, sociales, etc., à quoi ressemblerait votre élan créateur aujourd'hui ?» Cette fois, ils devaient, les yeux fermés, sculpter dans l'argile l'image de cet élan.

Une dizaine de minutes plus tard, lorsqu'ils ont rouvert les yeux, plusieurs les avaient plein de larmes. Ils étaient étonnés par la beauté ou l'étrangeté des formes qu'ils avaient créées. Ils se sont mis à parler de ce que ces sculptures évoquaient pour eux et se sont rapprochés de celles des autres qui les attiraient. Ils retrouvaient tout simplement leur capacité de créer et d'imaginer, et ces nouvelles sensations allaient, pour inventer la suite, devenir une base plus sûre.

À la fin, ces personnes ne savaient pas plus quel serait leur champ d'action privilégié, mais, pour sûr, elles savaient maintenant qu'elles pouvaient créer et elles connaissaient un peu mieux la période où s'était produite la déconnection d'avec leur puissance créatrice. Elles savaient aussi qu'elles avaient des rêves, et que les réaliser en s'y prenant du mieux que l'on peut suffit largement.

Quelques minutes de musique par jour...

J'avais utilisé le même subterfuge avec la dame dont je vous ai parlé au tout début du livre, celle qui ne comprenait pas ce que signifiait «être soi-même».

« Si vous retournez dans votre passé, lui avais-je demandé, n'y trouvez-vous pas une activité qui vous a passionnée ?

– Adolescente, j'adorais la musique classique, a-t-elle confessé spontanément. Nous étions une petite bande et nous suivions un groupe de musiciens dans leurs déplacements. Puis je me suis mariée, j'ai eu des enfants et j'ai laissé la musique derrière moi. J'avoue que j'ai la nostalgie de ce temps merveilleux, car aujourd'hui je n'écoute plus jamais rien et je ne vais plus aux concerts.

– Très bien ! ai-je répondu. Cette semaine, je vous propose de vous livrer à l'exercice suivant : vous allez écouter quelques minutes de musique classique chaque jour. Une fois les premiers émois passés, je vous invite à rêvasser, tout simplement. Laissez-vous porter par le fil mélodique et imaginez comment la vie avec vos enfants pourrait être plus heureuse, ainsi que la vie avec votre mari. Pensez également à vous.

« Laissez les choses se présenter d'elles-mêmes. Ne faites aucun effort particulier. Ne cherchez rien de spécial. Même si rien ne se présente, continuez à vous détendre et à jouir de votre écoute. Ne vous donnez pas de limites et, surtout, n'entreprenez rien de ce que vous entrevoyez. Après une semaine, songez à un geste concret que vous pourriez intégrer dans votre vie, pour le simple plaisir de la chose. Si cela demande un effort, laissez tomber et contentez-vous de déguster cet état intérieur. »

Par cet exercice, je voulais souligner qu'il est important, dans un premier temps, d'entrer en contact avec soi-même dans un esprit de détente. Sinon, il n'y a que le mental qui travaille et l'on n'arrive à rien. On peut contacter son essence individuelle et créatrice à n'importe quel moment. Il s'agit simplement de privilégier ce contact au-delà de la peur, et même s'il a toujours été interdit.

Cet exercice vaut pour tout le monde et vous pouvez le reproduire, de même que ceux des dessins. Vous constaterez rapidement que la qualité de la détente et celle de l'imagination jouent un rôle central dans la reprise de contact avec soi. Je vous expliquerai pourquoi dans le chapitre suivant, où nous parlerons de la manière de nourrir la pulsion créatrice. Pour le moment, continuons notre investigation.

Une autre façon de trouver ce que l'on aime

Si vous êtes particulièrement inhibé, il existe une autre façon de vous mettre en contact avec ce que vous aimez. Lors d'un atelier, une participante a déclaré qu'elle ne connaissait même pas les couleurs qu'elle aimait. Je lui ai alors demandé de me décrire son amoureux idéal. Elle a expliqué à tout le groupe qu'elle pourrait aimer un homme qui avait fait le tour du monde et qui avait rencontré le dalaï-lama.

C'était si original et précis que cela a attiré mon attention. Je lui ai suggéré que cet homme idéal représentait son *animus* et qu'il semblait que son âme avait fort envie de bouger tant sur le plan géophysique que sur le plan spirituel. Bref, c'est elle qui devait entreprendre son tour du monde et aller à la rencontre du sage tibétain.

Cette réflexion l'a frappée avec la force de l'évidence. Du coup, elle retrouvait son goût pour la nature et les couleurs. « Je m'aperçois que je sais très bien ce que j'aime, a-t-elle conclu. Mais je me suis toujours occupée des désirs des autres. Les miens ont été occultés jusqu'ici. Et j'ai quarante ans et trois enfants ! »

LE POUVOIR D'AIMER

Lors d'un séminaire intitulé *Le pouvoir d'aimer*, animé avec mon fidèle comparse Pierre Lessard au sein de Cœur.com, nous avons consacré un après-midi à quelques exercices visant à aider les participants à toucher leur essence créatrice. Ce travail se faisait dans la perspective d'alléger le lien de dépendance qui les attachait à autrui, dans l'ignorance de leurs ressources personnelles. Ces exercices reprenaient les grandes lignes de ce que nous avons vu plus haut, mais à partir d'un angle sensiblement différent.

Précisons à nouveau le terme *créativité*, de façon plus spécifique cette fois. Nous pourrions dire qu'il y a deux formes de créativité. La première est liée à une reconnaissance sociale, et pour établir un être comme « officiellement » créateur, si l'on peut parler ainsi, plusieurs critères sont en jeu. En plus de l'exercice d'un talent, il faut que ce talent soit confirmé par un groupe d'experts spécialisés dans le domaine. Un peintre ou un scientifique connu n'ont pas seulement une aptitude particulière pour les couleurs ou la recherche, ils connaissent les règles de leur art et exercent cet art d'une façon qui fait consensus dans leur discipline. De plus, leurs découvertes participent d'une certaine façon à l'esprit du temps, et obtiennent l'assentiment du public. L'étude de ces créateurs a inspiré Mihaly Csikszentmihalyi, qui leur a consacré son dernier livre[60].

Cependant, dans notre ouvrage, ce type de créativité ne nous concerne que partiellement. J'ai voulu mettre l'accent sur la seconde forme de créativité, celle qui se centre sur l'expérience subjective de la création. Même si souvent elle n'est pas reconnue par quiconque à part soi, elle permet de se mettre en symbiose avec son essence créatrice individuelle, et c'est ce qui compte.

Cela nous amène à discuter de la notion de talent. En cherchant ce qui nous passionne, il est bon de ne pas se braquer sur une activité en particulier, comme ce jeune homme qui est venu me voir après une conférence et qui m'a dit que son désir était de devenir pilote d'automobile

---

60. Mihaly Csikszentmihalyi, *op. cit.*, p. 29.

de formule 1, mais que le manque d'argent l'empêchait de réaliser son rêve. Ce jeune homme mélangeait plusieurs niveaux de réalité. Il avait sans doute un talent pour la conduite automobile, mais son envie d'être champion relevait davantage d'un besoin d'être reconnu. Ce besoin de reconnaissance était associé à des blessures du passé plutôt qu'à un élan réel.

Autrement dit, le goût de conduire un engin quelconque peut relever d'une aptitude qui donne le goût de vivre, et c'est tant mieux. Cependant, si l'on s'exécute dans un esprit constant de compétition en exigeant de soi-même d'être champion, on ne fait qu'obéir aux diktats de la personnalité. En réalité, on court de bonnes chances d'être coupé de soi-même pendant toute la durée de l'exercice.

Je fournis cet exemple à titre indicatif pour bien faire sentir la visée qui est la nôtre. Il n'est pas rare qu'après une longue détente une personne déclare qu'elle a senti que son élan fondamental consistait à trouver son âme sœur ou à posséder une belle maison. Autant dire qu'elle n'a pas bien saisi la nature de l'exercice, qui est de trancher à travers la notion de dépendance en découvrant ses propres ressources. Dans ces exemples, le bonheur demeure conditionnel, car il repose sur une réalisation extérieure, alors que l'on n'a pas touché à son essence individuelle.

Il n'y a pas de doute dans mon esprit qu'un grand amour ou un confort physique puissent constituer des environnements qui favorisent un contact avec soi. Toutefois, si l'on demeure projeté dans ces accomplissements sans retrouver le sens de ce que l'on est, le risque de s'écrouler, s'il y a perte d'un de ces éléments, demeure très probable, car toute l'animation venait de l'extérieur. Au demeurant, qui dit que votre âme sœur va vous emporter au paradis ? Une âme sœur est une personne qui nous fait évoluer sur le chemin de soi, et elle le fait souvent en nous servant moult confrontations.

Les questions pertinentes seraient plutôt les suivantes : que va-t-on faire dans la belle maison ? À quel projet créatif servira-t-elle ? Que va-t-on faire avec cette âme sœur ? Quelle perspective amoureuse pouvons-nous élaborer ensemble ?

Votre famille d'élans

Vous pouvez éviter le piège du talent déterminé de façon trop pointue en vous situant d'abord dans une *famille d'élans*. Si le terme vous fait peur, pensez en termes de goûts profonds. Quelles sont les activités ou les milieux qui vous ont attiré spontanément depuis votre plus tendre enfance ? Quels sont les actes dont vous avez été témoin qui vous ont captivé ?

Par exemple, j'ai découvert très tôt dans ma vie que j'avais une facilité oratoire. J'étais fasciné par ceux qui parlaient en public et, bien qu'affublé d'une timidité sans nom, j'arrivais à la dépasser lorsqu'il s'agissait de parler devant un groupe. De façon précoce, je me suis intéressé au théâtre, aux cours de diction et aux saynètes que l'on invente pour faire rire les copains. Cette aptitude à l'expression s'est doublée par la suite d'une propension à enseigner et elle a fini par prendre la forme de livres, de conférences et d'émissions de télévision.

Même lorsque j'écris de la poésie ou lorsque j'ai écrit pour le théâtre, le contenu didactique de ces arts d'expression m'a intéressé au premier chef. J'ai remarqué que l'art où l'on n'apprend rien sur soi-même ou sur la vie ne m'intéressait pas. Je pourrais donc dire que j'appartiens à une famille d'élans qui se situent du côté de l'enseignement par l'exercice de la parole. J'aurais pu tout aussi bien devenir acteur, instituteur ou même me retrouver dans une profession, celle de comptable, par exemple. Moi qui n'ai aucune propension pour les chiffres, je suis certain que j'aurais fini par enseigner cette pratique aux autres.

Il n'y a pas que la famille des enseignants. Il y en a d'autres que l'on peut identifier facilement. Mentionnons celle des soignants, où l'on trouve thérapeutes, infirmiers, médecins, « bonnes-mamans » et accompagnants naturels en tout genre, bref, ceux et celles qui s'intéressent à la santé, au bien-être et à l'équilibre de façon générale. Si l'on se reconnaît dans ce groupe, on pourrait par exemple être danseur et avoir tourné son talent vers la danse thérapie, parce que participer à l'acte de guérison nous intéresse au plus haut point.

Il y a également la famille des constructeurs. Ce sont des fondateurs d'associations, des piliers d'organisations, des ouvriers qui ont à cœur d'établir des structures dans lesquelles les gens peuvent vivre. Ils peuvent faire le *design* d'un modèle informatique ou d'une maison. Peu importe leur sphère d'activité, ils voudront mettre en place l'ossature nécessaire pour que cela soit à l'épreuve du temps. La pérennité des entreprises les interpelle et, comme vous le voyez, ils sont d'une nécessité évidente.

Un ami me racontait qu'ayant amené son fils voir les décorations de Noël d'un grand magasin, le gamin, plutôt que de s'intéresser à la féerie des images, voulait surtout savoir comment elles pouvaient bien tenir au mur. Il révélait ainsi son âme de constructeur. Interloqué, mon ami s'est dit que son fils était avant tout manuel et que la structure des choses le fascinait plus que leur esthétique.

Je n'oublie pas la famille des artistes, qui nous entraîne vers les chemins symboliques et nous permet d'élaborer nos ressentis de base pour qu'ils soient compréhensibles et transformables. Ils nous aident à sortir du barbarisme des impulsions, car mieux vaut lancer un mot que lancer une pierre.

Comme je le disais, il est bon de retrouver sa famille de talent afin de ne pas se coincer soi-même en cherchant un type d'activité trop spécifique – un tour que l'on se joue souvent. Il ne faut pas oublier que la créativité humaine est extrêmement plastique et inventive. On peut écrire des chansons pour se guérir et guérir autrui. On peut en écrire pour enseigner quelque chose. On peut même en écrire pour stimuler la fondation d'une société nouvelle. On peut également construire des maisons respectueuses de l'environnement et qui participent à la guérison des êtres et de la planète. Je connais même des financiers qui font profiter les autres de leurs aptitudes en administrant des organismes d'aide aux jeunes – tout simplement parce qu'ils sont des soignants naturels.

Déterminer sa famille d'élans

Comment reconnaît-on sa famille d'élans ? L'exercice qui suit pourra vous aider.

Dans un environnement calme et, si vous le souhaitez, avec une musique qui vous inspire, allez vers la détente en respirant doucement. Ces différents éléments stimuleront les images intérieures. De cette façon, vous allez entreprendre l'inventaire des activités qui vous ont intéressé à différents moments de votre vie. Toutefois, votre intention doit être claire, c'est primordial. Vous n'allez pas à la pêche à n'importe quoi, vous allez à la pêche de vos goûts profonds.

Les yeux fermés, imaginez maintenant ce qui vous intéressait quand vous aviez huit ans. Laissez-vous interpeller par ce qui vient facilement, même si cela semble absurde au premier abord. Tirez le fil, c'est tout. Entrez dans cet exercice de mémoire affective avec le plus de précision possible. Il est de première importance d'imaginer les scènes avec un luxe de détails. Le lieu physique, la texture des vêtements, des murs et des meubles, les personnes présentes, l'heure du jour, la lumière, la saison... chaque élément joue son rôle pour vous aider à évoquer les traces de l'élan de vie. Si des scènes s'enchaînent spontanément, laissez-les s'enchaîner. Si cela va trop vite, accordez votre attention à celle qui vous semble la plus parlante pour vous.

Puis, revenez à votre respiration et passez doucement à l'âge de la puberté et de l'adolescence. Ces périodes de la vie sont d'autant plus intéressantes qu'il s'agit souvent de périodes remplies d'idéalisme, et où la peur semble moins inhibitrice.

Une fois ces étapes parcourues, revenez à votre respiration. Cette fois, imaginez comment s'est faite votre entrée dans le monde adulte. Qu'est-ce qui vous captivait à ce moment-là ? Et ainsi de suite, jusqu'à votre âge actuel, en n'oubliant pas de respirer calmement chaque fois que vous changez de période.

En laissant venir tout ce qui se présente avec une attention bienveillante et une intention claire, vous remarquerez peu à peu qu'un certain type de situation se répète. Il s'agit d'une tendance directrice, qui vous indiquera la direction que prennent vos envies profondes.

Il est intéressant de se situer dans une famille de goûts avant de se situer dans une activité spécifique, car cela vous permettra de ne pas rompre brutalement avec votre présent si vous jugez, par exemple, que vous n'exercez pas dans le bon domaine. Avant de changer sous le coup d'une révélation, songez plutôt à la manière de faire différemment ce que vous faites – soit d'une façon qui la rapprochera de votre élan réel.

Cette manière de procéder possède l'immense avantage de nous faire réaliser que mettre son élan en pratique ne relève pas uniquement d'un luxe que seuls quelques privilégiés qui ont la chance de faire ce qu'ils veulent peuvent s'accorder. Il s'agit beaucoup plus d'une attitude intérieure qui peut s'appliquer dans différentes sphères – le tout dépendant de la façon dont on les approche.

Habileté acquise contre talent naturel

Venons-en maintenant aux aptitudes plus fines, aux talents et aux dons, si vous préférez. Pour les approcher, nous utiliserons un autre type d'exercice.

1. Prenez un papier et un crayon et faites la liste, pêle-mêle, de tout ce que vous savez faire et de tout ce que vous aimeriez faire, que ce soient des aptitudes développées, ou d'autres qui sont restées au repos. Par exemple, la dame de tout à l'heure aurait pu inscrire : « peindre » dans sa liste, même si elle n'avait jamais touché un pinceau. Prenez le temps nécessaire pour faire votre inventaire.

2. Ensuite, identifiez, dans la liste que vous venez de faire : a) les activités qui correspondent à des habiletés acquises ; b) celles qui correspondent à des talents naturels ; et c) celles qui correspondent à des fonctions de ressourcement. Vous pouvez même en faire trois listes différentes pour que ce soit plus clair.

Les habiletés acquises sont celles que nous avons développées en fonction des nécessités de la vie, et cela même si elles ne nous intéressaient pas particulièrement. Par exemple : « Je ne m'en tire pas trop mal avec la gestion de projet, mais ça ne me fait pas vibrer. »

Les talents naturels correspondent, eux, à des penchants naturels, même s'ils ont entraîné une acquisition de connaissances. « Lorsque je prends quelques minutes pour faire de la musique, cela me remplit d'énergie et j'en ressors plein d'inspiration. Cela change ma journée et me donne le goût de vivre. » Le don suit le même ordre d'idées que le talent. Il décrit une aptitude exceptionnelle.

Finalement, il y a des activités comme faire l'amour, se balader en montagne ou méditer, qui relèvent plutôt d'une façon de se ressourcer au sens large.

Une fois ces listes faites, vous serez à même de constater par vous-même si vous exprimez vos talents et votre essence créatrice ou si, au contraire, vous avez été amené à les négliger au profit d'habiletés qui ne vous tiennent pas vraiment à cœur, quelles qu'en soient les raisons. Ne vous sentez surtout pas coupable, voyez plutôt ce que vous pouvez changer pour modifier un tant soit peu la situation.

Si tout était possible

Afin de vous aider un peu mieux à déterminer ce qui vous tente vraiment dans la vie, je vous propose un autre exercice qui s'apparente à celui que Yolande et moi avons fait faire aux participants de notre atelier télévisé. Il serait préférable que vous soyez étendu par terre pour le faire et qu'une musique de votre choix vous accompagne. Mais il peut aussi se faire assis.

Prenez à nouveau contact avec votre respiration et attendez que le calme s'installe en vous. Imaginez que vous êtes un oiseau et que vous vous envolez librement dans les airs, jouissant de ce magnifique espace d'expression. Volez, voguez dans l'univers autant que vous le souhaitez, vous enivrant de ce mouvement d'ouverture.

Du haut du ciel, contemplez votre vie et permettez-vous d'imaginer qu'il n'y a pas de limites et que vous avez vraiment le loisir d'être ce que vous voulez être, pour la simple joie, dans n'importe quelle sphère de votre vie. Imaginez-vous au meilleur de vous-même et goûtez ce bonheur intérieur. Dégustez-le amplement, aussi longtemps que vous le désirez.

Puis, toujours du haut du ciel, laissez venir à vous les obstacles qui entravent votre mouvement créateur. Laissez-les se présenter à vous, sans jugement par rapport à vous-même ni par rapport aux gens qui ont produit ces écueils.

Aujourd'hui, vous avez le pouvoir de modifier une partie du présent que ces obstacles ont conditionné. Adressez-vous au meilleur de vous-même – que vous l'appeliez votre soi, votre conscience, votre âme, votre ange gardien ou votre guide intérieur – et laissez-le vous inspirer la manière dont ce présent pourrait être modifié. Laissez-vous suggérer une action ou une activité dont la pratique équivaudrait à un geste de respect et d'amour par rapport à votre essence créatrice.

En terminant l'exercice, laissez l'oiseau se poser. Mettez les mains sur votre bas-ventre, où siège votre pouvoir créateur, et engagez-vous envers le meilleur de vous-même à manifester **l'action** que vous avez entrevue concrètement. N'allez pas vers quelque chose de grandiose. Privilégiez un élément qui est à votre portée.

Ne vous relevez pas sans avoir eu un moment d'accueil total de vous-même, et ne vous imposez aucune pression par rapport à la réalisation concrète des résultats de cet exercice. N'entrez pas dans le jeu de la culpabilité si vous n'êtes pas en mesure de suivre vos intuitions pour le moment. Un jour viendra où vous serez prêt. Aussi sûrement que l'aube arrive après la nuit.

S'AUTORISER, SE DONNER LA PERMISSION

Vous avez sans doute noté qu'il y a, dans l'exercice qui précède, un engagement envers la partie créatrice de soi. Un tel engagement par rapport à un geste concret se situant en rapport avec l'essence créatrice individuelle a pour effet de faire baisser la tension intérieure – tout comme si vous accordiez votre attention à un enfant qui la réclame depuis des heures.

Cependant, il y a autre chose. Ce que je ne vous ai pas encore dit dans ce chapitre, c'est que le contact avec votre puissance créatrice et son expression est fonction de la permission que vous vous accorderez à devenir vous-même. Il ne se passera rien sans que vous ne le permettiez. Telle est l'étendue de votre liberté. Vous êtes en mesure de vous autodétruire sans que rien de spectaculaire n'intervienne pour vous en empêcher, à part, bien entendu, la somme de malaises, de maladies et de conflits que vous arriverez à produire.

Même si, après avoir lu ce chapitre, vous vous sentez impuissant à aménager un changement quelconque, ne vous faites aucun reproche. Passez un moment au calme et, du fond du cœur, entrez en contact avec la partie créatrice de vous-même. Accueillez-la avec amour. Dégustez sa présence et autorisez-la simplement, dès qu'un changement sera possible, à prendre place dans votre vie. Ouvrez la porte intérieure de ce respect de soi. Je vous assure qu'il ne pourra en résulter que du bien.

Finalement, si l'on voulait résumer en une seule question tout le chemin que nous venons de parcourir, nous reviendrions à celle que nous avons posée plus tôt : qu'est-ce que je reconnais en moi-même, par moi-même, qui me donne le goût de vivre ?

Qu'est-ce que je reconnais en moi-même, par moi-même, qui me donne le goût de vivre ? Tout repose dans la réponse à cette question. Plus vous arriverez à favoriser ce que vous ressentez comme étant juste pour vous, plus votre vie s'intensifiera et plus vous serez serein. Même les dépendances qui vous affectent perdront de l'intérêt à vos yeux et, finalement, vous changerez sans que cela ne fasse mal.

EN BREF

À la suite des longues explications psychologiques qui ont précédé, j'ai voulu que ce contact avec l'essence individuelle soit d'ordre essentiellement pratique. D'entrée de jeu, à travers plusieurs exemples, j'ai expliqué que sortir de l'attente d'un résultat était une condition essentielle à la découverte de cette essence individuelle et créatrice, fille de la pulsion de vie universelle. Ensuite, je vous ai dit que ne pas savoir ce qui est juste pour soi relevait souvent de la perte de contact avec la sensation de pouvoir créer.

Ces éléments étant posés, je vous ai guidé à travers des exercices pratiques de façon que vous puissiez tenter de déterminer par vous-même votre famille d'élans, celle qui est reliée à vos goûts naturels. Ensuite, j'ai distingué ce qui est de l'ordre des talents naturels et ce qui est du domaine des habiletés développées pour survivre, ou parce que celles-ci plaisent aux autres et nous gardent dans leur estime. Je vous ai finalement conseillé un exercice permettant un engagement par rapport à un geste concret.

Tout cela n'est pas aussi simple qu'il y paraît et suscite certainement un grand nombre de questions. J'imagine que beaucoup de « oui… mais » se sont levés en vous au cours de votre lecture. Nous les aborderons plus loin. Pour le moment, dirigeons-nous du côté de ce qui nourrit la pulsion créatrice, car, contrairement aux idées reçues, c'est souvent en s'occupant de tout autre chose que de nos problèmes que les solutions apparaissent.

Chapitre treize

Nourrir le meilleur de soi

LES MÉCANISMES DE GUÉRISON

Dans le chapitre précédent, nous avons abordé les différentes maniè-res de prendre contact et d'exprimer notre essence individuelle – qui se manifeste par le biais des goûts et des talents. Le contact étant fait, nous allons maintenant nourrir le meilleur de soi. Lorsqu'on en arrive aux meilleures façons de cultiver l'élan créateur en soi, ce qui apporte de l'ampleur, de l'expansion et de l'ouverture prend le premier plan. En somme, tout ce qui va élargir le canal et permettre une meilleure circulation de l'énergie, des pensées et des émotions produira par la suite une intensification de la vitalité, une sensation de bien-être et une plus grande capacité de créer. Notre santé va aussi en bénéficier.

Certains professionnels de la santé ont du reste commencé à appli-quer ces façons de penser dans le traitement des maladies graves. Le psychiatre Jean-Charles Crombez est l'un de ceux-là. Il a créé la méthode ECHO, qui permet de favoriser les mécanismes de guérison chez des per-sonnes qui se trouvent en état de choc à la suite d'une nouvelle trauma-tisante, comme un cancer ou une maladie chronique comme la sclérose en plaques. Il nous apprend que ce que nous appelons la santé est plutôt une question d'équilibre :

> En fait, lorsque nous allons bien, nous allons plus mal que nous ne le pensons, car les facteurs qui entraînent la maladie sont sans cesse en action. De même, lorsque nous sommes malades, nous ne sommes pas aussi malades que nous le croyons, car la partie en bonne santé et son arsenal de mécanismes de guérison continuent d'agir[61].

La médecine s'adresse directement à la partie malade et tente de subjuguer la maladie lorsqu'elle survient. Néanmoins, Crombez nous dit que nous pouvons, de façon complémentaire, soutenir la partie en bonne santé, car elle continue d'exister elle aussi. Pour cela, explique-t-il, il s'agit de prendre contact avec notre rythme naturel et de laisser faire la nature, car les mécanismes de guérison sont si complexes et si globaux que nous ne pouvons les analyser complètement au niveau scientifique. Nous savons seulement qu'ils agissent.

Crombez utilise l'exemple de la personne qui court après un autobus et qui, tout à coup, décide d'aller à son rythme plutôt que de s'essouffler. D'une manière mystérieuse, explique-t-il, ce changement d'attitude va influer sur les mécanismes de guérison et les stimuler. Autrement dit, chaque fois que nous allons du côté d'un plaisir nourrissant, nous pouvons être certains que nous sommes en train de faire quelque chose de bon pour nous. Il va même jusqu'à dire que, si la maladie entraîne des fatigues qui obligent une personne à se reposer fréquemment, ces périodes agiront différemment selon que cette personne se sent coupable des repos qu'elle s'accorde, ou qu'elle les déguste comme des moments où elle fait quelque chose pour se respecter.

Comme moi, Jean-Charles Crombez utilise l'image de l'enfant qui joue dans son carré de sable. Il nous explique qu'il se passe là quelque

---

61. Productions Point de Mire, *Guy Corneau en atelier*, « La guérison » (titre de travail). Spécialiste invité : Jean-Charles Crombez, psychiatre, document inédit, diffusion prévue sur les ondes de Canal Vie au printemps 2007.
On peut aussi consulter : Jean-Charles Crombez, *La méthode en ECHO. Une traversée vers l'implicite*, Montréal, Les Éditions de l'Homme, 2006.

chose de très important puisque le bambin y exprime, à son insu, tout ce qui le traverse. Sur le mode du jeu, un jeu « très sérieux », confirme le psychiatre, l'enfant exprime sans s'en rendre compte ses peines, ses joies, ses frustrations et ses désirs. Cela contribue de façon indéniable au maintien de sa santé.

Ainsi, Crombez nous fait comprendre que, si nous ne pouvons pas faire beaucoup par rapport aux limites qu'une maladie impose, nous avons par contre la possibilité de modifier notre attitude psychologique. C'est même la seule chose que nous pouvons apprendre à maîtriser. Nous devons, pour cela, créer notre carré de sable intérieur et jouer alors avec nos sensations et nos sentiments comme avec autant de jouets internes.

Disons, par exemple, qu'une problématique quelconque a entraîné chez vous de grandes contractions, et même de la détresse. Lorsque vous créez votre carré de sable intérieur, localisez d'abord où se trouve le foyer de la douleur puis, la ressentant, laissez votre psyché vous proposer une représentation destinée à décrire votre état : l'image d'une huître fermée, par exemple. À partir de ce moment-là, vous avez un objet intérieur avec lequel vous pouvez jouer.

Vous pouvez entrer en dialogue avec cette huître. Il vous est possible également de l'ouvrir ou de la jeter contre un mur. De toute façon, vous vous rendrez compte que vos actions intérieures ont des effets physiologiques. Si vous permettez une action transformatrice – vous ouvrez l'huître et y découvrez une perle –, il y a de bonnes chances pour que vous notiez que votre respiration s'allège par la même occasion. Vous n'avez pas agi directement sur la maladie ; cependant, vous avez influencé le terrain sur lequel elle prend place, et qui vit de grandes contractions. Les processus de guérison s'en trouvent stimulés.

Ces jeux intérieurs ont beaucoup plus de pouvoir qu'il y paraît au premier abord. Après avoir animé un atelier avec le Dr Crombez, je me suis dit : « Pourquoi attendre d'être malade pour stimuler la partie vivante de soi ? »

Dans les chapitres suivants, je vais donc m'attacher à décrire quelques actions qui peuvent prendre place à l'intérieur de soi. Leur but est de nourrir vos processus de guérison afin que le meilleur de vous-même puisse vous nourrir en retour. Il est également à noter que ces gestes sont efficaces pour autant que vous les ressentiez à mesure que vous les faites, et qu'il ne faut surtout pas tenter de contrôler leur efficacité. Il s'agit, d'abord et avant tout, de s'abandonner. Vous verrez, ce n'est pas difficile et c'est très agréable.

LE JARDIN INTÉRIEUR

Au tout début de ma quête personnelle, j'ai acheté un grand livre illustré. Cet album fascinant était d'inspiration soufie, une tradition dont je connaissais peu de choses. Il s'intitulait *Ô ami en toi est le jardin des fleurs*. En toi est le jardin des fleurs… Longtemps, cela m'a paru une simple référence poétique. Aujourd'hui, ce titre me semble la clé de l'intimité avec le meilleur de soi[62].

Prenez quelques secondes pour imaginer un jardin intérieur. Il affiche des zones d'ombre et de lumière. On peut s'y livrer aux rayons du soleil. On peut s'y reposer et faire la sieste. On peut y écouter le vent dans les arbres et le chant des oiseaux. Il y a peut-être même une fontaine qui émet un léger gazouillement. On peut y contempler quelques sculptures, humer des fleurs et se laisser enchanter par les parfums de la nature. On peut y déambuler et y méditer. On peut y boire et y manger. Bref, c'est un endroit où l'on peut prendre une bouffée d'air frais, dans tous les sens du mot. Il s'agit tout simplement de fermer les yeux, d'oublier ses préoccupations, et de s'abandonner, condition essentielle au ressourcement. Notre réceptivité passive s'ouvre alors et il devient possible de se nourrir de choses subtiles.

À l'évidence, vous avez aussi la possibilité d'aller dans ce jardin la tête remplie de préoccupations. Ce n'est pas grave, le jardin ne vous en voudra pas. Toutefois, il ne pourra rien faire pour vous. Vous resterez enfermé dans la partie mourante de vous-même, dans cet univers concentré qui devient concentrationnaire avec le temps parce qu'on y tourne en rond, comme dans la cour des prisonniers. Cela va tout à fait à l'encontre de notre entreprise.

Comme je l'ai déjà dit, rencontrer le meilleur de soi signifie prendre contact avec la partie vivante de soi. C'est honorer la partie lumineuse, large, abondante. C'est la nourrir, la stimuler, la cultiver. Cela veut également dire que l'on favorise l'intensité de la vie en

---

62. Kabîr, *Ô ami en toi est le jardin des fleurs*, Tours, Atelier de la Martinerie, 1981.

invitant de nouvelles sensations, de nouvelles idées, de nouveaux rêves.

Rencontrer le meilleur de soi signifie également que l'on ressent la pulsion de vie qui nous anime, que l'on éprouve la force de notre élan créateur, que l'on sent de l'intérieur notre union naturelle avec tout ce qui est. Cela se fait d'abord sur le mode de la rêverie, du lâcher prise et de l'abandon.

Le meilleur de soi est déjà présent. Il n'a pas à être créé ou inventé. Il ne s'agit pas d'une autre tâche à accomplir. Il s'agit de permettre un « ressenti », de lui ouvrir la porte, comme on ouvre la grille d'un jardin. Alors, nos capacités subtiles permettent de rencontrer l'océan en soi, le ciel étoilé en soi, chaque partie de l'univers en soi.

Il est capital de comprendre que nous ne sommes pas en train d'ajouter un nouvel élément au programme, dans la mesure où une simple respiration suffit pour entrer en contact avec ce dont nous parlons. Force est de constater pourtant que nous ne trouvons pas de temps à consacrer à cette respiration. Un ami me racontait qu'au début de sa carrière, alors qu'il s'essoufflait à courir d'un rendez-vous à l'autre, il éprouvait souvent une sorte de vertige. Ce vertige le prenait n'importe où, d'une manière inattendue, et il faisait tout ce qui était en son pouvoir pour refouler ce vague à l'âme, ou plutôt cette vague d'âme. Il ne prenait pas le temps de s'arrêter, parce qu'il avait peur de ce mouvement de fond. Il avait peur de ce que ce mouvement lui dirait. Il redoutait surtout de devoir en faire quelque chose.

Comme mon ami, nous passons nombre d'heures à répondre aux demandes des autres, mais nous en consacrons fort peu à fréquenter notre jardin intérieur. Franchement, c'est ainsi qu'on perd le contact avec le meilleur de soi. Si nous ne prenons pas le temps qu'il faut pour vibrer dans la douce sensation de nous-mêmes, pour contacter de l'intérieur ce que nous aimons et ce qui a du sens pour nous, que peut-il advenir de nous ? En raison de cette déconnexion, nous sommes bientôt précipités dans la dépression, la lourdeur et la perte de sens. Parce que, lorsque nous n'autorisons pas la sensation de l'unité en nous, notre univers de dépendance et d'autodestruction se perpétue. Le sentiment de division se trouve sans cesse renforcé et nous cherchons à nous unir aux autres au prix de mille courbettes. La fréquentation du jardin intérieur répond à ce dilemme.

SE DÉTENDRE

Puisque nous parlons jardin, savez-vous que les ventes reliées au secteur du jardinage ont augmenté de 20 % en France en 2006, et que ce secteur est en croissance à peu près partout, y compris au Québec ? En jardinant, on a l'impression de participer intimement à la métamorphose de la nature, on se sent ainsi relié au mouvement même de la vie. En ce sens, faut-il s'étonner du fait que les femmes dominent dans ce marché où elles représentent 60 % de la clientèle ? Ne sont-elles pas naturellement proches de ce monde de création organique ?

En fait, il est prouvé que jardiner induit, dans le cerveau, la production d'hormones qui nous aident à nous détendre et à avoir une vie plus équilibrée. Il en va de même pour le jardinage intérieur. Par exemple, la méditation permet le contact avec les ondes alpha qui nous pacifient. Une expérience très rigoureuse a même démontré que la violence criminelle avait diminué de 24 % à Washington, D.C., pendant les mois de juin et de juillet 1993, alors qu'on y avait accueilli 4000 méditants[63].

Un premier élément associé au jardin du dedans est celui de la détente. La détente contribue à rétablir l'ampleur naturelle de l'être. Nous négligeons son rôle, et pourtant elle produit un effet direct sur nos peurs, dont la conséquence première est la contraction. La relaxation ne sert-elle pas à se décontracter ? Ainsi, pour sortir de nos aspects défensifs et de nos crispations, tout ce qui est de l'ordre de la décontraction est bienvenu. D'ailleurs, n'est-ce pas là la fonction du cocktail que l'on prend en rentrant du travail ?

Qu'il soit petit ou grand, le mérite du jardin repose sur le fait qu'il nous offre une sensation d'espace, et c'est là un second élément qu'il vaut la peine de souligner. Lorsque tout nous contraint, nous avons besoin de réintroduire une sensation d'ouverture dans ce qui est compressé et réduit. Nous avons besoin de donner du jeu à ce qui s'est rigidifié dans l'être.

---

63. Cette expérience a été conduite sous la direction du physicien John Hagelin à Washington, D.C., pendant les mois de juin et de juillet 1993. Quatre mille méditants ont été amenés sur les lieux pour cette expérience sérieusement supervisée par un comité indépendant. La réduction du crime selon le FBI (Federal Bureau of Investigation) a été de 24 %. On trouve un résumé de l'étude sur le site de l'Institute of Science, Technology and Public Policy : www.istpp.org/crime_prevention. John Hagelin la relate dans le film *What the bleep do we know!?*, op. cit.

Plusieurs techniques thérapeutiques permettent cette ouverture – dont la méthode ECHO dont nous venons de parler. En réalité, la plupart de ces techniques visent à réintroduire de la liberté là où il n'y en a plus. Par exemple, lorsque vous racontez vos problèmes à quelqu'un, vous en devenez l'observateur avec lui. Ainsi, la force des dynamiques inconscientes qui ont le pouvoir de vous contraindre de façon irréfléchie devient relative. Vous créez de l'espace intérieur. Vous déliez les attachements inconscients, et de nouveaux choix se présentent. De la sorte, vous favorisez l'apprentissage de nouvelles positions intérieures qui donnent plus de place et de stabilité au moi conscient.

Des techniques non thérapeutiques facilitent le même phénomène. Que vous alliez au jardin pour pratiquer le taï chi, le yoga ou l'anti-gymnastique, à la longue votre capacité de détente s'améliore et la sensation d'espace intérieur croît. Cet état influe positivement sur vos crispations psychologiques et vos mécanismes de guérison.

RESPIRER

Dans les faits, les peurs qui mènent le jeu de la personnalité protectrice affectent directement notre capacité de respirer. Ainsi, au lieu d'avoir une respiration ample qui oxygène l'être et le régénère à chaque inspiration, nous finissons par avoir une respiration contrainte qui le nourrit mal. Voilà pourquoi la plupart des techniques de détente reposent sur la respiration, qui est l'outil le plus facilement accessible et le plus simple que nous ayons à notre disposition pour reprendre contact avec nous-mêmes. Il y a même des sages qui se nourrissent uniquement d'air, tant la respiration peut être puissante. La respiration est, en somme, notre principal instrument d'expansion.

La respiration a une longue histoire, car elle porte celle de la vie animale en elle. La respiration témoigne d'une poussée d'évolution qui part de l'organisme monocellulaire, va jusqu'au poisson, et aboutit à la formation d'une colonne vertébrale. Cette poussée d'évolution, nous la ressentons encore chaque fois que nous respirons. Saviez-vous, par exemple, que les os crâniens et les os du sacrum ont déjà été soudés ? C'est le fait de respirer qui a permis notre avancée en tant qu'espèce. Ainsi, à chaque respiration, nous récapitulons notre histoire, et chacune d'elles permet de pousser encore plus loin l'aventure.

Quand le souffle s'étire et s'élance vers l'inconnu, c'est le moment de l'inspiration. J'inspire, j'accueille l'air dans mes alvéoles pulmonaires et l'univers s'imprime en moi. Je m'informe, je m'instruis, je m'inspire, je m'oriente et j'entre en expansion.

Quand le souffle revient à sa source, c'est l'expiration. J'expire, je pousse l'air hors de mes poumons. Je m'incarne, je m'exprime, je me mélange, je participe.

C'est le miracle du souffle. Où prend-il sa source ? Nul ne le sait. Il est. Il constitue notre mouvement fondamental, un mouvement qui est au cœur de tout ce qui existe. Nous jaillissons ainsi à partir du centre et nous nous déployons, nous nous organisons, nous nous propulsons à partir de ce souffle qui nous habite. Et bientôt, le cœur bat, le sang circule, la vie s'épanouit.

Voici un exemple de la force de la respiration lorsqu'on la pratique avec conscience. Un jour, dans une boutique d'alimentation naturelle, je rencontre un homme qui a fréquenté les séminaires de Cœur.com pendant quelques années. Le dernier atelier auquel il a participé s'intitulait *L'intimité avec soi-même*. J'y parlais d'amour de soi, mais tout cela, me dit-il, ne voulait absolument rien dire pour lui. Il ajoute qu'il a cessé de venir parce qu'il va bien, tout simplement, et que cela s'est produit de façon inopinée, plus exactement après une nuit d'insomnie.

Au lieu de pester en me retournant sans cesse dans mon lit, je me suis vidé la tête, je me suis détendu et je me suis mis à respirer en profondeur, juste pour sentir l'air qui entre et l'air qui sort. C'est là que ça s'est passé. En une fraction de seconde, je me suis mis à ressentir tout mon être. Je me suis mis à être bien. Je suis devenu le témoin de ma propre respiration. D'un seul coup, j'ai compris le sens de l'intimité avec soi-même et je me suis mis à m'aimer et à aimer la vie.

Je vois bien qu'il est presque gêné de la simplicité de sa découverte et qu'il attend mes commentaires. Je lui confirme que non seulement cela me semble plausible, mais que, selon moi, toute la voie est guidée de l'intérieur au moyen de notre ressenti. Avant le réveil du ressenti, on a bien des idées sur soi, mais pas d'intégration réelle. Manifestement, le souffle permet l'intimité avec le soi qu'il recherche. La respiration favorise cette présence à soi et à la vie.

L'air qui entre et qui sort

Goûtons à notre tour à ce dont parle cet homme :

> Dans une position confortable de préférence – assis, couché sur le dos ou sur le côté –, prenez contact avec votre respiration. N'essayez pas de respirer grandement ou petitement, ne cherchez pas la meilleure façon de souffler. L'important est plutôt d'aller à votre rythme. Sentez l'air qui entre et qui sort tout doucement. Prenez conscience que c'est la vie qui est là, votre vie.
>
> Jouissez de cette intimité toute personnelle. Accordez-vous ce moment de confort, sans vous laisser solliciter par l'extérieur. Si des émotions surviennent, accueillez-les sans juger et sans tenter de comprendre. Laissez-les passer comme elles sont venues. Restez aussi longtemps que vous le désirez dans ce moment de détente sensorielle, tout en suivant l'inspiration et l'expiration. Votre seul but est de rétablir la connexion avec vous-même. À l'inspiration, imaginez que vous voguez librement dans l'univers qui s'imprime en vous. À l'expiration, vous vous détendez et vous mélangez votre essence à cet univers infini. Vous ne faites qu'« un » avec lui.
>
> Une fois le courant bien établi, prenez le temps de reprendre le fil de votre journée, sans perdre le contact avec votre respiration, qui se trouve être votre lien avec votre corps, avec votre essence créatrice et avec la vie en vous. Si vous perdez ce contact, vous pouvez y revenir plusieurs fois par heure, ou même par minute, en prenant à nouveau conscience de votre souffle.

Ce que je viens de vous proposer constitue une forme de respiration consciente. Plusieurs maîtres ont dit que c'était la seule chose nécessaire à notre libération, puisque le seul problème consiste à être distrait de la présence de la vie en soi – projetés comme nous le sommes dans toutes sortes d'événements. Lorsqu'on respire consciemment, on a l'impression de communier avec la vie et de s'unir à son immensité. C'est comme si l'univers était en soi et qu'on y participait très intimement. L'avantage de ce type de technique est le suivant : comme la respiration nous accompagne partout, la respiration consciente peut se pratiquer n'importe quand.

Pour nous aider à ressentir, la respiration est donc l'instrument par excellence. Elle permet d'ouvrir les espaces contractés et de gagner de l'ampleur. À partir de là, tout circule mieux sur le plan physiologique et sur le plan psychologique, car le physique n'existe pas de façon séparée du psychique.

La pratique du sport facilite aussi une respiration à tous les niveaux et permet d'entrer dans des états de bien-être et de détente naturelle. Une balade dans la nature favorise également la reprise du mouvement naturel et l'expansion. Tout simplement parce que toute la nature respire. La nature est un immense poumon rempli d'air pur, qui nous aide à oublier nos problèmes. De plus, elle est parfaitement authentique. Elle ne nous demande pas de maintenir une image. Les arbres ne se maquillent pas avant de recevoir notre visite. Nous n'avons pas besoin de les prévenir avant de passer ! Ils sont toujours accueillants.

Même la vie avec un animal favorise notre détente, car les bêtes vivent au naturel. De plus, si vous avez un chien, par exemple, l'obligation de le balader vous forcera à prendre l'air, beau temps, mauvais temps. Jacques Languirand, personnalité très connue des ondes radiophoniques québécoises, fait même des blagues à ce sujet : il dit qu'il est en train d'user son troisième chien !

CONTEMPLER

Vous rappelez-vous les vieux de votre enfance, ou ceux des tableaux anciens, se berçant de longues heures sur les galeries et les balcons, une pipe au bec ? Des soirées entières, sans radio, sans télévision, sans distraction, que faisaient-ils donc ? Ils goûtaient l'air du soir, ils humaient l'humidité du temps, ils contemplaient leurs récoltes, ils regardaient les étoiles. Ils se reposaient. Ils savouraient le calme. Eh bien, dans toute démarche intérieure, il est nécessaire de retrouver ce calme, celui qui permet de sentir et de ressentir la vie, le monde et soi-même. Ce n'est pas religieux, c'est naturel. C'est du sacré au naturel, sans les dogmes et toutes les complications qui viennent avec.

Notre rythme de vie s'est tellement accéléré que ces moments de tranquillité sont devenus très rares. Il nous revient de les recréer. Chacun peut aménager, au cœur de la journée, ses temps de paix. Il peut s'agir de méditation, de contemplation, d'une promenade dans un sentier, de se bercer ou de s'étendre quelques minutes pour se reposer, peu importe. Ces périodes deviendront la fondation du meilleur de soi.

Même si vous ne voulez rien pratiquer de façon rigoureuse, je vous invite à faire régulièrement ceci : rester assis en silence à goûter votre propre présence au monde. Au cœur de cette pratique, détendez-vous le plus possible, car tout est fonction de votre décontraction. Goûtez cette présence consciente à soi et au moment présent.

Le temps que vous prenez pour vous détendre n'est pas du temps perdu, c'est du temps gagné. Tout le temps passé à contempler la beauté de la nature, des rivières et des nuages est du temps où vous existez réellement. Le temps passé à respirer de façon consciente, en goûtant l'air qui entre et qui sort, prolonge vos jours et augmente votre intensité de vie. Il s'agit d'un feu doux qui ne brûle pas, qui nourrit le cœur et qui le guérit. Autrement dit, le temps passé au jardin vous sera rendu au centuple !

Goûter le soleil couchant

Nous sommes habitués aux émotions et aux sensations lourdes. Nous les ressentons dans notre corps et dans notre cœur, et nous avons l'impression d'être vivants parce qu'elles sont là. Nourrir le meilleur de soi consiste à cultiver d'autres habitudes. Nous tentons de goûter à des sensations plus subtiles. C'est comme essayer de savourer l'air, ou un breuvage concocté dans un savant mélange. Il s'agit donc de commencer à savourer des choses de plus en plus fines, que l'on pourrait comparer à la texture et à la couleur d'un nuage au coucher du soleil. Cela alimente notre être profond et cet exercice se nomme la contemplation. Contempler consiste à mener l'esprit à l'union. Cela se pratique en communiant avec des formes extérieures à soi. Une tranquillité s'en dégage, peu à peu...

Lorsque l'on est au jardin, on a l'envie toute naturelle de s'approcher des formes vivantes et de s'unir à elles. Ainsi, on peut contempler un arbre ou une fleur, voire le jardin tout entier. Voici un exercice qui permet cette contemplation :

Placez-vous à quelques mètres d'un arbre qui vous attire. Peu à peu, en utilisant la force de votre imagination, rapprochez-vous de lui mentalement. À mesure que vous l'abordez, ressentez ses vibrations et laissez-le sentir les vôtres. Il s'agit d'abord et avant tout d'un jeu de perceptions subtiles, mais il a plus de réalité qu'il n'y paraît au premier abord, car les arbres sont vivants. Même si vous ne ressentez absolument rien, continuez.

Très près de l'arbre, fermez les yeux et imaginez que *vous êtes* l'arbre, que vous êtes lui et qu'il est vous. Finalement, imaginez-vous en union totale avec lui. Demeurez dans cette sensation quelques secondes, ou quelques minutes. Ensuite, ouvrez les yeux et laissez vos vibrations se séparer à nouveau.

Vous savez maintenant que vous êtes uni à cet arbre, et que, si vous communiez de la sorte avec les éléments ou les êtres qui vous entourent, vous vous sentiriez de plus en plus en unité avec l'univers entier. Ainsi, le fantasme d'être irrémédiablement séparé des autres se renversera et la réalité de votre propre existence deviendra évidente.

Je suis conscient que cet exercice représente un sérieux défi pour un esprit rationaliste. Pourtant, ne reflète-t-il pas ce que la science elle-même est en train de nous enseigner ? Nous sommes unis à tout ce qui existe par la voie des ondes ; par des pratiques comme la respiration consciente et la contemplation, nous pouvons ouvrir volontairement notre bande réceptive. Quoi qu'il en soit, on ne perd rien à essayer ! N'oubliez pas que nous sommes en train d'explorer les chemins de la libération et que la culture de nos capacités subtiles en fait partie. Et le jardin n'est-il pas l'endroit rêvé pour se livrer à de telles expériences ?

Si une résistance perdure en vous, remplacez le mot « contempler » par le mot « écouter ». Se rendre disponible, s'abandonner, lâcher prise, permettre à une expérience de nous toucher réellement, accepter de ressentir en profondeur, tout cela se résume en un mot : écouter. Écouter le vide, écouter le silence, écouter les difficultés, écouter l'écueil, écouter la joie. Tout écouter, parce que celui qui écoute est libre. Est-ce cela que nos grands-pères et nos grand-mères faisaient quand ils se berçaient sur leurs balcons ?

La supersensualité

Le jardin intérieur est l'endroit par excellence pour les réflexions ou les discussions philosophiques. En voici une qui me tient à cœur.

À mesure que je vous guide, vous remarquez sans doute combien j'insiste sur le fait de sentir et de ressentir, même lorsque je vous introduis à des pratiques qui appartiennent plus au domaine de la spiritualité qu'à celui de la psychologie. En fait, avez-vous déjà pensé à la spiritualité comme à une *supersensualité* plutôt qu'à une coupure de toutes les sensations au profit d'un monde désincarné et supposément spirituel ?

Il est probable que non, puisque de telles idées sont pratiquement hérétiques dans tous les contextes religieux. C'est comme cela que les religions organisées nous ont menés à ce que je considère comme un cul-de-sac. Cette désincarnation programmée explique en grande partie ma résistance au terme « spiritualité ».

Au lieu d'encourager les êtres à goûter avec intensité l'air, l'eau, la nourriture et même la sexualité, au lieu d'inviter les êtres à être encore plus présents à la réalité de leurs sens, les spiritualités officielles proposent une coupure d'avec le corps et la pulsion sexuelle. Toutefois, en nous obligeant à négliger nos outils de perception et d'expression, elles nous poussent du même coup à nous écarter de la pulsion créatrice universelle. Et coupée des sens, la vie d'un être perd tout son sens.

En nous proposant de chercher la spiritualité au mépris de la chair, les religions ont créé une opposition blessante entre l'esprit et la matière. Du coup, au lieu d'être essentiellement belle et créatrice, notre aventure terrestre s'est avilie. L'être devenait, d'emblée, un pauvre pécheur attaché à son corps et à ses sensations. Voilà pourquoi il devait gagner son ciel en se mortifiant au travail et en se tenant loin du démon – souvent représenté par la femme qu'il fallait asservir et couvrir, les mâles n'arrivant pas à se contrôler. Au lieu d'inviter l'être à raffiner ses sensations au point de pouvoir goûter la subtilité du monde céleste, et même des anges, les religions lui ont demandé de s'amputer d'une grande partie de lui-même et de croire que cette amputation lui permettrait de gagner son paradis. Et dire que ces aberrations ont encore cours !

Les enseignements que nous pouvons en tirer sont nombreux, mais le principal me semble celui-ci : le chemin se fait à travers le corps. Il l'inclut. Sinon, cela provoque des divisions néfastes qui entraînent l'être dans un conflit intérieur sans fin. Ainsi, on a vu naître des formes d'autopunition destinée à dominer une chair rebelle – saine rébellion qui démontrait bien que la route ne peut pas exclure le corps, puisque nous sommes incarnés.

Dans un tel contexte, il n'est pas étonnant que la plupart d'entre nous soyons aux prises avec des formes compensatoires qui sont toutes associées au monde des sensations intenses. Le saut spirituel réclame une telle abnégation que la personnalité prend peur et entraîne la personne dans des défoulements qui finissent par l'enchaîner.

Pour ma part, je me suis rendu compte que, lorsque je chante en entrant complètement dans l'expression, quand je chante corps et âme, pour ainsi dire, j'y trouve tant de plaisir et d'exaltation que je n'ai plus besoin de mes excès habituels pour me récompenser. La joie que je trouve à m'exprimer tout seul dans mon salon me nourrit d'une nourriture subtile et puissante. La même chose vaut lorsque je me livre à la contemplation en raffinant ma sensualité plutôt qu'en la niant.

LES BIENFAITS DE L'EXPANSION

Les bienfaits de la détente, de la respiration et de la contemplation, tout comme ceux de la méditation – dont nous parlerons au chapitre suivant –, ne se font pas sentir immédiatement. Avant d'apporter sa force, la nourriture doit d'abord être digérée. En fait, c'est comme pour le sport : la plupart du temps, nous ne ressentons les effets positifs de l'exercice physique qu'une fois arrivé au vestiaire, ou rentré à la maison. Parfois même, nous n'en bénéficions qu'après l'avoir pratiqué durant quelques semaines.

C'est pareil dans le cas des techniques d'expansion qui permettent une dissolution des contractions et une certaine dilatation. Leurs effets se font sentir après coup sous la forme d'inspirations, de pensées et d'intuitions, qui nous viennent au cours de la journée ou au moment opportun. Pour ma part, je note à la longue plus de confiance en moi. Je me sens plus libre, moins contraint par les événements qui me heurtent. Comme je nourris l'essentiel et que je suis nourri par lui en retour, je me sens moins avide du regard approbateur d'autrui. Je suis également mieux disposé à regarder la vie du bon côté. Comme on dit, je me donne une chance. Et je considère les autres plus amoureusement dans leurs efforts pour arriver à eux-mêmes.

De plus, et c'est fondamental, nous pouvons dire que, lorsqu'une personne se ressource ainsi, elle se respecte, elle se reconnaît. Il s'agit, ni plus ni moins, d'une forme d'amour de soi. Parce qu'elle s'est fait elle-même le cadeau de la reconnaissance, elle devient plus autonome, moins à la remorque des autres ; elle n'attend plus qu'ils la rassurent sur sa valeur.

Les visites de l'espace intérieur ne règlent pas tout comme par magie. On y retrouve les mêmes difficultés, les mêmes impatiences, les mêmes écueils, mais c'est comme s'ils n'avaient plus le pouvoir de nous mettre à genoux. Avec le temps, ils deviennent de simples rappels, qui nous gardent éveillés et nous invitent sans cesse à choisir la partie lumineuse et vivante plutôt que la partie sombre.

Au bout du compte, on réalise de plus en plus clairement que la qualité d'une vie n'a rien à voir avec ce que l'on fait, mais avec la manière dont les choses sont vécues. Tout cela se résume à une disposition d'esprit. C'est terrible de savoir cela, mais c'est aussi ce qui libère. C'est ce qui rend la chose plus démocratique, parce qu'une disposition d'esprit, cela ne coûte rien.

Bref, vous n'auriez rien fait d'autre dans votre vie que d'aller au jardin pour vous détendre, réfléchir ou rédiger quelques poèmes, que vous auriez déjà fait quelque chose pour nous tous. Au lieu de nous appesantir avec le poids de vos problèmes, vous nous auriez allégés.

Une réserve

« C'est bien beau tout ça, me direz-vous. Vous nous exposez là des méthodes bien douces. Mais que faire de notre quête d'intensité ? »

Eh bien, si vous observez votre vie avec attention, vous vous rendrez compte qu'il y a une sorte de réserve qui vous empêche de participer entièrement à ce que vous faites. Cette réserve maintient l'idée d'une séparation avec ceux et celles qui vous entourent, ainsi qu'avec ce qui vous environne. Mais si elle sert parfois de protection, elle est en même temps une prison, puisque le bonheur humain se trouve dans l'expérience de l'unité fondamentale.

Essentiellement, cette réserve est faite de peur. C'est une simple contraction, un léger voile qui vous préserve de l'expérience de l'union. C'est la raison pour laquelle il arrive que ce soit uniquement sous l'effet de l'alcool ou d'une substance quelconque que vous vous permettez d'être entier. Je vous propose, pendant quelques instants, de suspendre tout esprit critique pour vous livrer à une expérience très simple.

Je vous invite à respirer pleinement, sans réserve. Je vous convie à vous jeter à corps perdu, sans souci pour vous-même, dans une respiration.

Si respirer trop hardiment vous semble périlleux, jetez-vous dans une sensation, n'importe laquelle, à condition qu'elle soit simple.

Savourez quelque chose que vous aimez, sentez le vent sur votre peau, ou regardez une couleur comme pour vous en gaver. Goûtez immodérément, sans gêne, sans modestie, sans fausse honte...

Dégustez.

Vous risquez de vous rendre compte dans quelle réserve vous vous maintenez à chaque minute, à chaque seconde. Et je veux vous dire que par rapport à cette « marche sur le frein », par rapport à cette marche usante, personne, mais vraiment personne, ne peut rien faire pour vous, sauf vous-même.

Vous pouvez aussi vous livrer à d'autres types d'expériences :

Pendant un instant, aimez un arbre ou une fleur de tout votre cœur, sans conditions, sans leur imposer de répondre à vos critères de beauté, sans attendre qu'ils vous donnent quelque chose en retour, sans vous attacher, sans leur promettre de revenir, pour le pur plaisir de la chose.

Bref, soyez fou et déraisonnable pendant quelques instants ! Embrassez le monde, et embrasez-vous ! Bientôt, vous ne pourrez plus accepter de vivre autrement. Le carcan de la personnalité vous deviendra intolérable. Ce n'est pas une grande révolution que de se mettre à respirer et à sentir vraiment. Cela n'exige pas que l'on quitte son conjoint ou sa conjointe, cela ne demande pas que l'on change de profession ou que l'on modifie ses horaires. Pourtant, cela va changer votre expérience de vous-même et de la vie. À la longue, sans l'ombre d'un doute, cela va changer votre vie au grand complet.

Se détendre, respirer, contempler la beauté, écouter le silence, se livrer à des réflexions philosophiques... notre visite au jardin intérieur est déjà bien entamée. Toutefois, elle est loin d'être terminée. Nous allons donc prolonger notre visite dans le chapitre suivant.

Chapitre quatorze

Imaginer le meilleur

MÉDITER

La rencontre avec soi, que le jardin favorise sur le mode de la détente, de la respiration et de la contemplation, mène doucement à la méditation.

Il y a différentes façons de méditer. On peut méditer tout naturellement en déambulant au jardin. Cette promenade s'apparente alors aux rêveries du promeneur solitaire que le philosophe Jean-Jacques Rousseau nous a proposées à la fin de sa vie. Nous pouvons également faire de la méditation une pratique plus formelle.

Dans mes séminaires, il y a toujours des moments de visualisation, de contemplation et de méditation. La visualisation permet de goûter à la force du processus imaginatif; la contemplation permet de s'unir à ce qui nous entoure; et la méditation de goûter à la sensation de l'existence pure.

La méditation nous calme parce qu'elle répond directement à l'angoisse existentielle – la source de toutes nos angoisses –, qui consiste à se sentir divisé et à douter de notre propre existence. La méditation permet de retrouver, de l'intérieur, une sensation de participation à l'univers et, en conséquence, de se détendre profondément. À une condition expresse cependant : ne rien rechercher d'autre que cette saveur de l'existence. En cherchant l'illumination et les effets spectaculaires, on s'imagine toutes sortes de choses et l'on gâche tout. Remarquez qu'il faut peut-être passer par là pour trouver le désir d'une pratique plus modeste.

En plus d'approcher la sensation d'exister, méditer permet aussi de prendre conscience de sa propre existence et d'en jouir. Ces trois mouvements qui n'en font qu'un se résument en une formule indienne : *sat-chit-ananda*, existence (*sat*) ; conscience de l'existence (*chit*) ; et jouissance de l'existence (*ananda*)[64].

Lorsque je médite, je m'assieds paisiblement dans un parc, dans mon lit, ou dans mon petit coin de méditation. Je prends quelques inspirations plus amples, que je laisse circuler en moi pendant de courts moments d'apnée, puis j'expire lentement. Cette entrée en matière donne un signal à tout mon être : je désire me brancher à l'universel. Je signale ainsi que j'abandonne pour un moment ma vie crispée. Ensuite, lorsque le calme s'installe en moi, je porte mon attention sur ces mots, en phases successives : existence pure, pure conscience du fait d'exister, et pure jouissance de la conscience d'exister. Je laisse ces expressions résonner en moi et me syntoniser sur ces états. Peu à peu, les mots s'évanouissent dans un silence ravi, que je tente de maintenir sans m'obliger à aucune règle de temps.

Bien qu'il s'agisse d'une pratique fort simple, petit à petit le goût de l'existence pure devient plus facilement reconnaissable, et s'intensifie. Toutefois, je le répète, dans mon cas la pratique de la méditation est satisfaisante à condition que je ne cherche aucun résultat et que je ne me fasse pas d'idée préconçue par rapport à ce que je vais trouver. C'est peut-être pour cela que dans certaines traditions on définit la méditation par les mots : « juste s'asseoir » (*just sitting*).

En effet, au niveau premier, le niveau auquel on doit revenir sans cesse, il s'agit simplement de s'asseoir et de savourer le fait de vivre, sans rien chercher d'autre. On s'assied, paisiblement, on ferme les yeux et, après quelques secondes, on peut entrer dans la présence au moment, et dans la jouissance du moment présent. Autrement dit, une fois que l'on a compris le mécanisme, l'on peut se retrouver instantanément dans un

---

64. Sri Aurobindo développe ce concept dans un livre intitulé *Trois Upanishads. Isha, Kena, Mundaka*, coll. Spiritualités vivantes, Paris, Albin Michel, 1972, p. 87.

état méditatif. Encore ici, l'on peut savourer, le temps d'une respiration, cette présence à soi et cette présence à l'existence, peu importe l'endroit où l'on se trouve.

Ajouter une pensée

L'attitude que je préconise est celle du «goûteur de réalité». Elle me sert de voie d'accès. C'est un outil pratique – comme une échelle pour monter sur un toit. La disponibilité qu'elle ouvre en moi fait contrepoids au reste de mon existence. Dans ma vie de tous les jours, de façon consciente et inconsciente, je suis toujours en train de chercher ce qui va m'apporter des satisfactions. À chaque minute, c'est dans ce but unique que je réponds à des sollicitations de toutes sortes. On dirait même que ces sollicitations se multiplient de jour en jour, comme si c'était leur multiplication qui allait finalement m'apporter l'intensité que je recherche. Alors, lorsque je m'assieds et que je ferme les yeux, je suis encore sur ma lancée, je cherche encore à saisir quelque chose. En conséquence, je veux atteindre une libération spontanée ou vivre des états intérieurs remarquables. Je veux méditer et avoir des résultats tout de suite.

Pour interrompre ce mécanisme de « saisie », la meilleure chose que j'ai trouvée est de me dire que ce que je cherche est déjà là et qu'il suffit que je m'ouvre pour le savourer. Alors, je déguste une paix intérieure, une sorte de liberté où plus rien ne me contraint. Je goûte vide et plénitude à la fois. Je savoure en même temps une sorte de communion avec ce que je suis et ce qui m'entoure. Il n'y a plus de combat. Je me repose profondément. Je ne demande rien. Je suis, tout simplement. J'existe.

Il y a des pensées, des intuitions, des obsessions récurrentes. Mais, à la longue, je me suis rendu compte qu'elles n'avaient pas le pouvoir que je leur prêtais au point de départ. On dirait qu'il suffit simplement de les laisser passer, sans s'accrocher, pour qu'elles perdent leur aspect contraignant. Elles deviennent une sorte de bruit de fond dont je n'ai pas à m'occuper. Je ramène constamment mon attention vers la sensation de bien-être. Je ne combats pas mes pensées. J'en ajoute une : celle de retourner à un état de disponibilité.

Pour moi, cet outil fonctionne. Mais il m'arrive de pouvoir le délaisser au complet. Ces jours-là, j'expérimente instantanément une grande paix, un grand délice intérieur, un silence tout frais. Il y a les journées fastes où je vogue délivré de tout et où je n'ai d'autre désir que de rester dans mon jardin intérieur. Mais il y a aussi des moments où je n'arrive pas à pénétrer en moi-même, ni à goûter à quoi que ce soit. Lorsque c'est le cas, je ne me révolte pas. J'observe ma difficulté à observer et je fais plus court, quitte à revenir plus tard. Cela ne sert à rien de se battre. C'est déjà l'éternité. C'est déjà l'infini dans le fini. Ce que nous cherchons est déjà là. Le combat est gagné d'avance. Il s'agit seulement de s'en rendre compte.

Au retour de mes méditations, je fais souvent la même prise de conscience : ce sont uniquement nos conditionnements mentaux qui bloquent la voie d'une vie plus large et plus disponible à la beauté universelle. Ces jours-là, même à travers l'action, il y a cet espace savoureux, ce vide rafraîchissant dans tous les gestes. Je travaille, mais c'est comme si je flânais, libre de moi-même, nullement entravé par mes tâches ou ma personnalité.

Dans ces moments privilégiés où tout semble relever de la création et du choix, je dis oui à la joie. J'abandonne volontairement le champ de la misère et j'entre dans celui de la grâce, de la beauté et de l'amour, gratuitement. Je me promène alors dans la vie comme dans un jardin de fleurs, pour le simple plaisir de la promenade.

Mener l'esprit à la tranquillité

En pratiquant, je me suis aperçu que les premiers moments de la méditation ne sont jamais compliqués. C'est après que cela devient plus complexe, car le mental s'en mêle, avec toutes ses préoccupations. Ainsi, la sensation de la pure existence s'évanouit rapidement. Ne pas se perdre nécessite passablement de vigilance.

Afin de faire comprendre à mes auditeurs combien il est facile de se laisser détourner de soi-même, je propose cet exercice en conférence. Je leur demande de fermer les yeux, d'entrer dans un moment de détente et de maintenir cet état de disponibilité le plus longtemps possible. Après une minute ou deux, je les interromps. Durant ce court laps de temps, la plupart des gens ont eu le temps de glisser dans autre chose. Ils ont été sollicités par des préoccupations telles que : « Ai-je verrouillé les portes de l'automobile ? » ou : « Comment se fait-il que j'aie mal à l'estomac ? » Ou encore, ils sont titillés par une idée géniale qui exige une attention totale et immédiate – quand ce n'est pas un dialogue intérieur avec une personne de leur entourage qui sollicite leur attention.

. Le plus surprenant, c'est que l'on glisse sans s'en rendre compte. L'attention se déplace tout à fait à notre insu. Mais il suffit de la ramener paisiblement, autant de fois que cela est nécessaire. Voilà pourquoi j'aime bien la définition de Deepak Chopra qui, dans *Quantum Healing*, nous rappelle que l'étymologie du mot *méditation* est « mener l'esprit au repos[65] ».

J'utilise cet exercice pour faire comprendre à mes auditeurs comment il se fait que, tout en sachant très bien ce qui est bon pour eux, ils glissent, sans s'en rendre compte, dans les vieilles habitudes du personnage. C'est précisément ce qui arrive lorsque vous tentez d'introduire une nouvelle pratique comme la méditation dans votre vie. Cet élan vers l'expansion menace le personnage. Vos systèmes de défense se braquent, et vous voilà complètement sollicité par une foule de choses qui deviennent absolument urgentes alors qu'elles pourraient très bien attendre. Et vous ne trouvez jamais le temps nécessaire pour méditer, même s'il ne s'agit que de quelques minutes !

Ce n'est pas grave. Cela fait partie du parcours habituel. Il s'agit de persévérer. On finit par se trouver comique, à prendre la vie tellement au sérieux ! Cela ne sert à rien d'en faire un combat, car cela va aggraver les choses. Voilà pourquoi je vous invite plutôt à cultiver la métaphore du jardin où l'on dépose son armure pour se détendre. Ainsi, ces moments d'arrêt deviennent invitants plutôt que rebutants.

Rappelez-vous également une chose que j'ai apprise auprès d'Éric Baret : celui qui observe qu'il est complètement sollicité n'est pas le même que celui qui l'est. Pour pouvoir observer, une partie de vous est déjà dégagée. En réalité, le meilleur de soi a toujours la tête hors de l'eau.

Mis à part les moments où j'ai beaucoup de temps et une envie particulière d'être dans mon jardin intérieur, je médite en général pendant de courtes périodes, qui vont de cinq à vingt minutes, quitte à méditer à deux ou trois reprises au cours de la journée. Ainsi, je reste en contact avec cet état d'ouverture et de disponibilité sans trop me contraindre. Je trouve que mon quotidien en bénéficie d'une façon très sentie. J'ai plus d'amour et de joie dans mon cœur. Je suis plus présent, et les tracas quotidiens deviennent plus légers.

---

65. Deepak Chopra, *Quantum Healing*, Montréal, Les Éditions Internationales Alain Stanké, 1990, p. 199. Le mot sanscrit pour méditation est *dhyan*. Ce mot signifie littéralement « mener l'esprit au repos dans le silence du quatrième état ».

Ce qui précède ne veut pas dire que la méditation, lorsqu'elle est pratiquée intensément, ne sert pas à entrer en expansion au point d'avoir accès à d'autres dimensions de notre univers. Je connais des personnes qui ont des facilités étonnantes pour ce genre d'exercice. Toutefois, ces expériences sont hors de ma portée.

De toute façon, pour qu'elles soient réalisées en toute sécurité sur le plan psychique, il faut qu'un être ait réglé le problème de la division entre le corps et l'esprit, et dénoué nombre de nœuds relationnels. En outre, accorder une attention minutieuse à toutes les tâches concrètes de la vie devient alors une nécessité, car ce sont elles qui nous offrent l'assise nécessaire pour une évolution adaptée.

Une critique de la démarche analytique

Encore une remarque avant de quitter la partie méditative de notre promenade au jardin : dans son œuvre, Aurobindo critique la démarche psychanalytique. Ce n'est pas qu'il rejette la nécessité de passer par les méandres de l'inconscient pour tenter de les nettoyer un peu. Cela lui semble aller de soi. Toutefois, dit-il, avant de s'aventurer dans ce voyage périlleux et plein d'écueils, il est souhaitable que la personne ait déjà contacté les états d'amour et de joie spontanés qui sont à la base de son être. Autrement dit, fort d'un contact avec son centre psychique, avec son âme ou son individualité profonde, il lui sera plus facile d'explorer les parties noires qui l'emprisonnent sans risquer de s'empoisonner encore plus.

> Toujours, par conséquent, il faudrait commencer par une expérience positive, non par une expérience négative, et faire descendre d'abord, autant qu'on le peut, la nature divine, le calme, la lumière, l'équanimité, la pureté, la force divine dans les parties conscientes de notre être qui doivent être changées ; c'est seulement quand on y est parvenu suffisamment et que l'on a établi une base positive solide que l'on peut, sans danger, soulever les éléments adverses cachés dans le subconscient[66].

Pour avoir dirigé des ateliers où le contact avec le meilleur de soi était privilégié avant la descente dans les effets des ombres et des écueils, je

---

66. Satprem, *op. cit.*, p. 256.

peux dire que cette technique fonctionne. Lorsqu'ils savent que la plus large partie d'eux-mêmes est restée vivante et créatrice, malgré tous les obstacles de leur vie personnelle, les participants ont moins de difficultés à entrevoir ce qui les emprisonne. La prise de décision par rapport à des changements éventuels s'en trouve ainsi facilitée. Je voulais vous faire part de cette idée, car elle me semble porteuse pour la pratique future de la psychothérapie, et notamment pour la formation des thérapeutes.

RÊVER

Aller au jardin pour s'y recueillir et méditer, voilà qui est bien. Se couler sensuellement dans un hamac, un fauteuil ou une chaise longue pour faire la sieste ou rêvasser, voilà qui est encore mieux. L'imagination est la grande oubliée parmi nos potentialités naturelles, gratuites et constamment accessibles. Imaginer ne coûte rien et ne demande aucune mise en scène particulière. De plus, cette faculté est accessible en une fraction de seconde, n'importe où. Le rêve éveillé représente un puissant moyen de nourrir le meilleur de soi et de s'en nourrir en retour.

La loi d'attraction

J'ai indiqué à plusieurs reprises dans ce texte que les contractions liées aux peurs et aux croyances négatives entravent la libre circulation de l'énergie créatrice et limitent l'éventail des possibilités qui se présentent à l'être. J'ai suggéré également ici et là que l'univers fonctionnait selon le principe de la synchronicité, qui fait que ce que nous portons à l'intérieur se reflète dans notre vie extérieure sous l'aspect de situations favorisant l'expression de ces états intimes et nous permettant de les comprendre.

Par exemple, si une dynamique d'écrasement et d'humiliation vous a heurté dans l'enfance et que vous avez bâti votre personnalité en fonction de la peur de la répétition de ce type d'expérience, il y a fort à parier que vous vous retrouvez sans cesse devant ce genre de situation, parce que vous portez cette tension en vous. Elle a donc tendance à se manifester sans arrêt. La thérapie ou une observation fine de soi permet alors de dissoudre en partie la source de la contraction. Je dis « en partie », car il n'y a alors que la moitié du travail d'accompli. L'autre partie consiste à imaginer autre chose dans votre vie.

Avant de nous plonger dans cette perspective, explorons un peu mieux le principe de synchronicité. Il a été proposé par Jung et Wolfgang Pauli, Prix Nobel de physique, pour expliquer, sur le plan extérieur comme sur le plan intérieur, des phénomènes qui s'accompagnent sans être liés par une loi de cause à effet. Ce principe révèle une règle fondamentale de l'univers psychique : l'attraction. Cette attraction est basée sur un système de résonances, où le semblable attire le semblable.

C'est une loi que les alchimistes mettent sans cesse en évidence dans leurs travaux. Ils expliquent que, si, d'une part, il existe un *principe logique* qui décrit l'univers selon des termes de cause à effet, il existe, d'autre part, un *principe analogique* où le pareil répond au pareil. Dans cette perspective, ce n'est pas parce que j'ai été blessé dans le passé que j'attire des personnes qui ont la capacité de me blesser. J'attire plutôt des personnes qui ont ce pouvoir par résonance parce que ma blessure est encore vibrante en moi. Je veux dire par là que mes meurtrissures diffusent leurs fréquences et me branchent sur des situations ou sur des personnes dont émanent des ondes similaires à celles que je porte.

Cette loi d'attraction sous-entend que c'est notre état global avec ses éléments conscients et inconscients – et pas seulement la partie volontaire et consciente – qui émet, comme une antenne, de façon continue. On a beau tenter de projeter des désirs positifs au-delà de soi, si trop d'éléments demeurent noués en nous, ils finissent par colorer notre vibration et nous attirer des situations qui témoignent du fait que nous ne sommes pas alignés sur notre élan créateur.

Voilà pourquoi il est nécessaire de faire le tour du propriétaire – comme nous l'avons fait dans la première partie –, car plus nous nous efforçons de nous clarifier intérieurement, plus nous avons de chances de nous trouver dans des conjonctures favorisantes, ou que nous rendrons telles. Voilà également pourquoi j'ai affirmé tout au long de cet ouvrage que les conflits intérieurs comme extérieurs qui percutent nos vies révèlent ce que nous portons intimement, souvent sans le savoir. Nous pouvons ainsi nous en servir pour partir à la découverte de ce que nous sommes. Il est vrai que la plupart du temps nous rencontrons d'abord les zones d'ombre. Mais au-delà des noirceurs, les pépites d'or du soi nous appellent.

Modifier nos états intérieurs

Une fois qu'un individu a réalisé l'efficacité de la loi d'attraction lorsque cette dernière agit de façon inconsciente, il peut s'en servir pour promouvoir son contact avec le meilleur de soi de manière consciente. L'imagination se révèle ici dans toute sa force, car elle va nous aider à modifier nos états intérieurs.

En effet, une des conséquences de ce dont j'ai parlé plus tôt en comparant l'être humain à une antenne est que nos pensées et nos états émotifs vibrent. Comme nous venons tout juste de le voir, ce sont ces états émotifs qui émettent les ondes qui vont largement tisser notre destin. En clair, si je suis sans cesse frustré, amer et en colère, j'attirerai vers moi de plus en plus de situations frustrantes. Si je suis endetté et que je ne pense qu'à mes dettes, je cours de sérieux risques de me créer plus de créances.

Où est la solution ? Penser à l'abondance, imaginer l'abondance, vivre déjà dans l'abondance. Ainsi, attirant le semblable par l'effet de miroir qui joue dans l'univers, j'ai plus de chances de connaître des occasions qui permettront l'abondance. De même, si vous souffrez de solitude, il est plus important d'imaginer la situation amoureuse dont vous rêvez, de la faire résonner en vous, et de vivre le cœur ouvert comme si vous étiez déjà amoureux, que de vous apitoyer sur votre sort. L'apitoiement ne vous attirera que plus de solitude, alors que le fait de vivre le cœur ouvert entraînera un cycle de résonance différent. Nos états intérieurs agissent comme autant de pierres qu'on lance dans l'eau, et les cercles concentriques prolongent l'impact de nos messages. Le cœur aimant émane : « Je suis amoureux de ma vie, je suis amoureux de l'univers qui m'entoure et je mérite de rencontrer l'amour. »

Attention, cela ne veut pas dire que vous devenez aveugle à ce qui ne va pas dans votre existence – ou que vous vous réfugiez derrière le paravent d'une pensée magique. Pas du tout. Comme je vous l'ai dit, la première moitié du travail consiste à observer la mécanique de votre personnalité et de ses contractions, pas de la nier. Toutefois, en observant votre état de solitude ou d'endettement avec lucidité, vous avez le choix entre vous laisser abattre ou vous en servir comme d'un test qui vous permettra de vous référer au meilleur de soi et de l'activer en vous par la voie de l'imagination.

Examinons la chose de plus près. La solitude affective vous amène, d'une part, à vous attacher aux miettes d'affection que vous offre votre entourage et, d'autre part, à vous inquiéter de votre sort. Vous ruminez des pensées négatives qui révèlent des croyances pouvant ressembler à celles-ci : « Personne ne peut m'aimer, aucun être ne me correspond, toutes les femmes de mon âge sont seules, etc. » Une fois que vous pouvez : a) constater sans jugement un tel état de choses ; b) prendre conscience des blessures qui vous empêchent d'aimer sans attentes ; c) voir les attitudes d'isolement adoptées pour vous protéger ; et d) reconnaître les compensations qui vous permettent de survivre à votre propre déséquilibre, vous êtes alors prêt ou prête à imaginer votre vie différemment.

Lorsque vous percevrez votre dynamique clairement et que vous vous rendrez compte qu'elle ne mène qu'à plus de malheur, de dépendance et d'autodestruction, lorsque vous ferez face à votre situation sans fards et que vous prendrez conscience qu'elle vous conduit droit au précipice, comme le dit si bien le sage Krishnamurti, vous vous en éloignerez tout naturellement comme on s'écarte d'un danger mortel.

La façon de vous en éloigner tout naturellement consiste à imaginer votre vie autrement et à vivre intérieurement comme si l'abondance de joie et d'amour était déjà au rendez-vous. Même si cela ne produisait rien de concret sur le plan matériel, vous auriez déjà gagné sur l'essentiel, car, ainsi que je l'ai souligné à plusieurs reprises, nos états intérieurs font notre véritable malheur ou notre véritable bonheur.

Vous pouvez, bien entendu, vous éviter toute la visite du personnage et commencer à imaginer tout de suite une situation plus heureuse pour vous. Ce sera autant de gagné et, finalement, peut-être s'agit-il là d'une voie véritablement plus prometteuse. Toutefois, à la longue, vous remarquerez que vos imaginations manquent de puissance. Pourquoi ? Parce que des lourdeurs s'attachent à vous de façon inconsciente. Il faut aller voir de quoi il s'agit. Éventuellement, il faudra tout de même dialoguer avec les « contractions » pour arriver à vous « décontracter » et permettre « l'attraction » de situations plus favorables.

Oser imaginer

Tout ce qui existe dans notre monde a d'abord été imaginé par un esprit humain. Le rêve précède toujours la réalité. Voilà pourquoi il faut oser imaginer ce qui est bon pour soi.

Commençons par de toutes petites expériences. Si vous êtes tendu, imaginez par exemple que vous êtes détendu. Vous allez constater qu'en une fraction de seconde le corps répond à l'imagination. Il trouve instantanément la façon juste de vous détendre. Si vous voulez sentir les battements de votre cœur, imaginez-les, tout simplement. En quelques instants, votre cerveau organique les localisera et vous pourrez les sentir dans votre corps.

Autrement dit, dès que vous lui en donnez la commande au moyen d'une image, le corps retrouve instantanément ses mémoires de détente et les utilise pour produire l'état désiré. C'est la raison pour laquelle le Dr Crombez dit qu'il suffit de faire le travail intérieur sans se préoccuper outre mesure de « comment cela fonctionne », car, bien que cela ait l'air simple, c'est éminemment complexe.

Livrons-nous maintenant à une expérience un peu plus corsée.

Que ce soit dans le domaine de la santé, de l'amour ou des biens matériels, imaginez-vous dans un état d'abondance. Autorisez vos désirs réels. Imaginez, selon vos goûts et vos envies profondes, sans jugement et sans vous poser de limites. Entrevoyez dans votre esprit le succès que vous souhaitez, la reconnaissance que vous convoitez, l'argent que vous désirez, l'amour que vous voulez, la santé dont vous avez besoin. Entretenez cet état intérieur comme si tout était déjà réel. Faites-le aussi longtemps que possible.

Inutile de vous inquiéter outre mesure : vous ne perdrez pas pied et ne tomberez pas dans la folie des grandeurs, car vous risquez de rencontrer d'emblée deux écueils majeurs qui vont troubler vos visualisations : l'incrédulité et le manque d'estime de soi. Même si vous sentez la justesse de ce que vous êtes en train de faire, sous forme d'un surcroît de vitalité, d'espoir et d'amour, une partie de vous ne pourra pas y croire et vous opposera toutes sortes d'obstacles intérieurs, sous la forme de croyances négatives du genre : « C'est enfantin, c'est ridicule, cela ne se peut pas. » Votre fameux personnage, se sentant menacé, a rappliqué dare-dare !

Vous serez également confronté à un fait déstabilisant : vous vous rendrez compte que vous ne vous estimez pas, en tout cas pas suffisamment pour vous accorder le meilleur de l'existence, soit la santé, l'amour, et le bien-être matériel dont vous avez besoin, bref ce qui compose en grande partie le bonheur humain. Vous vous rendrez compte que vous avez de la difficulté à croire que cela est possible pour vous.

Si vous ne vous aimez pas...

Je me suis rendu compte, dans mon cabinet, qu'une fois devenus adultes les enfants battus ou qui ont souffert de profondes carences affectives ne se font pas masser, alors qu'ils en ont vraiment besoin. Ils demeurent souvent dans des environnements froids, alors qu'ils appellent secrètement la chaleur. Ils s'interdisent la douceur et attendent que quelqu'un leur offre ce bien précieux. Malheureusement, leurs gestes, leurs choix, leurs pensées expriment ces blessures du passé, et cela n'attire pas les personnes chaleureuses. J'ai souvent constaté que leur état d'indigence attire plutôt des individus vivant des situations intérieures semblables. La sensation de froid intérieur et de méfiance ne fait par conséquent que se renforcer.

Au lieu d'attendre un sauveur, il s'agit de prendre conscience de l'effet dévastateur de nos blessures et de s'accorder intérieurement la douceur et la bienveillance nécessaires pour se réconcilier avec la vie. Il s'agit aussi d'aller vers les environnements qui facilitent la douceur, la convivialité et la confiance, même si vous doutez de vous, même si vous doutez de cette stratégie, et même si tout cela vous répugne. En d'autres mots, si vous ne vous aimez pas, qui pourra vous aimer ? Si vous vous jugez compliqué et incompréhensible, qui pourra vous comprendre ?

C'est simple, n'est-ce pas ? Il s'agit de s'aimer suffisamment pour aimer ce que l'on aime, pour aimer ce que l'on fait et pour aimer ce que l'on est. Si cela est impossible, aimez le meilleur de vous-même. Aimez cet élan en vous qui tend vers une amélioration. Aimez votre élan vers la lumière et favorisez-le de toutes les façons possibles. Si vous n'êtes pas bon envers vous, qui le sera ? Si vous vous méfiez de vous-même, qui pourra vous faire confiance ? Si vous vous jugez trop sévèrement, qui pourra s'attendrir sur votre sort ? Personne. Et même si une telle personne existait, vous ne la voudriez pas auprès de vous parce que ses vibrations seraient trop différentes des vôtres.

Seule la compréhension du fait que vous êtes prisonnier d'un mécanisme qui se perpétue indéfiniment vous permettra de choisir autre chose et de commencer à vous aimer en agissant directement sur vos états intérieurs et en faisant des choix plus respectueux de votre véritable nature.

Le processus de l'imagination

Nous venons de voir que l'imagination constitue une excellente façon de nourrir le meilleur de soi. Elle repose sur la loi d'attraction et, loin de se situer à l'opposé d'une démarche de compréhension psychologique, elle la complète. Nous avons vu également que les écueils de l'incrédulité et du désamour de soi risquaient de bloquer l'effervescence de l'imagination. Mais je ne veux pas vous laisser sur cet aspect réducteur. Voyons comment vous pouvez procéder pour bénéficier de vos séances d'imagerie.

Cinq étapes essentielles sont en jeu :
1. Vous donner la permission d'imaginer sans limites par rapport à une situation précise.
2. Vous laisser suggérer de l'intérieur ce qui est, pour vous, de l'ordre du possible.
3. Visualiser les premiers pas concrets à réaliser en fonction de vos goûts et de vos talents.
4. Choisir de passer à l'action concrètement.
5. Faire des gestes cohérents par rapport à vos choix intérieurs.

Permettez-moi quelques remarques par rapport à ce processus. Choisir ce que l'on veut constitue un élément majeur de la démarche. La volonté oriente l'énergie créatrice. Si l'on n'ose rien vouloir et par conséquent rien choisir, on obtient un résultat mitigé, où notre vie reflète cet état de confusion et de dispersion.

Imaginer ou visualiser – que j'utilise ici comme synonymes – est l'action qui consiste à laisser des scénarios imaginaires se développer en soi. Toutefois, ces scénarios risquent d'avoir peu d'effet si les sentiments ne participent pas au processus. Visualiser veut donc dire : devenir l'état que l'on imagine. Vibrer, irradier et rayonner fortement. Vibrer de succès, irradier d'amour, rayonner de santé. Voilà de quoi il s'agit lorsqu'on parle de visualisation. Les pensées ont peu d'efficacité par elles-mêmes, elles servent principalement à orienter le processus. Ce sont les émotions qui vibrent fortement qui produisent l'effet d'attraction.

Il reste, par la suite, à être cohérent avec ce nouvel état intérieur et à faire des choix qui le reflètent constamment. Par exemple, si je me suis imaginé irradiant de santé et que mes premiers pas imaginaires m'ont amené du côté de l'alimentation, je dois maintenant vivre avec des questions qui reflètent mon choix intérieur. Que vais-je manger aujourd'hui qui va me nourrir véritablement ? Quel aliment vide vais-je laisser de côté ?

La même attitude prévaut du côté psychologique. Vais-je ravaler mes colères, les exprimer ou m'expliquer clairement ? Quels sont l'attitude et le geste qui démontrent un amour et un respect de moi-même ? Comment vais-je faire comprendre que je me respecte et que je m'estime ?

Vous voyez où nous entraîne cette chose gratuite et sans limites qui s'appelle l'imagination. Elle peut être la folle du logis lorsqu'elle nous plonge dans les inquiétudes et les scénarios négatifs, mais elle est la fée du foyer lorsqu'elle sert à mettre en images ce que nous désirons être.

Un exercice amusant

Si ce que je viens de dire vous semble hors de portée, je vous propose un exercice qui vous permettra de vérifier le pouvoir de l'imagination sur vos états intérieurs. En allant vers le sommeil, les yeux fermés, prenez quelques secondes ou quelques minutes pour imaginer des choses farfelues, originales, des choses qui vous font plaisir : de nouveaux engins, d'autres mondes, des jus inédits, peu importe. Cela peut aller dans toutes les directions. Vous verrez le plaisir que cela procure, et vous vous endormirez le sourire aux lèvres. Cet exercice n'a d'ailleurs pas d'autre but que de vous faire sourire, pour que vous puissiez constater encore une fois par vous-même le pouvoir de l'imagination sur vos états intérieurs.

Si vous avez de la difficulté à dormir, vous pouvez même vous imaginer endormi. Parfois, cela marche étonnamment bien. Comme vous avez déjà connu le sommeil, votre être sait comment le reproduire.

Tous ces jeux nous rappellent finalement que l'on peut se rendre malade aussi bien avec des soucis financiers réels qu'avec des soucis d'argent imaginaires. À l'inverse, on peut favoriser son bonheur avec des événements heureux – réels ou imaginés. La vérité est que le cerveau ne fait pas la différence entre l'imaginaire et le réel. Ce qui est vrai pour le cerveau, c'est l'état dans lequel nous sommes. Il opère à partir de cela. Alors, aussi bien choisir en fonction de ce que l'on souhaite vraiment plutôt que de laisser le personnage le faire en fonction des blessures du passé.

Il s'agit en somme de s'habituer à imaginer le meilleur plutôt que de s'attarder à ruminer le pire. Un dernier exemple va m'aider à préciser ce que je veux dire. On sait que mère Teresa a déclaré qu'elle ne participerait jamais à un mouvement *contre* la guerre – chose surprenante de la part d'une personne qui a lutté toute sa vie pour soulager la misère des victimes et des démunis. Elle aurait même dit que les démonstrations contre la guerre ne font qu'encourager les conflits. Elle a par contre ajouté qu'elle s'associerait volontiers à un mouvement *pour* la paix.

Cet exemple met bien en évidence le changement d'attitude dont il est question. Sans nier ses soucis financiers, on peut déguster une abondance intérieure et la permettre ; et sans tourner le dos à sa solitude, on peut visualiser un milieu aimant et le déguster. Si vous pensez à la guerre, votre attention la fait exister encore plus, que vous détestiez ou que vous approuviez les hommes qui la font. Si vous imaginez et encouragez des initiatives de paix, vous les faites vivre. Votre attention les propulse. Vous permettez leur avènement dans le monde. Si vous choisissez de régler les conflits avec vos proches plutôt que de les laisser pourrir, vous participez à la paix dans le monde.

Encore une fois, tout est question de choix clairs, d'imagination et de gestes conséquents. Plus je concentre mon attention sur la terreur et sur le meurtre, plus ils se multiplient. Plus je fournis de l'énergie à l'harmonie, plus elle a de chances de se réaliser. Si personne n'accordait d'attention aux dictateurs, ils seraient dans des asiles psychiatriques au lieu d'être à la tête des pays. Et, si je peux me permettre, c'est la même chose à l'intérieur de soi.

Il y a des tyrans à l'intérieur de soi. Il y a des conditionnements qui dictent leurs lois et qui engendrent des destinées. Il y a des pauvres, il y a des sans-abri. Il y a des gens qui se prostituent pour un peu d'attention. Ce n'est pas grave d'abriter toute cette faune. La question est plutôt : que faire avec elle ? Vous laisser envahir pour mieux jouer à la victime, ou tenter d'avoir du sens ?

Il se peut que vous n'ayez connu que des injustices dans votre vie. Que pouvez-vous y faire ? Vous ne pouvez changer le passé. Ne vaut-il pas mieux constater que, à la suite de ces injustices, vous êtes devenu injuste envers le meilleur de vous-même, secrètement convaincu que vous n'étiez pas à la hauteur ? Alors, pourquoi ne pas commencer à imaginer tout de suite comment il pourrait en être autrement si vous vous respectiez ?

LE MEILLEUR « POUR » SOI

Alors que la première perspective maintient l'être dans une dépendance et dans une quête constante de reconnaissance pour se confirmer à ses propres yeux qu'il existe, la deuxième consiste en une prise de conscience de notre existence, indépendamment des conditions environnantes.

Dans la première perspective, nous quémandons le droit d'exister dans les yeux de chacun, nous sommes asservis par nos besoins de reconnaissance, et nous ne trouvons rien qui puisse répondre à nos peurs fondamentales. Dans la deuxième perspective, nous goûtons à l'existence, même sans raison. Nous ne nous demandons pas si nous existons, nous savourons le fait d'exister à travers tous les états et toutes les manifestations de notre être.

Inspiré par la deuxième perspective, en fermant les yeux pour entrer en vous-même, vous ne cherchez pas de l'amour, vous goûtez à l'amour qui est déjà là par votre simple souffle, vous l'exprimez, vous le laissez émaner de vous. Pendant quelques instants, pendant quelques minutes ou quelques heures, la quête est terminée, vous touchez à une paix profonde. Vous vous en abreuvez comme à un puits sans fonds, comme à une source pure et inépuisable. Vous êtes dans le jardin où tout est satisfait. Pourtant, rien n'a changé, rien n'a bougé.

À partir de tels instants, on peut reconsidérer sa vie et prendre le chemin du meilleur *pour* soi, qu'il s'agisse de l'alimentation, de l'exercice ou du rythme de vie. Il s'agit d'un état de retrouvailles avec soi-même. Il en émane tout naturellement un goût du respect de soi qui est respect de la vie – la sienne et celle des autres.

Comme je le disais d'entrée de jeu dans ce chapitre, l'élément le plus fondamental repose sur le fait qu'au jardin vous pouvez apprécier votre propre existence. Rappelez-vous : pure existence, pure conscience et pure jouissance de la conscience d'exister. Cela nourrit quelque chose d'essentiel comme rien d'autre ne saura le faire. En réalité, cela répond à l'angoisse existentielle en réparant de l'intérieur le sentiment d'unité perdue – ou que l'on croyait perdue.

La fréquentation du jardin modifie nos états intérieurs. Sur un plan subtil, nos émanations changent. Elles deviennent concrètement plus positives et plus amoureuses. Cela agit. Vous ne faites plus partie du problème. Vous n'êtes plus dans cette quête pathétique d'admiration et d'approbation. Vous n'êtes plus centré sur votre petite vie personnelle et ses vicissitudes. Vous vous êtes recentré sur la vie, sur le processus vivant qui vous anime et dont vous exprimez la beauté par votre simple présence.

Je le répète : vous ne feriez rien d'autre que de respirer de façon consciente dans votre jardin, que de méditer pour communier avec des états subtils de conscience, que de rêvasser à des façons différentes de vivre, vous auriez déjà fait beaucoup. Votre énergie bienveillante nous accompagnerait de façon subtile, nous invitant à l'amour profond de nous-mêmes, nous proposant la dégustation de la vibration lumineuse de la vie, et nous autorisant à aller vers la joie. C'est sans doute ce que font certains sages au fond de leurs cavernes, ou les moines et les sœurs appartenant à des ordres contemplatifs.

Car nos outils d'action sont subtils, eux aussi. Par exemple, si je me projette vers des situations difficiles, les mettant dans la lumière, les accompagnant d'énergie bienveillante, j'agis de façon invisible mais efficace. Comme je l'ai dit plus tôt, nous disposons maintenant de recherches solides qui prouvent de façon indiscutable que la prière et les intentions bienveillantes agissent à distance, même lorsqu'on ne connaît pas la personne qui a besoin d'aide.

Je sais que tout cela est étonnant. Toutefois, l'utilisation de tels outils permet de sortir de l'impuissance que l'on ressent devant les conflits mondiaux et devant certaines situations non résolues de notre propre existence. Ainsi, nous demeurons présents aux écueils, non pas en nous attristant, mais en les accompagnant de notre amour. Car nos pensées se rendent à destination. C'est pourquoi il vaut mieux les choisir.

Ces outils de lumière sont à découvrir et à expérimenter. Ils ne feraient que changer votre état d'esprit que la plus grande partie du but serait déjà atteinte. En réalité, ils font plus que cela. Ils ont une action concrète. Toutefois, l'explication de ces modes d'action dépasse l'ambition de ce livre.

Imaginer un prisme lumineux

Finalement, le lien avec le meilleur de soi doit lui aussi être imaginé. Imaginez la part lumineuse et vivante de votre être et, en quelques instants, vous sentirez votre propre vibration et pourrez la déguster. L'imagination vous permettra également de prolonger cette dégustation si vous visualisez, par exemple, que vous êtes un prisme lumineux qui répand la lumière autour de lui. Cela renforcera l'intimité avec vous-même.

En découvrant le meilleur en soi, en lui donnant l'attention qu'il mérite, en le faisant vivre, vous découvrirez peu à peu qu'il n'y a pas d'avantages à utiliser votre imagination pour promouvoir la satisfaction de vos désirs. Il vous semblera plus intéressant d'utiliser l'amour et la joie que vous découvrez en vous, pour l'offrir de façon continue à votre entourage. Vous aurez alors cessé de quémander et de vouloir, comme si tout vous manquait, ou comme si tout vous était dû. Vous aurez compris l'un des secrets du bonheur : offrir, offrir aux autres ce qui vous a manqué le plus, librement et gratuitement. C'est là la quintessence de la créativité humaine, et c'est ce que le jardin a de plus merveilleux à vous montrer, car, dans cet espace enchanté, tout s'offre sans rien demander en retour.

Avant de refermer la grille de cette conversation sur l'herbe, où nous avons parlé des façons de nourrir le meilleur de soi, je vous transmets ce conseil qui m'a été donné il y a fort longtemps par le poète Kabîr :

Ne va pas aux jardins des fleurs, ô ami !
N'y va pas !
En toi est le jardin des fleurs[67].

---

67. Kabîr, *op. cit.,* poème I.

TROISIÈME PARTIE

L'expression

corneau

Chapitre quinze

La parole qui crée le monde

L'EXPRESSION

Dans le premier chapitre de ce livre, je vous disais que l'univers est vivant, qu'il est énergie créatrice, qu'il s'exprime. Nos âmes individuelles sont pour ainsi dire les mandataires de cet univers expressif ; c'est pourquoi chaque fibre de notre être nous pousse à l'expression créatrice.

L'expression joue un rôle fondamental chez l'être humain. Comme je l'ai dit tout au long de la deuxième partie, parvenir à exprimer ses goûts, ses dons, ses talents et ses idéaux engendre le bonheur. S'exprimer par la parole, les gestes ou l'art est essentiel à l'épanouissement et à la santé tant physique que psychologique.

Puisque nous sommes des antennes énergétiques qui captent et qui transmettent, tout dans notre vie est expression. Nos pensées, nos émotions, nos sensations, tous ces éléments émanent vers l'extérieur. Nos maladies témoignent des blocages dont souffre notre expressivité. En d'autres mots, taire sa puissance expressive équivaut à mutiler sa force de vie.

Dans ce chapitre, je vous donnerai quelques exemples de personnes aux prises avec leur force d'expression, à différents stades. Dans les cas qui seront cités, la parole écrite ou parlée occupe une place centrale. Étant moi-même un homme qui vit de sa parole, ces cas me touchent tout particulièrement.

Être un homme de parole

Toute ma vie, j'ai été fasciné par la parole. Enfant, j'évaluais la messe en fonction de l'éloquence du curé. Adolescent, je me suis passionné pour la poésie. Jeune adulte, j'ai écrit pour le théâtre. Par la suite, je suis devenu psychanalyste, profession où chaque jour qui passe confirme que mettre l'inconscient en mots peut guérir. En 1993, j'ai même initié, au sein de différents réseaux d'entraide[68], la création de groupes de parole pour les hommes et pour les femmes.

Ma fascination pour les mots a peu à voir avec la littérature. C'est la sonorité des mots qui m'intéresse, et la parole me passionne : le « verbe ». Le verbe, c'est la parole et les mots quand ça vibre, résonne et fait frissonner ; quand cela fait réfléchir, transporte, calme et rassure. Le verbe, c'est la parole quand elle est pleine au lieu d'être vide, quand elle est authentique au lieu d'être diplomatique, quand elle est expressive au lieu d'être dépressive.

J'aime les poètes comme Jacques Brel, Léo Ferré, Jean Ferrat, Gilles Vigneault, Félix Leclerc et Leonard Cohen, parce que leur verbe me fait vibrer. Lorsque j'écoute leur œuvre, c'est comme si j'allais à la messe. C'est un événement sacré. Je veux m'imprégner de chaque sonorité ; je ne me lasse pas d'écouter ; je m'extasie sur la façon dont ils disent les choses. C'est comme si ces êtres devenaient « souffle » quand ils chantent. Ils sont des flûtes à travers lesquelles vibre l'air des mots, à travers lesquelles souffle une inspiration qui se projette sur moi, qui m'anime.

Et pourtant, quand on pense au verbe, n'y a-t-il pas lieu de s'inquiéter ?

---

68. Le Réseau Hommes Québec (RHQ) et le Réseau Femmes Québec (RFQ) sont des associations à but non lucratif qui aident à la mise en place de groupes de parole composés d'une douzaine de membres chacun et qui fonctionnent sur le mode de l'autogestion. Y adhérer est pratiquement gratuit. De plus, la formule s'est répandue en France, en Belgique et en Suisse. Voir les sites respectifs de ces réseaux : www.rhq.ca pour le RHQ ; www.reseau-femmes-quebec.qc.ca pour le RFQ.

La régression de la parole parlée

Il me semble que le domaine de la parole parlée ne cesse de régresser. Nous assistons à un recul de la forme verbale au profit de textes tapés sur le clavier de l'ordinateur ou du téléphone cellulaire. Ces nouvelles techniques de communication électronique sont éminemment pratiques, mais il faut bien admettre que l'absence de verbe nous confine de plus en plus dans un monde froid et solitaire. Nous sommes tous devenus des champions de la communication, mais nous ne déployons nos talents que dans le vide des écrans.

Qu'est-ce que le verbe a donc de si important pour que l'on puisse déplorer sa régression ? Eh bien, comme je le mentionnais plus haut, la parole vibre. Elle a sa propre signature vibratoire. Nous distinguons la voix de nos intimes parmi toutes celles que nous connaissons.

La parole est empreinte du ressenti de la personne. À force d'écouter, le psychanalyste finit par être un spécialiste de la lecture des voix. Lorsque je m'applique à écouter réellement quelqu'un et à laisser résonner sa voix en moi, je peux généralement dire comment il se sent.

Le courriel me prive de ce magnifique outil qu'est la parole. Il est rare qu'une rencontre avec une personne en chair et en os ne nous change pas ou ne transforme pas notre état d'âme, tant nous sommes, au niveau des ondes et des vibrations, de véritables vases communicants. La présence des autres nous stimule ou nous déprime. Lorsqu'elle nous stimule, leur vie ranime la nôtre et, ensemble, nous créons une vie encore plus vibrante.

Selon plusieurs études psychologiques sur la solitude, cette dernière, à moins qu'elle ne soit choisie, représente un facteur de risque pour la santé. C'est comme si nous devions avoir un certain nombre et une certaine qualité de stimulations vibratoires pour rester syntonisés à l'espèce humaine.

Ne restez pas dans l'isolement, parlez. Parlez à tout le monde, à l'épicier, au boulanger, au boucher, au risque de les embêter. Ce n'est pas grave. Ce faisant, vous leur rappelez qu'ils sont encore des personnes. Réglez vos affaires face à face, ou au téléphone plutôt que par courriel. Avec vos intimes, parlez de ce que vous ressentez chaque fois que cela vous est possible ; montrez votre vulnérabilité, philosophez et réglez vos différends. Sortez de votre timidité, entrez dans l'expression et vous serez surpris des résultats.

Parfois, lorsque quelqu'un me demande comment je vais, il m'arrive de répondre par onomatopées. C'est volontaire. Je trouve que dans notre vie de tous les jours, nos paroles n'ont plus de vie. Où sont passés les cris de joie, de frayeur, de plainte, de contentement des enfants que nous avons été ? Pourquoi nos cordes vocales sont-elles prises dans la glu de ces discours monocordes qui ne choquent personne ? Par peur de déplaire en haussant le ton, nous avons fini par abaisser nos âmes. Le chant des oiseaux n'habite plus nos gorges, ni le grondement des avalanches. Il ne reste qu'une ombre de notre champ sonore. Laisserons-nous le beau chant des humains se taire sur cette terre ?

Ne craignez rien, le meilleur de nous-mêmes veille. Nous risquons d'attraper plusieurs mots de gorge avant que cela n'arrive.

DES MAUX POUR LE DIRE AUX MOTS POUR LE DIRE

Les mots pour le dire, c'est le titre du livre-choc de Marie Cardinal – livre qui a accompagné le début de mes études en psychologie analytique[69]. L'auteur y raconte sa psychanalyse. Au cours de sa cure, elle passe des maux aux mots. Plus tard, elle deviendra romancière.

Dans le même ordre d'idée, voici l'exemple de trois femmes qui sont en débat avec la parole. La première s'empêche de parler et devient malade. La deuxième ne veut pas s'exprimer parce qu'elle a l'impression que cela la rendra malade. La troisième se guérit en prenant la parole.

Être sans mots

Il y a quelques années, une de mes amies a contracté une bronchite qui a dégénéré en pneumonie, qui s'est transformée en asthme chronique. Son médecin lui a alors prescrit de la cortisone en aérosol. Elle a si souvent utilisé cet aérosol que sa gorge a fini par être très enflammée.

Elle croyait pourtant être au bout de ses peines. Il ne s'agissait, somme toute, que de soigner sa maladie physique. Mais voilà, quelques mois plus tard, elle se retrouve sans voix, aphone. Elle veut appeler son mari, qui se trouve dans la pièce d'à côté, mais plus rien ne sort de sa gorge. Tout est bloqué !

---

69. Marie Cardinal, *Les mots pour le dire*, Paris, Grasset, 1975.

Elle file à l'urgence de l'hôpital avec son mari. À ce moment, elle a une sorte de vision : sa grand-mère lui dit de se détendre, de respirer dans son ventre et de laisser le souffle l'apaiser. Ce qu'elle fait. Petit à petit, elle retrouve l'usage de ses cordes vocales. Mais l'épisode l'impressionne à tel point qu'elle commence à se dire qu'il y a peut-être un aspect psychologique dans cette mésaventure.

Quelques années plus tôt, autour de la naissance de son premier enfant, les symptômes de bronchite sont apparus. Son mari voyageait beaucoup pour affaires ; elle était souvent seule avec leur nouveau-né. Puis, un jour, elle a eu la sensation d'être en prison, manquant d'aide et d'espace vital. Plus tard, la maladie s'est déclenchée, comme un signal d'alarme l'informant qu'elle avait besoin d'air et d'attention.

Après un certain temps, son époux a réalisé la gravité de la situation et a décidé de consacrer plus de temps à sa femme et à son enfant. Maintenant qu'elle était malade « physiquement », il ne considérait plus ses demandes d'attention et d'amélioration de leur dynamique conjugale comme des caprices – ce qu'il avait fait jusque-là. Il a réduit le nombre de ses voyages à l'étranger, s'est préoccupé du bien-être de sa femme et a pris davantage de responsabilités par rapport à l'enfant.

Mais dès que sa femme s'est sentie mieux, notre homme a repris ses habitudes. Et elle, de son côté, a replongé dans la maladie, son esprit ayant enregistré qu'elle se faisait mieux entendre lorsqu'elle était affectée physiquement. Le mécanisme s'est répété, réglé comme une horloge. Une fois l'asthme chronique enclenché, la perte de voix s'ensuivait, avec un étouffement qui, immanquablement, survenait au moment où elle voulait appeler son mari se trouvant dans la pièce d'à côté.

Au fond, cette femme criait sa détresse par « en dedans ». Cette stratégie inconsciente a un grand avantage, tout aussi inconscient : elle ne dérange personne. Autrement dit, elle ne brisait pas son image de bonne fille. Sans étaler son malheur de façon hystérique, elle obtenait l'attention souhaitée.

J'ai proposé à cette amie d'écrire, dans un journal personnel, ce qu'elle ressentait par rapport à sa situation conjugale et par rapport à elle-même.

Voici le mot qu'elle a adressé à son mari :

Je veux te dire que la situation ne me convient pas du tout, mais comme tu me donnes tout ce qu'il me faut sur le plan matériel, je ne vois pas de raison de me plaindre. Alors cela me laisse sans voix. Je me sens impuissante. Je ne sais pas comment te dire que j'étouffe dans notre relation depuis que notre enfant est né.

Et voici le mot qu'elle s'est adressé :

Je me crie à moi-même que quelque chose ne va pas, que je ne vis pas selon mes aspirations profondes. J'ai sacrifié beaucoup d'envies personnelles pour vivre ce couple et cette famille, mais tout cela est devenu profondément insatisfaisant. Je n'ose pas faire face à cette déception parce qu'elle remet trop de choses en question par rapport à mon idéal de vie, par rapport à ma mère, et par rapport à mon mari.

Personne ne semble comprendre ma frustration. Alors je suis coincée. Je suis neutralisée. J'en perds la voix. Je n'ai plus que la maladie pour exprimer ce conflit. Je prends mes médicaments en espérant que la situation va se régulariser. Le désespoir me guette parce que j'étouffe et que je ne fais rien pour améliorer mon sort.

Mon amie est une personne extrêmement idéaliste ; ses aspirations conjugales sont élevées. Avant son mariage, elle contemplait avec délices le bonheur d'une vie à deux, puis à trois, dans l'unité et la joie. Mais les accommodements auxquels elle doit faire face ne lui conviennent pas du tout : ils trahissent ses valeurs profondes. Cet arrangement social lui apporte peut-être le bien-être matériel, mais il la laisse affamée en ce qui concerne ses valeurs. Le meilleur d'elle-même n'est pas nourri par cette dynamique, dans laquelle elle répète des gestes qui finissent par ne plus avoir de sens pour elle.

Il sera difficile à cette femme de faire face à son insatisfaction profonde. Elle va devoir réaménager sa relation conjugale, sa relation avec sa mère – pour qui un divorce est impensable – et sa relation avec son idéal. Mais y a-t-il un autre chemin vers la guérison ?

Déjà, la décision de tenir un journal intime témoigne en partie du fait qu'elle accepte sa situation. Cette discipline va peut-être réduire l'ampleur de ses symptômes. Cette acceptation possède l'avantage de mettre à contribution les forces vives et créatrices de l'inconscient. Lorsque ces dernières se mobilisent, au lieu de produire des malaises, elles tentent d'ouvrir la voie à d'autres types de solutions, les symptômes ayant été le premier élément de cet effort créateur.

Mon amie sait maintenant qu'elle n'a plus beaucoup de latitude. Son unique choix est de se prendre en main pour soutenir ses idéaux. À défaut de quoi elle mourra, littéralement, à bout de souffle, dans une sorte de lent suicide, par peur de déranger son entourage.

Ce cas me semble exemplaire de ce que plusieurs femmes vivent ou ont vécu. L'engagement affectif, le mariage et la famille revêtent une valeur essentielle à leurs yeux ; elles sont prêtes à une foule de sacrifices pour le bien-être de leur époux et de leur progéniture, et comme ces sacrifices ont du sens pour elles, ils ne sont pas vécus comme douloureux. Néanmoins, si un climat d'amour conjugal ne soutient pas l'entreprise, cette dernière perd vite sa signification à leurs yeux, et les symptômes apparaissent. Les hommes, qui puisent leur valorisation dans le monde du travail plutôt que dans la vie intime, éprouvent des difficultés à comprendre la psychologie de leur épouse.

Mais, homme ou femme, ne sommes-nous pas logés à la même enseigne ? Ne sommes-nous pas engagés dans un immense travestissement de notre réalité intérieure au profit de notre personnalité, par peur de perdre les biens et la reconnaissance que nous avons amassés ? Alors nous produisons des symptômes pour dire notre désaccord profond, total, radical d'avec nous-mêmes, au point de mettre nos vies en danger.

À dire vrai, nous ne sommes pas sur cette terre pour nous « arranger », nous sommes sur cette terre pour manifester l'amour et la créativité que nous portons en nous, en utilisant la matière vivante comme tremplin d'expression. Et lorsque la « sur-adaptation » finit par nous faire perdre de vue notre essence individuelle et universelle, nous nous éteignons.

Consentir à être malade pour s'exprimer

Une femme dans la quarantaine vient me consulter pour une heure. Elle veut se réorienter professionnellement. Elle gagne sa vie dans le monde du commerce, mais tend plutôt du côté de l'accompagnement thérapeutique. Elle a du reste commencé une formation en ce sens. Elle me demande comment savoir si cela est juste pour elle.

Je lui dis d'abord que ce qui est juste est ce qui nous fait vibrer et nous donne le goût de vivre. L'activité dans laquelle on ne voit pas le temps passer est certainement la plus adéquate pour nous. À ce titre, ce que cette femme me raconte me semble tout à fait possible. Toutefois, je trouve qu'elle ne manifeste pas beaucoup de passion en me parlant de son changement professionnel et cela me pose question.

Nous continuons à parler et, finalement, j'apprends qu'elle souffre de ce qu'elle appelle des «rages d'écriture». Dans ces moments-là, me dit-elle, il faut qu'elle trouve un crayon et un bout de papier, quel que soit l'endroit où elle se trouve. Cette pulsion est si forte qu'elle lui donne mal au ventre, sans qu'il y ait de raison physiologique. Elle a fini par en conclure que sa vocation ne peut pas être l'écriture «puisque ce n'est pas serein du tout, tout ça».

Je la rassure: «Vos maux de ventre sont normaux. Ils sont même, à mon sens, une sorte de bénédiction qui vous tombe dessus. Il y a tant de gens qui font semblant: semblant de souffrir, semblant de créer, semblant d'écrire. Pour vous, c'est criant de vérité. Vous n'avez pas le choix.»

Elle ne comprend pas du tout comment je peux appeler cela une bénédiction! Elle me décrit la souffrance du processus et les angoisses paralysantes que ses rages d'écriture font naître en elle. Elle me confie que la tension vient en grande partie d'une réflexion de son père, qui lui a affirmé à maintes reprises qu'elle n'aboutirait jamais à rien.

Je comprends alors la nature de son conflit inconscient, que l'on pourrait exprimer de la sorte: je veux écrire pour m'exprimer et me libérer, mais je suis convaincue que je n'arriverai jamais à rien puisque mon père lui-même me l'a affirmé.

Elle me demande comment son geste peut devenir plus paisible et plus heureux. Selon moi, il faut d'abord faire le choix d'aller volontairement vers la création, au lieu d'attendre d'être submergée. Elle réplique qu'elle n'y va pas d'elle-même parce qu'elle sait fort bien que les peurs et les croyances négatives vont survenir, et qu'elle veut s'éviter toutes ces souffrances.

«Votre attitude même rend l'entreprise difficile, lui ai-je répondu. La poussée est là, elle ne peut trouver de sortie, alors elle vous rend malade. Au lieu d'accoucher, vous avez mal au ventre.» Je lui répète que, si elle arrive à «choisir» son geste au lieu d'attendre, si elle accepte de cultiver son jardin, elle trouvera la sérénité, au-delà de ses peurs.

« Mon père est mort dans l'amertume, et défait par la vie, sans avoir réalisé ce qu'il souhaitait. De plus, dans mon métier, je rencontre régulièrement des hommes qui souffrent parce que, malgré leurs succès, ils ne font pas ce qu'ils auraient aimé faire. »

« Vous êtes chanceuse. Votre père et tous ces gens sont vos véritables enseignants. Ce sont eux que vous êtes venue rencontrer dans cette vie. Ils vous montrent la direction. Ils vous disent en chœur : "Ne suis pas notre chemin, il ne mène pas au bonheur. Nous sommes des êtres malheureux, étouffés par le confort, les problèmes familiaux et le surcroît de travail. Nous avons couru pour réussir, et pourtant nous avons perdu la course de la vie." »

« Je désire seulement que mon mal de ventre passe quand j'écris », reprend-elle. Que lui dire de plus ? Elle ne sait pas encore la grâce que c'est de souffrir pour enfanter une inspiration. Je me retiens d'ajouter : « Si l'écriture d'un livre ne vous bouleverse pas, s'il ne vous change pas, s'il ne bouscule pas votre personnalité bien apprêtée, il ne compte pas. Si ce n'est pas une œuvre sortie de votre ventre, il ne sert à rien de l'écrire. »

Finalement, elle me demande si je peux l'aider d'une façon quelconque. Je lui réponds : « Réellement, je ne peux pas grand-chose pour vous. Je peux juste vous aider à avoir mal au ventre. »

Cette jeune femme s'est finalement mise à l'écriture. Après quelques semaines, j'ai reçu plusieurs pages par courriel. Il s'agissait d'un texte sur sa mère. La démarche était intéressante. Elle avait décidé d'accoucher par elle-même malgré la douleur.

La force d'une croyance négative diffusée par la parole d'un parent est l'élément qui m'a le plus touché dans cette histoire. Ainsi, un père avait pour ainsi dire interdit à sa fille de créer et de s'accomplir, lui imposant le sort qu'il s'était imposé à lui-même. Cela m'a permis de mettre en évidence l'importance des mots que nous adressons à nos proches, et en particulier aux enfants. Nous reviendrons un peu plus loin sur ce sujet capital.

La parole qui guérit

Tant que le meilleur de soi est prisonnier des croyances du passé, il peut engendrer des douleurs. D'ailleurs, il y a souvent un temps de transition qui n'est pas toujours agréable à vivre. Toutefois, en général, le courage de l'expression conduit à la joie, à la guérison et à la régénérescence de la vie. C'est ce que nous démontre le cas suivant.

Constance a toujours écrit. Je veux dire que, toute jeune, elle aimait déjà écrire. Au point de faire des études en Lettres. C'est là, pendant ses années de fac, que tout bloque. Balzac, Flaubert, Nabokov, Boulgakov, comment peut-on arriver à la cheville de ces écrivains-là ?

De plus, elle souffre du fait que les études sont très livresques et que l'on n'éduque que sa tête. Intérieurement, elle se sent comme dans un goulot d'étranglement. Pour survivre aux tensions, elle se coupe de plus en plus de son corps.

Finalement, elle se marie avec un « bourgeois plein de fric ». Beau loft parisien et tout le tralala. En même temps, elle décide de bifurquer. Elle quitte les Lettres et s'inscrit en Sciences politiques, afin de prendre ensuite la direction du haut fonctionnariat.

Mais elle commence à avoir mal au ventre, elle aussi. On lui trouve des nodules au foie. Le médecin lui dit que, selon toute vraisemblance, ce sont des métastases et qu'il ne lui reste probablement que six mois à vivre. Le surlendemain, elle commence une psychanalyse. La semaine suivante, elle achète un cahier.

Puisqu'il n'y a plus de temps à perdre, il faut faire le plus important : écrire pour le plaisir d'écrire, sans autre ambition que la joie de poser des mots sur le papier. « Écrire avec son ventre », comme elle dit. Ensuite, retrouver son corps par le chant et la danse.

Les tumeurs au foie sont moins malignes que prévu. Mais l'annonce de sa mort prochaine se révèle bénéfique : elle a trouvé l'écriture, et elle s'est retrouvée. Elle ne lâcherait plus.

La séparation d'avec son mari s'ensuit. Puis c'est la première publication et le succès. Vivre en accord avec son ventre est devenu son projet principal. Son travail de fonctionnaire sert à payer pour tout cela. Elle vit moins richement, mais elle est vivante, heureuse et, enfin, elle s'exprime.

L'expérience de Constance m'a rappelé un exercice créé par Jacques Hébert, « *coach* de vie », selon son expression, et « massothérapeute ». Il demande à ses clients : « Si vous aviez six mois à vivre et que tout était possible, que feriez-vous en priorité ? » Puis vient une seconde question : « Imaginez maintenant que vous êtes mort sans avoir pu réaliser ce rêve, comment vous sentez-vous ? » Et finalement, la conclusion : « Si vous avez quelques regrets que ce soit par rapport au fait de ne pas avoir incarné votre projet, entreprenez le plus vite possible sa réalisation, car la clé de votre bonheur est là. »

Voilà un exercice tonique dont chacun de nous peut bénéficier, n'est-ce pas ?

J'ai tenu à vous raconter ces trois histoires de femmes pour vous démontrer combien l'expression est importante, et que ce que nous appelons la vie, avec toutes ses vicissitudes, se joue essentiellement autour de l'enjeu que Marie Cardinal a si bien nommé : passer des *maux* pour le dire aux *mots* pour le dire. L'enjeu de ce passage vers l'expression est la satisfaction profonde que l'on ressent quand on vit pleinement.

Pourquoi en est-il ainsi ? Parce que la parole guérit, parce que l'expression guérit. Parce que les heurts qui s'impriment en nous ont besoin de trouver un exutoire si nous ne voulons pas qu'ils nous étouffent. Parce que les joies qui nous visitent veulent qu'on les communique. Parce que les inspirations qui nous traversent cherchent elles aussi le chemin d'une expression qui nous ressemble, qui ressemble à notre façon de voir et de vivre le monde. Parce que nous sommes tous ensemble sur le même bateau et que nous nous guidons les uns les autres. Et puis, comme le dit Deepak Chopra, parce que les étoiles veulent se voir et que nous traduisons leur beauté à travers nos paroles écrites, chantées ou dansées.

LA PAROLE DU CŒUR

Lorsque je fais une conférence et que j'écris, je suis guidé par une sorte de feu intérieur. Par l'entremise des mots, je m'efforce de brûler de ce feu qui ne brûle pas. Tout cela n'a rien de technique, c'est un ressenti, qui se situe au niveau du cœur et du ventre. Ce ressenti m'indique si je dis vrai. À travers lui, je suis la ligne de l'authenticité intérieure, la ligne de la vérité, la ligne de l'inspiration.

Cela vaut pour la parole publique. Toutefois, je remarque, dans ma vie de tous les jours, que je m'empêtre parfois. Je ne trouve pas les bons mots et, très souvent, je n'arrive même pas à prendre la parole. Pire, quand je la prends, j'ai peur de prendre trop de temps pour dire ce que j'ai à dire et, si je le fais, je deviens malhabile. Alors je raccourcis les formules et j'éprouve un sentiment d'insatisfaction.

J'ai observé que cela se produisait surtout lorsque je veux exprimer des choses personnelles, des besoins, des désirs, des souhaits ou des envies ; ou encore des insatisfactions, des heurts et des incompréhensions. On dirait que je me suis condamné à n'exprimer que ce qui sert et fait plaisir à mon entourage.

Bien entendu, le personnage est caché là, très exactement. Il tergiverse. Il calcule. Il se compare. Il craint d'être transparent de peur d'être rejeté ou de perdre les avantages que certaines personnes lui concèdent. Il redoute d'afficher une parole nue, vulnérable et fragile.

Alors je converse avec moi-même :

L'individualité : « Tu prétends être un homme de parole, mais es-tu un homme de parole dans chaque sphère de ta vie ? Qui est-ce qui parle lorsque tu parles ? »

Le personnage : « Toute vérité n'est pas bonne à dire. Si nous sommes trop ouverts, les autres peuvent s'en servir contre nous. Il ne faut pas être naïf, il faut savoir se méfier. »

L'individualité : « Lorsque la parole est claire, transparente et respectueuse, elle est tellement plus satisfaisante. »

Le personnage : « Ce n'est pas si simple. Parler franchement, c'est long à apprendre. Mieux vaut se préparer à faire des deuils ! »

L'ndividualité : « La pureté de l'expression apporte de la joie à un être. Une telle parole est véritablement libératrice. De plus, sa vibration crée de nouveaux types de rapports entre les êtres humains. »

Moi : « Je suis fatigué de tous mes secrets et de toutes mes peurs. Je trouve que ça vaut le coup de tenter la parole du cœur. »

Lorsque nous parlons, cela vaut la peine de se demander qui parle : le personnage ou le meilleur de soi ? La même chose vaut lorsque nous écoutons la parole d'autrui. Il est bon de savoir qui est à l'écoute. Est-ce le personnage qui a besoin d'avoir raison et de se justifier ? Est-ce celui qui ne peut pas écouter réellement parce que le verbe de l'autre l'inquiète et menace ses acquis ?

Ou, à l'inverse, pouvons-nous écouter les autres à partir du meilleur de nous-mêmes ? Nous pouvons alors entendre ce qui se dit derrière les mots, parce que nous écoutons avec notre cœur, à partir de notre partie lumineuse. Lorsque j'écoute avec mon cœur, j'aime l'autre. J'aime la vérité de son expression, et même sa maladresse. En outre, cela ne m'empêche nullement de manifester mon désaccord éventuel.

Développer une parole simple, authentique et transparente qui peut exprimer et en même temps nous délivrer n'est pas si problématique. Une pulsion en nous cherche vraiment à en arriver là. Oser parler à partir du cœur, en toute humilité et en toute simplicité, voilà où le nœud prend forme. Il y a tant de peurs de blesser ou de perdre, d'être rejeté ou de se retrouver seul. Il y a tant de craintes de ne plus exister dans le regard de l'autre.

Et si c'était la parole interdite qui nous tuait prématurément ?

La parole positive

On accuse souvent les hommes de ne pas parler beaucoup. Eh bien ! il y a un endroit où ils parlent encore moins qu'ailleurs : les douches du gymnase ! Ce lieu masculin par excellence est lourdement connoté. Il est bourré de fantômes et de fantasmes. C'est l'endroit où, jeunes, nous pouvions, sans en avoir l'air, regarder les pénis des autres afin de nous rassurer par rapport à notre virilité. C'est aussi le lieu où la peur d'être pris pour un homosexuel régnait en maîtresse absolue.

Malgré le silence presque obligé qui y règne, j'y ai entendu, cette semaine, un dialogue fort inhabituel. Deux inconnus se parlent en prenant leur douche, ce qui est déjà un événement. Ils sont pratiquement l'un en face de l'autre. Je ne vois que celui qui est dans le cubicule en face de moi, un vieillard. L'autre personne est dans un autre cubicule ; je ne le vois pas, mais il semble jeune.

> *Le vieil homme* : « Vous avez un corps extraordinaire. Vraiment, c'est merveilleux. Vous avez l'air parfaitement en forme. L'êtes-vous ?
> *Le jeune homme* (timide) : – Oui, oui, je me tiens en forme.
> *Le vieil homme* : – C'est rare qu'on voie une telle harmonie dans les proportions. Une telle force émane de vous. D'où êtes-vous ?
> *Le jeune homme* : – Je suis d'Atlanta, aux États-Unis.
> *Le vieil homme* : – Et vos parents, d'où viennent-ils ?
> *Le jeune homme* : – Mon père est russe, ma mère est perse.
> *Le vieil homme* : – Russe ! Voilà pourquoi vous êtes si bien fait !
> Quel âge avez-vous ?

Le jeune homme : – J'ai 24 ans. Et vous, quel âge avez-vous ?
Le vieil homme : – J'ai 84 ans et j'ai déjà été comme vous êtes aujourd'hui. Vraiment, encore une fois, félicitations. »

Le jeune homme sort de son cubicule et s'avance. Je peux enfin voir cette merveille de la nature. Il s'agit d'une sorte de colosse issu de la statuaire grecque. Ce n'est pas du tout un corps travaillé par la musculation. C'est un corps fort et robuste aux proportions équilibrées. Je comprends que le vieillard ait été impressionné.

Toutefois, ce sont l'originalité, la spontanéité et la chaleur de ses compliments qui m'ont vraiment surpris. On n'entend pas cela souvent. Inutile de dire qu'il n'y avait aucune connotation sexuelle ou séductrice dans ses propos, non, une simple admiration, manifestée ouvertement.

Je me suis demandé si j'aurais pu prononcer de telles paroles. Certainement pas. J'aurais eu peur qu'elles soient prises pour des avances. Je me suis alors rendu compte que ma parole n'était pas libre. Comparée à celle de ce vieil homme, elle était empesée, engluée dans les conventions. Je n'aurais jamais pu avoir cette spontanéité.

Qu'est-ce qui permettait cette spontanéité chez ce vieillard de 84 ans ? Son âge, sans doute. Il était libre, il n'avait plus rien à perdre, plus rien à prouver, plus personne à séduire. Il s'exprimait tout simplement, et cela changeait la face du monde. Du moins, cela changeait l'atmosphère des douches, devenues tout à coup un lieu convivial où l'on pouvait parler.

J'envie la liberté de ces hommes débarrassés de ces préventions qui empêchent les gens de se parler plus en public, les obligeant à vivre dans une bulle de solitude. En entendant ce vieillard, je me suis fait un point d'honneur de libérer ma parole avant d'avoir son âge. Je me suis juré que je ferais un effort conscient pour me détendre et laisser mon authenticité s'exprimer plus simplement. Toutefois, je ne crois pas que je commencerai dans les douches du gymnase…

La parole lumineuse

Je vous ai raconté cette anecdote pour souligner quelques points ayant trait à la façon dont nous parlons les uns avec les autres. La plupart du temps, lorsque nous prenons la peine de converser avec nos intimes, nous le faisons pour souligner leurs bêtes noires, leurs « bibittes », comme on dit en québécois. Selon l'expression de Jacques Salomé, nos messages sont la plupart du temps toxiques, et l'autre ne sait que faire de cette pollution, sauf en souffrir et nous la renvoyer sur le même ton. Au lieu de promouvoir le meilleur de chacun, ces communications servent au renforcement de la personnalité défensive.

Aussi le psychosociologue des communications nous invite à une vigilance toute particulière par rapport à la façon dont nous nous exprimons, car la parole est créatrice de rapports sains qui nous stimulent, ou de rapports malsains qui nous font perdre goût à la vie.

> Lorsque tu m'envoies un message toxique, par exemple une explosion de colère, une disqualification, ou un jugement de valeur, tu blesses la *vivance* qu'il y a en moi. C'est énergétivore. Ça me bouffe de l'énergie. J'ai des doutes, je perds ma confiance en moi, je ne sais plus si tu m'aimes. L'estime de soi en prend un coup. Je ne m'aime plus et je me retrouve dans le déplaisir d'être[70].

À l'inverse, Salomé précise que les six effets d'une communication réussie chez nous tout autant que chez l'autre sont : 1) le goût de vivre – la vivance ; 2) l'énergie ; 3) une reprise de la confiance en soi ; 4) un rehaussement de l'estime de soi ; 5) un renforcement de la capacité de s'aimer ; 6) le plaisir d'être.

La parole qui soutient, nourrit, rassure et encourage est d'une importance capitale. Elle nous guérit lorsque nous l'émettons et elle nous régénère lorsque nous la recevons. Combien de fois avez-vous entendu dans votre enfance un avis véritablement stimulant qui soulignait un de vos talents ? En avez-vous déjà entendu un dans votre couple ? Je suis certain que si vous avez bénéficié d'un renforcement positif dans votre jeunesse, il sert encore aujourd'hui de base à votre confiance en vous-même.

À l'inverse, prenez-vous la peine de mettre en mots et de souligner les apports positifs des autres dans votre vie, ou est-ce que cela vous gêne ?

---

70. Productions Point de Mire, *Guy Corneau en atelier*, épisode « La communication dans le couple ». Spécialiste invité : Jacques Salomé, sociologue des communications, document inédit, diffusion prévue sur les ondes de Canal Vie au printemps 2007.

Toute la question est là. Nous avons une véritable révolution de la parole à vivre. Nous nous plaignons du fait que nos politiciens pratiquent la langue de bois, mais ne pratiquons-nous pas, nous aussi, la même chose dans nos vies privées ?

La parole du cœur peut nous sauver. À cet effet, je vous propose l'exercice suivant : chaque jour de cette semaine, appliquez-vous à souligner un talent que vous avez remarqué chez une personne. Je ne vous demande pas d'être flatteur ou obséquieux, mais de vous laisser surprendre et de vous exercer à laisser émaner la parole du cœur.

Ne croyez-vous pas que, si chaque être humain faisait cet exercice pendant quelques jours, un changement notable s'opérerait rapidement dans nos vies ?

Les sans mots

Cela vaut aussi pour les paroles que nous adressons aux pauvres, aux sans-abri, aux mendiants, aux jeunes décrocheurs, aux rejetés des familles et des institutions psychiatriques, bref, à ceux qui manquent de mots, à ceux qui sont les perdants du concours de la parole. Ceux qui mendient disent d'ailleurs que les gens ne les regardent pas en leur tendant une pièce. De là à leur parler… C'est comme s'ils n'existaient pas.

Pourtant ils existent et leur présence dans nos villes est l'expression authentique d'un malaise profond. Nous nous comportons comme si nous voulions nous cacher qu'il y a une crise en filigrane et que l'écart entre riches et pauvres, entre gagnants et perdants du système grandit d'année en année.

Qu'elles soient individuelles ou collectives, les crises nous invitent à corriger des trajectoires et des façons de faire. Elles nous incitent au rapport vrai et à l'invention. Elles nous invitent à laisser tomber les masques et à fonder de nouveaux rapports. Les crises sont quête de vérité, quête d'authenticité et recherche tâtonnante du meilleur. Pourtant, elles sont rarement entendues de cette façon. Voilà pourquoi elles ne se règlent pas.

Le professeur Jean-Pierre Pourtois, qui dirige le Centre de recherche et d'innovation en sociopédagogie familiale et scolaire de l'Université de Mons, en Belgique, ne cache pas qu'il y a une crise sociale. Il s'intéresse particulièrement aux dynamiques de démarginalisation et d'inclusion dans les milieux touchés par la pauvreté. « Nous avons besoin d'hypothèses comme les vôtres pour repenser nos interventions », me disait-il en m'invitant à parler dans son centre.

En le questionnant, je me suis rendu compte que l'intervention sociale suivait le même chemin que l'intervention individuelle. Si l'on attaque un problème de front, on risque de faire en sorte que les individus touchés se crispent et se replient encore plus sur une définition fermée d'eux-mêmes. Alors, je me suis dit que commencer par des voies créatrices où il y a *partage* du plaisir pouvait effectivement être une voie d'avenir. Ainsi, une balade dans la nature, un cours de danse sociale, un atelier de théâtre, des séances de détente, des cours de cuisine ou quoi que ce soit d'autre sont autant de façons de prendre contact – ces contacts qui font que les gens se décontractent, s'expriment, reprennent confiance en eux-mêmes et décident de régler leurs problèmes. Sans cesse, il s'agit de permettre une nouvelle respiration par l'expression, l'imagination ou la circulation de nouvelles idées.

À cet effet, Isabelle Rolin, passionnée par la peinture spontanée et intervenante à Cœur.com, a mené des ateliers auprès de jeunes en difficulté. À plusieurs reprises, elle m'a dit à quel point le fait d'avoir accès à un médium d'expression libre aidait ces jeunes à se dégager et à changer leur regard sur eux-mêmes. Ainsi, ils découvrent en eux des ressources cachées et retrouvent le goût à la vie.

Le professeur Pourtois suit une bonne piste : en réveillant le meilleur de soi chez les êtres, on ne peut pas se tromper. Cela permet de les entendre différemment et de parler d'eux différemment. En posant un regard lumineux sur celui qui est exclu, on lui fait découvrir sa propre lumière. Alors, la parole créatrice jaillit.

Vus sous cet angle, les gens en crise nous rendent service. Ils nous aident. Ils nous rappellent que quelque chose ne va pas dans toute la construction sociale. Comment se fait-il qu'au lieu d'être dans une société qui sert la partie vivante et lumineuse des êtres humains, nous soyons dans des formes d'organisations collectives qui nous contrôlent de plus en plus ? N'aurions-nous pas reproduit sur un plan collectif ce qui se passe au niveau individuel ? Rappelez-vous ce que nous avons vu dans la première partie de ce livre : au début, la personnalité assure notre survie et notre protection, mais par la suite elle nous étouffe. N'en sommes-nous pas là aussi sur le plan social ?

Oui, les vieux peinent à monter dans les autobus ; les fous parlent tout seuls dans les rues ; les sans-abri sentent mauvais ; et ceux qui mendient nous harcèlent. Mais peut-être que ces gens nous rendent l'immense service de retarder notre marche vers la mort en nous rappelant que nous sommes d'abord et avant tout des êtres humains.

Ceux qui n'ont pas de mots nous invitent à redécouvrir que tous les êtres sont égaux parce qu'ils participent tous de la même nature universelle. Ils contestent à leur façon des organisations qui étouffent la créativité des êtres et les éloignent de leurs idéaux pour obéir à des normes.

Nous sommes à la fois individuel et universel, individu et citoyen. Le projet personnel ne peut se dissocier du projet collectif. Un être ne peut trouver le bonheur s'il ne satisfait que ses besoins personnels. Il s'enferme dans une bulle qui finit par l'isoler et, bientôt, riche de tout, il ne peut plus toucher à rien qui ait du sens. Les conditions sociales changeront-elles un jour ? Sûrement, mais il faut cependant mettre des mots sur ces changements si nous voulons qu'ils se produisent. En réalité, la parole crée le monde beaucoup plus efficacement que nous ne le croyons. Lorsque nous mettons des mots sur les maux, les dits maux deviennent des mots dits et cessent d'être maudits.

Nous avons vu dans ce chapitre que l'expression est une dimension essentielle de l'être. Elle le mène à une expérience de satisfaction profonde qui se décline sous les traits de la guérison, de la régénérescence et de la joie. Nous avons vu également que la parole du cœur, claire et transparente, exige une véritable révolution, qui concerne chaque membre de l'organisme social. Or, pour que l'expression apporte la joie escomptée, elle doit avoir un sens, une direction. C'est ce dont nous allons traiter maintenant en abordant la notion d'idéal.

Chapitre seize

Sous la lumière d'un idéal

RÊVER UN IMPOSSIBLE RÊVE

Dès que l'on est en mesure de réveiller, de nourrir et d'exprimer son individualité créatrice, se pose une autre question : quelle direction donner à l'énergie de création ? Comment utiliser ses capacités d'expression ? Quels sont les gestes qui ont du sens, quels sont ceux qui n'en ont pas ? Nous soulevons ici une dimension très importante de notre présence au monde, celle de nos aspirations. En effet, réveiller nos forces expressives ne suffit pas, il faut que nous sachions quoi faire avec elles. Ainsi s'ajoute à l'inspiration et à l'expiration une autre dimension de la respiration fondamentale de l'être : l'aspiration. Nous pourrions la définir comme l'élan qui mène vers un idéal.

Je situe l'aspiration dans le contexte de notre respiration fondamentale pour montrer qu'elle est une pulsion très intime qui, tout comme la respiration, doit prendre sa source au cœur même de l'être. Cela élimine d'emblée tous les idéaux venant de l'extérieur, qui représentent certes des valeurs respectables mais ne nous font pas vibrer. Ce que nous accomplissons par devoir et sans plaisir s'associe d'emblée à la personnalité. Si nous posons un acte dans le but de plaire, d'être respecté, ou pour faire comme les autres, cela ne compte pas. Ce geste n'engage pas un réel assentiment de l'être et reste une obligation de plus, qui produit de la fatigue plutôt que la ferveur recherchée.

Car l'idéal entraîne une ferveur. Il génère des valeurs qui suscitent l'acquiescement de l'être entier – et pas seulement de sa raison. À la limite, c'est une question d'instinct. Un idéal qui ne vous prend pas aux tripes ou qui ne vous fait pas rêver est peut-être bon pour quelqu'un d'autre, mais pas pour vous.

Par rapport à l'idéal comme par rapport à l'expression créatrice, j'ai découvert que non seulement il n'y avait pas de résultat à attendre, mais qu'il n'y avait surtout pas de choses à faire pour le mériter. L'idéal est déjà en soi, comme les étoiles sont dans le ciel. Ne suffit-il pas de lever les yeux au ciel pour découvrir les constellations ? Dans le cas de l'idéal, il s'agit de les fermer, ces yeux, pour ressentir nos vibrations intérieures, celles qui forment pléiade en nous pour nous guider. Il n'y a rien à atteindre. Cet éclairage est déjà là et il correspond à notre sensibilité. Il suffit d'accepter de s'orienter selon cet éclairage et de changer de constellation si cela s'impose.

Il n'en reste pas moins que la notion d'idéal est à manier avec des pincettes, tant les êtres peuvent se faire mal avec elle. J'ai déjà fréquenté une organisation humanitaire que je trouvais fort attirante en raison de la clarté de ses valeurs et de son action. Cependant, à mesure que je rencontrais les membres dans l'intimité, ils me confiaient une foule de problèmes, allant des ulcères digestifs aux problèmes de conscience, en passant par des problèmes sexuels. Après quelque temps, je me suis rendu compte que leurs idéaux s'étaient traduits dans la réalité par un ensemble de règles strictes et non écrites auxquelles ils s'obligeaient tous à obéir. Leurs aspirations ne tenaient pas assez compte des individualités des membres de l'association.

Lorsque les blessures du passé n'ont pas été suffisamment explorées, un individu peut en arriver à faire les bonnes choses pour les mauvaises raisons. Il tente alors de préserver une personnalité de sauveur – qui a pu se former très tôt en relation avec des parents malheureux qu'il fallait sans arrêt réhabiliter en offrant ses bonnes actions. Le petit jeu continue à l'âge adulte, sur une plus grande échelle. Le fait d'avoir développé une telle sensibilité n'est pas problématique en soi, mais l'identification exclusive à une personnalité guidée par l'abnégation peut entraîner de lourdes conséquences si l'on ne s'autorise pas à avoir des désirs personnels.

Dans ce chapitre, je vous propose d'entrevoir l'idéal d'une autre manière. Je vous invite à le concevoir comme une étoile qui guide nos pas et éclaire notre vie. Il s'agit de « l'inaccessible étoile », que chante Don Quichotte dans la comédie musicale du même nom et que le chansonnier Jacques Brel a immortalisé par son interprétation.

Permettez-moi de vous donner une idée de ce que je veux dire en me référant à nouveau à l'expérience que j'ai vécue en Inde lors de l'atelier *Mouvement, souplesse, lumière*. Avant que nous nous rendions sur le site pour sculpter, j'ai suggéré à chaque participant d'imaginer sa représentation idéale du mouvement, de la souplesse et de la lumière. Bien que, une fois arrivé sur le terrain, chacun se soit rendu compte qu'il lui serait pratiquement impossible d'extraire cette image de la pierre, elle a continué à agir. Elle est devenue une orientation générale, qui constitue une bonne métaphore du rôle véritable de l'idéal. En effet, une aspiration vivante éclaire notre action et les choix que nous avons à faire. Elle est comme l'astre qui illumine les pas du Chevalier de la Mancha ; toutefois, elle est loin d'être une chimère. Malgré nos humbles moyens et les difficultés objectives du parcours, la vision de ce soleil intérieur alimente notre courage et notre ferveur. L'idéal est le phare qui oriente notre action et nos prises de décision.

Ainsi, il est possible de marcher vers un idéal, malgré les embûches, en contemplant son étoile intérieure, rempli de bonheur à l'idée de participer au monde en faisant valoir cet éclairage. Je veux dire par là que nous profitons instantanément du contact avec l'idéal. Il ne sert à rien d'en attendre la réalisation puisque la lumière de cette étoile est déjà là. Si la lune est pleine et que vous sortez pour la contempler, vous bénéficiez de sa lumière tout de suite. Pas besoin d'aller sur la lune pour jouir de ses rayons !

Ainsi, un être peut bénéficier immédiatement de la présence d'une grande aspiration dans sa vie et trouver du bonheur à incarner la présence de cette lumière dans le monde. Si, en vivant sa vie dans un esprit de pacification, en prenant petites et grandes décisions dans cet esprit, un individu fait vivre cette aspiration, elle le rendra heureux, car, en la respectant, il se respecte. Au contraire, si quelqu'un attend que la paix se réalise sur la terre pour cesser de se plaindre et commencer à sourire, il court de bonnes chances de mourir de très mauvaise humeur.

Dans notre séminaire, nos images idéales sont devenues des phares qui guidaient nos gestes, et qui n'empêchaient en rien le plaisir du jeu. Au contraire, il y avait le bonheur de se situer dans une direction alimentée par l'image vivante du mouvement, de la souplesse et de la lumière. Sculpter dans la quiétude d'un idéal à poursuivre, dans la joie de travailler à l'avènement de la beauté, dans un sentiment de justesse par rapport à soi, dans le plaisir d'une simplicité sans prétention, dans la liberté de créer au gré de sa fantaisie, que désirer de plus ? Pourquoi n'en est-il pas de même lorsque nous sculptons notre vie ? C'est une question que je me pose de plus en plus souvent.

Jouer pour gagner ?

La notion d'idéal peut générer plusieurs écueils. Je voudrais en passer quelques-uns en revue dans les prochains paragraphes. Mesurer sa valeur personnelle en fonction du fait que nos aspirations soient atteintes ou ne le soient pas est l'un de ceux-là. C'est une bonne recette pour le surmenage et le malheur – malheur d'autant plus grand si vous avez eu l'audace de rêver grand. Le rêve a alors été récupéré par la personnalité qui, elle, veut des résultats et n'a que faire d'aventures à première vue irréalisables. Elle veut des retombées pour être capable de les exhiber et ainsi se faire valoir, les utilisant pour se promouvoir et être reconnu par les autres. Pour le personnage, une action ne sert à rien si elle ne sert pas à cela. Or, avoir de l'ambition et avoir de l'idéal, ce n'est pas la même chose. Être une « star » – ou vouloir en être une – et marcher dans la lumière d'une étoile, ce n'est pas pareil. En confondant les deux, vous vous lancez à la poursuite de rêves qui vous demanderont tout ce que vous pouvez donner. Vos ambitions vous essouffleront au lieu de vous remplir d'allégresse.

Traiter l'idéal comme un but à atteindre est un autre écueil possible. En effet, pour plusieurs personnes, la notion d'idéal rime avec celle d'excellence. Elles vivent exclusivement dans la perspective de résultats hors pair. Elles veulent être les meilleures. Au moment où j'écris ces lignes, il y a dans la ville de Montréal de grands placards publicitaires destinés à promouvoir les Jeux olympiques et à soutenir les athlètes canadiens. Ces publicités proclament à l'unisson le slogan : « Jouer pour gagner ». C'est compréhensible, nos olympiens ont besoin de sentir la population derrière eux. Toutefois, peut-on se permettre de penser qu'avant de jouer pour gagner la plupart d'entre eux ont d'abord « joué pour jouer », patiné pour patiner, et plongé pour le plaisir de plonger ? Je me permets de l'espérer.

Ayant participé activement aux mouvements contestataires de la fin des années soixante, j'ai été surpris, lorsque j'ai retrouvé mes compagnons de lutte quelques années plus tard, de constater qu'ils avaient laissé tomber toute aspiration et se réfugiaient désormais dans un cynisme qu'ils justifiaient par les formules suivantes : « Rien de ce que nous avons entrevu ne s'est réalisé. Ce n'est pas mieux, c'est pire ! Alors, pourquoi se battre ? » Ils avaient cédé aux arguments de la personnalité et abandonné les aspirations qui guidaient leur individualité créatrice. Au lieu de continuer à vivre sous l'éclairage de leurs idéaux humanistes et sociaux, ils avaient fait de ces inspirations des buts à atteindre et se sentaient en situation d'échec.

J'aurais dû leur rappeler les paroles du poète Leonard Cohen : « Et bien que tout ait mal tourné, devant le Seigneur des Chants je me tiendrai, avec rien d'autre à prononcer qu'Alléluia » (*And even though it all went wrong, I'll stand before the Lord of Songs with nothing on my tongue but Hallelujah*[71]).

En ce qui concerne la confusion possible entre l'ambition et l'aspiration, la psychanalyse freudienne pratique une distinction éclairante entre les notions de *moi idéal* et d'*idéal du moi*. Le *moi idéal* correspond à un processus d'idéalisation par lequel le sujet se donne pour but de reconquérir un état de toute-puissance infantile. Cette recherche de la toute-puissance soutient ce que le psychanalyste Daniel Lagache appelle une *identification héroïque* à des personnages exceptionnels et prestigieux, ou une admiration passionnée pour de grandes figures historiques[72]. Par le biais de cette identification inconsciente, un individu fusionne avec les modèles choisis. Il vit leurs succès et leurs échecs comme des événements personnels.

L'*idéal du moi* est le contraire du *moi idéal*. Au lieu de vouloir se fusionner à la puissance du modèle admiré, un être s'en inspire ou s'inspire d'une idée qui donne un sens à son action. En somme, l'idéal du moi correspond à un stade plus mature de l'évolution psychologique. Il résulte d'une convergence entre le moi idéal – qui a dû être délaissé en chemin –, les

---

71. Leonard Cohen, *Various Positions*, chanson « Hallelujah », Sony/ATV Music Publishing Canada Company, 1985.
72. Jean Laplanche et J.-B. Pontalis, *Vocabulaire de la psychanalyse*, 5e édition, Paris, Presses Universitaires de France, 1976, p. 256.

identifications aux parents et à leurs substituts – tels que grands-parents, autorités scolaires et religieuses – et les idéaux collectifs. Certains théoriciens comme Herman Nunberg distinguent nettement l'idéal du moi des instances interdictrices du *surmoi* qui, pratiquement parlant, procèdent de la même convergence. « Alors que le moi obéit au surmoi par peur de la punition, il se soumet à l'idéal du moi par amour[73] », dit-il.

La notion d'idéal du moi a entraîné de grandes discussions en psychanalyse. Ces discussions continuent à ce jour parce que la nature de cette instance psychique demeure complexe et imprécise et elle peut facilement se confondre à une orientation qui aliène l'être au lieu de le libérer. Voilà pourquoi la remarque de Nunberg me semble éclairante. Un idéal auquel on adhère plus par peur que par amour mérite d'être remis en question.

Se sentir utile

Toutefois, comment identifier ces idéaux ? La question est complexe. Des situations collectives ou privées provoquent-elles votre indignation ? Certains gestes vous semblent-ils insupportables ? Ces émotions sont des indicateurs du fait que vos valeurs personnelles sont touchées et qu'il y a peut-être là le germe d'un idéal.

Êtes-vous particulièrement sensible à la réalité des enfants souffrant de maltraitance, de négligence ou de pauvreté ? Si c'est le cas, votre idéal se situe vraisemblablement de ce côté. La façon dont on traite les animaux vous met-elle en colère ? C'est peut-être dans cet axe que vous aimeriez agir en vous joignant à une association de protection des animaux, ou en recueillant des bêtes, à l'occasion. Les conditions environnementales vous révoltent-elles ? C'est là un dossier des plus importants dont nous allons devoir nous occuper, tous autant que nous sommes, car la vie humaine est menacée.

Êtes-vous plutôt sensible aux nombreuses situations d'injustice dans notre société et dans le monde en général ? La justice sociale est un grand idéal collectif à poursuivre. Vous pourriez œuvrer pour une meilleure répartition des richesses entre les hommes et les femmes, entre les employeurs et les employés, entre l'hémisphère Nord et l'hémisphère Sud.

---

73. Herman Nunberg, *Principes de psychanalyse*, Paris, Presses Universitaires de France, 1957, p. 155, cité par Jean Laplanche et J. B. Pontalis, *op. cit.*, p. 185.

Qu'il s'agisse de justice légale, de condamnation des abus, de paix dans le monde ou du sort des femmes, la nature de l'idéal qui vous anime importe peu – du moins dans un premier temps. Ce qui importe est de faire l'effort d'en trouver un. Le fait est que si vous trouvez une façon d'œuvrer à votre niveau pour faire reconnaître les valeurs qui vous sont chères, vous vous sentirez plus utile et vous serez plus heureux.

En effet, la notion d'idéal introduit la question de l'utilité du geste et fait ressortir le fait que le bonheur individuel est lié à la production d'actions et d'attitudes qui ont du sens non seulement pour soi, mais aussi pour la communauté humaine.

Florent, qui administre un petit théâtre, me raconte qu'il s'est retrouvé un jour en faillite et sans le sou après de mauvais investissements. « J'étais à ramasser à la petite cuillère, me confie-t-il. Mais un jour j'ai décidé de sortir de chez moi et je me suis rendu à pied jusqu'au centre communautaire de mon quartier, où j'ai offert mon aide. Un des membres m'a dit : "Nous aimerions monter une campagne de collecte de fonds, vous êtes un commerçant, pouvez-vous nous aider ?" Je me suis mis au travail et ce fut un grand succès. Cela m'a redonné confiance en moi-même. Fort de cette expérience, j'ai pu lancer d'autres compagnies et me remettre à flot. Les gens du centre n'arrêtent pas de me remercier, mais ce sont eux qui m'ont rendu service. »

L'expérience a valorisé Florent et lui a permis de retrouver ses capacités. « Le fait de me sentir utile aux autres, explique-t-il, a été l'élément déclencheur. En plus de cela, je dois vous dire que j'ai continué à faire du théâtre. Pas pour l'argent, pour le plaisir. Pour le plaisir de rentrer dans un rôle. Quand je revenais à ma réalité problématique, je la voyais autrement. »

Le danger du surmenage

Si vous examinez votre vie en profondeur, vous constaterez peut-être que ce n'est pas tant ce que vous faites qui est lourd, mais le fait que cette activité a perdu son sens. Cette perte de sens est liée en général aux facteurs suivants : vos talents sont sous-utilisés, vos valeurs ne sont pas rejointes, vous vous sentez inutile et votre sensation de vous-même s'effrite de jour en jour. Ou encore, vous vous obligez à une sorte de marche forcée au nom de la performance.

Je vous donne un exemple. Je suis intervenu à plusieurs reprises dans le contexte de journées de ressourcement organisées à l'intention de cadres travaillant dans le système de la santé et des services sociaux du Québec. On avait fait appel à mes services parce que, dans ce milieu, 25 % des effectifs manquaient quotidiennement à l'appel pour des questions de surmenage et de dépression. Un quart des effectifs, ce n'est pas rien. Or, une des causes majeures du surmenage était liée à la perte de sens de ces cadres concernant leur propre action.

Le secteur de la santé est instructif, car les victimes du surmenage, dans ce milieu, ne manquent pas d'idéal au point de départ. La plupart du temps, les personnes en question s'étaient engagées dans le travail, guidées par des idéaux relatifs au bien-être de la population. Elles étaient heureuses de participer à une aspiration collective et de pouvoir mettre leur talent au service d'une cause qui avait du sens à leurs yeux.

Cependant, difficultés économiques et rationalisation de coûts aidant, les autorités administratives et gouvernementales ont exigé de plus en plus de ces travailleurs et travailleuses. Ces personnes se sont alors dit que tout se résumait désormais à une histoire de chiffres et de productivité. L'humanisme qui les avait guidées dans leur profession et qui exigeait une certaine qualité de soin ne semblait plus à l'ordre du jour. Plusieurs ont vécu cela comme une dévalorisation – leurs valeurs étant bafouées. Une vague de démobilisation s'en est ensuivie, ainsi qu'une perte graduelle de sens, ce qui a mené certaines personnes à la dépression ou au surmenage. Lorsque nos valeurs sont fortement menacées par notre environnement social, il faut avoir une étoile qui brille très fort pour ne pas perdre de vue les aspirations qui guident notre vie.

Actuellement de nombreux secteurs font vivre de fortes pressions à leurs travailleurs. Le problème est loin d'être uniquement individuel. Nous allons devoir nous mobiliser de plus en plus sérieusement pour dire à nos gouvernements que la direction générale qui a été prise ne nous convient plus. Non seulement elle produit nombre de désastres personnels, mais elle nous piège dans un étouffement collectif qui bafoue l'humanité des êtres. Tenons-nous à ce point à être écrasés par la finance ? Voulons-nous être informatisés au point que les relations humaines deviennent de plus en plus rares ? Si ces options ne correspondent pas à nos souhaits et à nos valeurs profondes, il va falloir commencer à le dire pour déterminer de façon collective sous quel éclairage nous voulons vivre.

Bien sûr, le surmenage a également un aspect individuel. Si nous ne sommes pas rassurés dans notre individualité, nous risquons de donner de plus en plus dans la performance, jusqu'à l'effondrement final. Nous perdons alors d'un seul coup l'image que nous avons tenté de maintenir au prix de tant d'efforts.

De tels écroulements soulignent à nouveau la principale faille dans nos mécanismes psychologiques : attendre la reconnaissance de notre entourage et de nos supérieurs pour sentir que nous avons de la valeur. Cet écueil est évitable à condition de se respecter au point d'abandonner le navire avant de s'y brûler lorsque les demandes que l'on nous fait deviennent des facteurs de stress incontrôlables.

Nous n'avons pas entendu le mot « amour »

Se respecter au point d'abandonner une tâche ou un travail, ce n'est pas toujours facile, et je ne parle pas ici des conséquences financières. L'intervention auprès des personnes surmenées est très révélatrice à cet égard. Elles sont aux prises avec des images perfectionnistes d'elles-mêmes, qui leur imposent une loi intérieure rigide. Le surmenage provient tout autant de cet emprisonnement que de conditions objectives difficiles. Ces images intérieures ne sont jamais remises en question et les candidats au surmenage ne répliquent pas aux voix des conditionnements internes qui réclament la perfection. Ils ne le peuvent pas. Ces personnes n'ont aucune place pour elles-mêmes dans leur propre intérieur. Elles se dévouent entièrement au couple, à la famille, aux enfants et à la profession, pensant beaucoup aux autres et jamais à elles.

Du coup, la notion de plaisir est évacuée, car ces personnes ne s'accordent pas le loisir nécessaire pour prendre conscience de leur propre existence. En psychanalyse, nous dirions qu'elles n'existent pas comme « sujet » de leur propre expérience de vie. Elles fonctionnent en tentant d'en faire le plus possible tout en essayant d'être parfaites, comme si c'était la seule chose qui comptait. Ces personnes « brûlées » par le stress incarnent parfaitement l'impasse associée à l'identification inconsciente au besoin d'être reconnu.

Dans un atelier télévisé que j'ai coanimé avec la psychologue Rose-Marie Charest[74], je me suis rendu compte que les personnes souffrant de

---

74. Productions Point de Mire, *Guy Corneau en atelier*, épisode « Le surmenage » (titre de travail). Invitée : Rose-Marie Charest, psychologue, diffusion prévue au printemps 2007 sur les ondes de Canal Vie.

surmenage voyaient le meilleur de soi comme une chose de plus à faire, une autre tâche sur laquelle elles devraient s'appliquer – ce qui vouait l'entreprise à l'échec. Nous ne pouvions donc que revenir à la base, soit les aider, au moyen de questionnaires, à retrouver une sensation d'elles-mêmes libre des demandes d'autrui. Nous ne pouvions que les inviter à prendre conscience du fait qu'elles avaient elles aussi le droit d'exister, avec des goûts et des besoins dont elles n'avaient pas à se sentir coupables.

En conclusion de notre travail, un participant a déclaré qu'il savait désormais quoi faire dans les embouteillages en rentrant du travail. Au lieu de se mettre sur les nerfs, il se servirait de ces temps morts pour revenir à lui-même, comme on revient à la conscience après un évanouissement. Une participante nous a dit qu'elle comprenait de mieux en mieux qu'il s'agissait au fond d'un changement de regard sur soi. Après quelques heures d'échange, tous et toutes étaient convaincus qu'ils avaient le droit d'exister à leurs propres yeux, et que le meilleur de soi correspondait beaucoup plus à un état d'esprit, voire à un état d'âme, qu'à une chose de plus à accomplir. Ils avaient également saisi que, si l'idéal est une chose essentielle à l'être, il devient abusif lorsqu'il se conjugue aux blessures du passé et nous amène à réagir de façon perfectionniste.

Après l'atelier, Rose-Marie Charest me fit la réflexion suivante : « Je suis émue par ces dix personnes. Elles sont manifestement courageuses et dévouées. Elles nous ont parlé de leurs enfants, de leurs partenaires amoureux et de leur profession avec générosité. Néanmoins, j'aurais voulu leur dire que nous n'avons pas entendu le mot "amour" une seule fois. » « C'est vrai, lui répondis-je, touché par la justesse de sa remarque, c'est comme si elles fonctionnaient et qu'elles oubliaient le plaisir d'aimer. »

Un idéal n'est pas un dogme

Le fait de tenir fortement à son idéal fait ressortir un autre écueil en ce qui a trait au domaine de nos aspirations : l'envie de les transformer en dogmes. C'est, pratiquement parlant, le piège le plus commun. On se met à croire à quelque chose et l'on n'en démord pas. Un idéal a pour rôle de nous inspirer et nous aide à dépasser nos peurs afin que nous puissions mener une action éclairée. Il n'est pas là pour nous sécuriser. Il n'est pas une bouée de sauvetage à laquelle on s'accroche pour éviter la dérive.

Il ne faut pas confondre l'idéal avec le dogme qui, lui, se définit comme une vérité incontestable. La plupart du temps, sur le plan inconscient du moins, le recours au dogme se fait lorsqu'on ressent une faiblesse au niveau identitaire. La doctrine offre alors la colonne vertébrale qui manque, car elle structure et rassure.

On aurait tort de penser que les dogmes n'existent qu'au niveau religieux. Chaque élément d'une vie peut devenir dogmatique. Prenons la pratique du végétarisme. Certaines personnes en font un credo, au point de mépriser ceux qui mangent de la viande. Il y a là confusion. D'abord, le végétarisme n'est pas un idéal, mais un moyen. L'idéal qu'il sert est celui de promouvoir une vie respectueuse de l'organisme humain et de son environnement végétal et animal. Toutefois, il y a d'autres moyens de promouvoir le même idéal. Ainsi, l'astrophysicien Hubert Reeves est devenu président de la Ligue ROC pour la préservation de la faune sauvage et la défense des non-chasseurs – parce que le plomb des innombrables cartouches pollue les sols et menace la chaîne alimentaire, tant des animaux que des humains. Hubert Reeves sert le même idéal, mais d'une autre façon. Il évolue pour ainsi dire sur un autre rayon de la même étoile.

La confusion entre l'idéal et le dogme, entre le but et les moyens, peut devenir véritablement problématique. À l'heure actuelle, ce type de confusion alimente la plupart des conflits mondiaux. Concevoir que l'amour et la compassion doivent régner dans le monde est un idéal grandiose ; y consacrer sa vie est admirable. Toutefois, penser que ces aspirations ne peuvent se concrétiser qu'au service d'une religion donnée engendre des croisades sanguinaires. À partir du moment où quelqu'un dit : « Dieu est de notre côté. Si vous n'êtes pas avec nous, vous êtes contre nous », tout se détériore entre les êtres humains. Pourquoi les hommes de bonne volonté ne se contenteraient-ils pas de cultiver le même idéal par des voies diverses ? Dès lors, au lieu de nous opposer, les différences pourraient nous rapprocher.

Encore une fois, ce sont les problèmes identitaires individuels et collectifs ainsi que les blessures historiques qui sont en jeu. C'est comme si chacun de nous voulait avoir l'assurance qu'il existe « plus » que les autres, pour avoir l'impression qu'il a de la valeur et pouvoir lutter de façon efficace contre les angoisses de mort qui le tiennent aux tripes – et qui sont pourtant le lot de chaque être humain.

LA DIMENSION SOCIALE DE L'IDÉAL

Certaines personnes craignent que l'effervescence actuelle liée au secteur du développement personnel ne fasse qu'inciter les gens à se refermer sur leur nombril et les justifie d'abandonner le terrain de l'engagement social. Cette crainte me semble tout à fait fondée. C'est pourquoi je tiens à vous parler de la notion d'idéal.

Il n'y a pas d'opposition réelle entre le développement intérieur et le changement social. Bien au contraire. Puisque l'univers est pulsion créatrice et que la trace de cette pulsion se traduit en soi en termes de talents et d'aptitudes, chacun peut trouver son bonheur, premièrement dans la découverte de ses dons, deuxièmement dans l'expression de ces derniers mis au service d'une chose qui lui tient à cœur et qui sert du même coup l'ensemble des êtres. En effet, nous pouvons voir notre société comme une création collective, et c'est en participant à l'œuvre de création commune que chacun trouve sa place et sa joie.

Mais les projets extérieurs qui ne sont pas soutenus par de véritables réalisations intérieures sont fragiles et manquent de cohérence. Si vous luttez pour l'égalité sociale mais traitez vos proches avec condescendance, cela affaiblira grandement votre pouvoir d'action. Il y aura un manque de cohérence entre ce que vous dites et ce qui émane de vous. En général, le public ou votre entourage immédiat ne s'y trompe pas.

Il y a donc lieu de porter une attention toute spéciale au piège des grandes actions qui ont l'ambition de tout changer. Revenons plutôt à l'un des slogans de la révolution hippie : « Pensez globalement, agissez localement. » Cette expression, forgée par David Brower au moment de la fondation de l'association Les amis de la Terre (*Friends of the Earth*) en 1969, demeure on ne peut plus actuelle. Autrement dit, rêvez d'une planète débarrassée de la pollution, mais n'oubliez pas de récupérer les matières recyclables que vous manipulez. Cela demande un effort constant, mais il procure le plaisir de sortir de l'impuissance et de se relier à une conscience collective qui prend de plus en plus d'importance et qui va finir par faire pencher la balance du côté d'une meilleure utilisation des ressources.

De toute façon, entre vous et moi, avons-nous vraiment le choix ? Le degré d'autrodestruction résultant de l'ignorance et de l'indifférence est hallucinant et une autre voie devra triompher si nous voulons assurer un avenir à nos enfants.

Pensez globalement, agissez localement

En ce qui a trait à l'idée de penser globalement et d'agir localement, Hubert Reeves, dont je viens tout juste de parler, est une inspiration pour nous tous. Voici ce qu'il dit sur le site de la Ligue ROC, dont il est le président :

> Astrophysicien, je suis engagé pour la défense de la biodiversité. Et par éthique, je crois profondément que tuer pour le plaisir est un acte inhumain, indigne et dégradant. Aussi suis-je devenu en 2001 le président de la Ligue ROC pour la préservation de la faune sauvage et la défense des non-chasseurs. L'avenir dépend largement des décisions prises aujourd'hui et demain. Prenons les choses en main[75] !

Le slogan « Pensez globalement, agissez localement » résume on ne peut mieux le dialogue naturel qui s'établit entre l'élan créateur et l'aspiration. Le « penser global » permet à l'idéal – ce qu'Hubert Reeves appelle l'éthique – de se déployer. « L'agir local » invite à l'utilisation des talents et des ressources, au service d'une cause « près de chez vous ».

Une de mes amies me racontait récemment qu'elle s'est jointe à une chorale pour le plaisir de chanter. Tous ensemble, les participants ont décidé de donner des concerts dans des centres pour personnes âgées afin d'aider ces dernières à vaincre l'isolement. C'est tout simple, mais je suis certain que cela permet à ces chanteurs de doubler leur plaisir de participer à un chœur. Voilà ce que je veux dire lorsque je parle d'orienter sa créativité.

Engager votre créativité en fonction d'un idéal qui vous tient à cœur vous délivrera de vous-même et de votre petite histoire. Cela vous donnera le courage d'entreprendre des actions que vous n'auriez pas crues possibles. Vous descendrez dans la rue, vous protesterez, vous parlerez à des responsables, vous vous exprimerez de plus en plus clairement sur la place publique ou dans l'intimité. Vos convictions vous aideront à dépasser vos timidités. Ou bien vous vous contenterez de cultiver en vous de telles idées. Mais penser, c'est déjà intervenir, car vos émanations et votre conscience agissent elles aussi.

---

75. Voir le site de la Ligue ROC pour la préservation de la faune sauvage : www.roc.asso.fr

Autrement dit, accepter de vivre sous le phare de certains idéaux nous permet d'apporter notre pierre vivante à l'édifice de la culture humaine. De cette façon, la connexion est assurée entre le monde du développement personnel et celui de l'évolution collective. L'idéal renforce la jouissance associée au fait de découvrir son potentiel tout en offrant son talent au monde d'une manière qui ait du sens pour nous. Il permet de joindre l'utile à l'agréable. Car une partie du bonheur humain vient indéniablement du fait de se sentir utile à d'autres que soi.

«Le sourire de la personne dont je prends soin est devenu mon sourire», me confiait un homme qui fait du bénévolat dans un hôpital. Je connais même un couple qui a consacré sa retraite à soutenir à plein temps une association qui leur tient à cœur. Ils ont refusé d'être payés, car, pour eux, cela aurait changé la nature d'une action qu'ils veulent toute entière dévouée à l'idéal de progrès des consciences qui les anime. Ils m'ont même confié que le fait de participer à une œuvre et à une vision communes avait enrichi leur vie de couple.

L'idéal peut être grandiose, et il est même bon qu'il le soit, car ainsi son éclairage est plus large, et il livre des inspirations plus vastes, engageant ferveur et enthousiasme. Il est bienfaisant de rêver un impossible rêve, où tous les êtres humains, sans distinction de race, de religion ou de classes sociales, peuvent se retrouver. De telles aspirations donnent du souffle. Il suffit par la suite d'entrevoir des étapes dans l'action de façon à parfaire certains accomplissements. Et il est bon de se rappeler que, chaque fois que nous sommes déçus de nous-mêmes ou des autres en matière d'idéaux, c'est que notre personnalité a repris les commandes aux dépens de notre individualité créatrice.

Un exemple d'idéal à la fois personnel et social

Quelles que soient vos pensées concernant les conditions du monde actuel, je peux vous assurer qu'un nombre incalculable de personnes sont actuellement à l'œuvre pour aider à l'édification d'un monde meilleur, c'est-à-dire un monde respectueux des êtres humains et de leur bonheur. Certaines d'entre elles ont changé d'emploi ; d'autres font fructifier leur argent pour le consacrer à des causes humanitaires ; certaines encore ont accepté des salaires moindres pour travailler en fonction des valeurs qu'elles défendent. D'autres prennent soin d'élever leurs enfants selon des principes qui respectent leur réalité créatrice. D'autres encore se

contentent d'aimer de tout leur cœur toutes les personnes qu'elles croi-
sent, convaincues qu'en dernière analyse il s'agit du seul moyen d'agir
véritablement.

J'ai eu la chance de rencontrer personnellement des dizaines d'entre
elles dans le cadre de mon émission télévisée, ou au hasard de la série de
conférences sur le thème du meilleur de soi. Je voudrais vous en présenter
une : Bruno[76].

Encore jeune, Bruno a un idéal. Pour lui, il ne s'agit pas tant de réaliser un rêve, mais de toucher à un sentiment de liberté intérieure. Ses
études l'amènent du côté du marketing et il travaille ensuite pour
de grandes compagnies multinationales dans la ville de Toronto.
L'argent et le prestige sont là. Le statut social est au rendez-vous.
Pourtant, Bruno s'ennuie. Du haut de sa tour vitrée, il vit une véritable « catastrophe intérieure », selon son expression.

Un événement marquant va changer sa vie. Sa femme tombe
gravement malade. Bruno joue auprès d'elle le rôle d'accompagnateur, de masseur, de cuisinier et d'infirmier. Elle meurt après
deux ans de souffrance. La disparition de son épouse déboussole
tellement Bruno qu'il abandonne tout et part en voyage.

Il rêvait de vivre en Europe. Il se retrouve en Suisse pour une
année d'études. Il veut terminer son MBA (maîtrise en commerce et en administration). Et le scénario recommence, sur une
plus large échelle cette fois. Il travaille maintenant à Genève. Il
est directeur du marketing pour toute l'Europe dans une grosse
boîte internationale. Il a la mort dans l'âme.

Au moment où ses patrons lui offrent une promotion, il
refuse et décide de quitter la compagnie. Ses collègues le félici-
tent pour son courage, mais il leur dit : « Je ne suis pas courageux
du tout. C'est rester au sein de l'organisation qui me demanderait
un courage que je n'ai pas. »

À partir de ce moment-là, Bruno réaménage ses compétences
et devient facilitateur de créativité et de communication dans
des organisations, notamment humanitaires, dont les idéaux

---

76. Productions Point de Mire, *Guy Corneau en toute confidence*, épisode « Le meilleur de
soi », diffusé sur les ondes de Canal Vie en février 2006.

correspondent aux siens. En réalité, il n'a plus qu'une idée en tête : passer à la phase expressive de sa vie. Il se remarie, devient père et décide de prendre une année sabbatique pour écrire.

Finalement, son année de congé aboutit à la production d'un manifeste qu'il intitule *La révolution créatrice* et qu'il diffuse en ligne. Sur son site, il décrit cette révolution comme politique : elle propose la création d'un nouveau monde ; humaniste : elle s'occupe de l'élan créateur des êtres et de leurs idéaux ; et artistique : Bruno met toutes ses ressources expressives, parole, photographie, vidéographie et musique, à contribution, et il invite chacun et chacune à le joindre sur ce forum de création d'un monde d'expression[77].

En ondes, il partage sa devise personnelle : « Trouve en toi la motivation de tes actions. Travaille pour toi et non pour le regard de l'autre. Le changement du monde passe nécessairement par ta révolution intérieure. »

Je terminerai ce chapitre consacré à l'idéal avec la réflexion que m'a faite un jeune homme, laveur de vaisselle dans un bar, après une de mes conférences : « Lorsque vous êtes plongeur au salaire minimum, on ne peut pas dire que vous êtes en haut de l'échelle sociale. Pourtant, ça ne me cause aucun souci. Je participe à ma façon à la santé de tout le monde. Si je ne lavais pas les verres, les clients seraient tous malades le lendemain. »

---

77. Voir le site de Bruno Poirier : www.revolutioncreatrice.org.

Chapitre dix-sept

Amorcer le changement

Ce que j'ai dit au chapitre précédent sur la notion d'idéal nous entraîne tout naturellement à parler du changement. Dans les chapitres de la deuxième partie, vous avez déjà glané ici et là les attitudes et les pratiques qui facilitent une transformation intérieure. Il ne sert donc à rien que je me répète. Je profiterai plutôt des pages suivantes pour mettre en lumière des éléments permettant de dissoudre les entraves psychologiques afin de libérer le geste expressif.

Toutefois, en maniant la notion de changement, on risque de perdre la latitude que nous avons trouvée en parlant de l'élan créateur, du jardinage intérieur et de l'idéal de l'être. Le danger est que tout se contracte à nouveau d'un seul coup. Je vous rappelle donc qu'il n'y a aucune performance à accomplir pour atteindre le meilleur de soi, et que nous ne nous situons pas dans une attente de résultat.

De plus, il est nécessaire de comprendre qu'un individu peut très bien décider de ne rien faire de sa vie. Il est important d'avoir cette sorte de libre arbitre – celui que revendiquait, par exemple, le romancier russe Dostoïevski à l'aube de la révolution bolchevique. Il avait en effet l'intuition que l'idéalisme qui allait présider à ce changement radical s'imposerait au détriment des êtres humains. On ne peut pas dire que l'histoire lui ait donné tort.

Une vigilance est même nécessaire pour que nos propres schémas ne deviennent pas un système d'idées dans lequel la spontanéité de l'être est étouffée parce que ce dernier s'efforce de pratiquer des purges dans sa personnalité. N'oubliez pas que le fondement de notre démarche se situe du côté d'une amélioration de l'intimité de l'individu avec la vie, et que le meilleur de soi a été défini dès le départ comme la partie vivante et lumineuse de l'être.

Ensuite, vouloir saisir le changement ou le contrôler est illusoire. Tout bouge tout le temps et l'univers change constamment, que nous y consentions ou non. Le fait de croire que l'on va trouver une sécurité en s'immobilisant dans l'espace ou dans le temps est vain. L'attitude juste consiste à permettre la transformation en abandonnant nos sécurités trompeuses et en épousant le mouvement créateur universel. Ainsi, nous contribuons à la transformation au lieu de la subir ou de lui résister. C'est comme se donner la permission d'être enfin ce que nous sommes.

Finalement, du point de vue de l'individualité créatrice ou de l'âme, il n'y a pas de changement à accomplir, sauf celui de se laisser glisser dans le meilleur sans l'ombre d'un effort. Du côté de la personnalité de surface, c'est tout le contraire. Cela ne glisse pas du tout et la transformation semble pénible parce que nous nous sommes fermement identifiés au point de vue de notre personnage. C'est donc par rapport à lui qu'une démarche existe et qu'une évolution se fait.

Ces réserves étant émises, je vous propose d'adopter dans ce chapitre le point de vue évolutif en sachant qu'à tout moment il est possible de goûter le meilleur de soi sans difficulté au moyen d'une simple respiration. Sur le plan de la conscience, le changement consiste essentiellement en un accroissement des moments d'ouverture, de joie et de paix que vous connaissez déjà. Ce grossissement du flux créateur, cet élargissement de la bande de réception fera que votre vie sera plus satisfaisante qu'elle l'a jamais été.

Entrer dans le changement, c'est entrer dans un acte d'amour et de respect de soi avec la même délicatesse et la même générosité que si vous accomplissiez un geste amoureux.

TENIR LA TENSION

Nul besoin de se le cacher : du point de vue de notre vie de tous les jours, le changement est difficile et il s'inscrit presque nécessairement dans le contexte d'un débat intérieur entre la personnalité protectrice et l'individualité créatrice.

Le débat dont je parle devient presque immanquablement le lot de toute personne qui décide de sortir de l'inconscience. Plusieurs sages en témoignent, et Jung en fait état abondamment dans son œuvre. Il appelle cela « tenir la tension » entre la position du conscient et celle de l'inconscient. Il souligne régulièrement que cela est nécessaire pour l'évolution psychologique, mais très inconfortable sur le plan moral.

Le poète soufi Kabîr décrit ce débat de la façon suivante :

Dans le champ clos de notre corps se livre une grande guerre contre les passions, la colère, l'orgueil et l'envie. [...]
La bataille de celui qui cherche la Vérité continue jour et nuit et, aussi longtemps que dure sa vie, elle ne cesse pas[78].

Souffrir d'un conflit de façon volontaire et consciente porte moins à conséquence qu'en souffrir de façon inconsciente. Les tensions intérieures que nous portons en toute connaissance de cause n'ont pas l'effet dévastateur de celles que nous abritons sans le savoir. Lorsque nous établissons un rapport avec un contenu psychique comme la tristesse, la colère ou un fantasme violent, il y a dialogue entre le moi conscient et le contenu en question. Ce dernier perd du même coup une partie de son autonomie, celle qui faisait en sorte qu'il pouvait s'emparer de nous à notre insu pour penser, sentir et agir à notre place.

En réalité, ce conflit conscient est fécond. Il s'agit de la bataille pour gagner sa liberté, dont je parle dans la première phrase du livre. La liberté intérieure signifie que les conditionnements qui nous emprisonnent n'ont plus la force de nous contraindre. Elle apparaît comme la seule autonomie possible pour un être humain, car nous sommes extrêmement dépendants de tous nos types d'environnement. Toutefois, au plan psychologique, l'indépendance se paie chèrement parce que notre personnalité souffre de nous voir remettre en question des façons de faire qui, malgré les contraintes évidentes qu'elles entraînent, ont le mérite d'assurer notre survie.

En fait, tant que l'on se contente de survivre, il n'y a pas de problème. C'est le jour où l'on veut vivre plus près de notre élan créateur et être

---

78. Kabîr, *op. cit.*, poème XXXIX.

plus fidèle à nos aspirations que les problèmes commencent – les vrais, ceux qui demandent un discernement constant, des choix clairs et une orientation précise. Autrement dit, une vie nouvelle, intense et passionnante qui nous rapproche d'un bonheur durable est possible, mais on ne la gagne que de haute lutte.

De toute façon, il serait naïf de penser que le conflit dont je parle n'existe pas déjà en vous. En réalité, il a éclaté il y a fort longtemps, et il fait des ravages. C'est un conflit inconscient qui sape peu à peu les résistances naturelles de l'organisme. Ses conséquences intérieures ont pour nom la maladie physique, la dépression, la perte de sens, la désillusion, le cynisme et l'égocentrisme, autant d'événements physiques et psychiques qui nous frappent et nous emprisonnent. Tant que nous croyons que c'est le corps, la fatigue, les autres, le surmenage, les enfants, les parents et le gouvernement qui sont les véritables responsables de notre état, nous vivons dans l'inconscience et ne réglons rien. C'est le jour où nous nous mettons en cause que le changement créateur peut commencer.

Ce qui porte réellement à conséquence, c'est de ne jamais se rendre compte de tout cela pendant que nous fumons notre énième cigarette ou consommons notre énième boisson alcoolisée. Une telle attitude pourrait être assimilée à une participation à un cocktail mondain sur le pont du *Titanic* tandis que celui-ci vogue à sa perte.

LE DIALOGUE AVEC SOI-MÊME

Comment clarifier le débat entre la personnalité protectrice et l'individualité créatrice, entre l'élan créateur et les peurs du passé ? Dans mes travaux, j'utilise souvent une technique que j'appelle simplement : *les trois chaises*. Voici le résumé d'un dialogue tiré d'un atelier télévisé. Sylvie, la jeune femme qui utilise les chaises, veut venir à bout d'une situation dans laquelle sa personnalité perfectionniste l'emporte sans cesse sur tout le reste. La chaise du milieu, que j'ai appelée la « chaise du choix », représente son intention consciente : partir de Québec, la ville de province où elle travaille, pour trouver un nouvel emploi à Montréal, la métropole. La chaise de droite, la « chaise de l'élan », représente ce qui pousse en elle, sa force de vie. La chaise de gauche, « la chaise des peurs », représente la personnalité avec ses craintes, ses deuils à faire, ses regrets et ses compensations. Sylvie va s'asseoir successivement sur chaque chaise et entreprendre une conversation avec différentes parties d'elle-même[79].

Chaise du choix (Sylvie, ton déterminé) : Voilà, ma décision est prise. Je vis à Québec présentement, mais je veux revenir à Montréal.

Chaise de l'élan (Sylvie, ton enthousiaste) : Enfin la vie, l'activité. On va vivre, on va avoir une vie sociale, on va apprendre quelque chose. Je veux faire autre chose de ma vie. Je veux vraiment entrer dans l'aide humanitaire aussi, avoir une foule d'activités, me connaître. Je veux m'ouvrir, je veux prendre un tas de cours, faire du baladi. La vie s'ouvre. Je suis enfin à Montréal. Ma décision est prise. Enfin !

Chaise des peurs (Sylvie, ton revendicateur) : Tu fais quoi de moi, la performance ? Tu veux trouver une nouvelle job, soit. Mais tu vas réagir comment à tout ça ? Tu vas te perdre...

Chaise du choix (Sylvie s'adressant aux deux autres chaises) : On va devoir prendre des décisions à un moment donné. Savoir ce qu'on fait avec notre carrière... (puis réfléchissant, avant de regarder les deux autres chaises) : Où est-ce que je vais aller avec tout ça ?

Chaise de l'élan (Sylvie s'adressant aux deux autres chaises) : Mais vous n'êtes pas tannées de travailler ! Il me semble que c'est la vie qu'on veut. On veut voyager, on veut l'aventure, on veut découvrir. C'est ça que je veux. Je veux ME découvrir. Il serait peut-être temps que vous autres vous la fermiez.

Chaise des peurs (Sylvie, ton affirmatif) : Ouais, mais je t'ai toujours aidée, moi. On a toujours bien paru. On a toujours bien fait nos affaires. On était reconnues par rapport à ça. Même si tu travailles de 70 à 100 heures par semaine. Ce n'est pas grave, ça. De toute façon, travailler, tu ne sais faire que ça.

Chaise du choix (Sylvie sent la tension qui monte) : On va devoir se trouver un terrain d'entente là, hein ? Probablement qu'on va avoir d'autres décisions à prendre aussi... par rapport à toi, la performance.

---

79. Productions Point de mire, *Guy Corneau en atelier*, épisode « Vaincre la résistance au changement », diffusé sur les ondes de Canal Vie en septembre 2006.

Chaise des peurs (Sylvie se sent menacée. Elle s'assied, se sent oppressée. Elle suffoque. Elle retient difficilement ses larmes et finalement, elle ne peut pas parler.)

Chaise du choix (Sylvie s'adresse à la chaise des peurs en pleurant) : Je ne pensais pas que tu prenais autant de place dans ma vie. Je crois que je t'ai beaucoup aimée parce que tu me protégeais. Tu me donnais une vie.

Chaise de l'élan (Sylvie, ton excédé) : Oui, mais pourquoi on ne changerait pas de vie ?

Chaise du choix (Sylvie s'adresse à la chaise des peurs sur un ton déterminé) : Je prends la décision de te laisser là. Je n'en peux plus. Il faut que ça change. (Puis, après un temps de réflexion) : Et je suis bien avec ça.

J'ai appris par les recherchistes de l'émission que, dans les mois qui ont suivi l'atelier, Sylvie a déménagé à Montréal. Elle s'est trouvé un nouvel emploi et a entrepris plusieurs des activités qui l'intéressaient.

L'exercice de la chaise est très efficace et l'on peut très bien le faire seul chez soi. Il a pour mérite de mettre à l'extérieur de nous – cela s'appelle *objectiver* en jargon thérapeutique – ce qui nous préoccupe intérieurement. Cela aide à rendre conscient le débat inconscient et à clarifier les enjeux.

La place du choix

La chaise du milieu, la troisième chaise, comme je me plais à l'appeler, occupe une place plus importante qu'il y paraît au premier abord. C'est la place neutre et bienveillante à partir de laquelle on peut tout recevoir de ce qui se passe en soi, autant les craintes du personnage que les élans créateurs venus de l'individualité profonde. C'est un poste d'observation et de présence à soi. C'est là que l'on se souvient des idéaux selon lesquels nous voulons vivre, et que l'on comprend la nature des freins qui nous ralentissent.

Il faut s'asseoir sur la chaise du milieu pour converser avec les différentes voix qui se lèvent en nous afin que nos décisions deviennent plus claires et mieux affirmées. N'oubliez pas, comme nous l'avons dit plus tôt, que ce sont elles qui orientent l'énergie créatrice. La troisième chaise est donc la place du choix, car, à partir de ce que nous entendons, nous pouvons choisir ce que nous voulons nourrir en nous-mêmes. C'est à partir de cette écoute que nous trouvons l'orientation juste.

En réalité, c'est la chaise du disciple de la vie, celui qui observe, qui évalue et qui tire des conclusions sans jugement et sans culpabilité. Pour cela, il s'agit de se donner le droit de mener une expérience avec soi, comme si on était un laboratoire, ou comme si on était une œuvre à terminer. La troisième chaise est celle du laborantin, celle de l'artiste de la vie.

À la longue, cette troisième chaise peut devenir celle du guide intérieur. Car à mesure que se déroule cette expérience pratique, des intuitions apparaissent, et des convictions se dégagent au sujet de la direction que nous pouvons prendre.

Si vous ne retenez qu'un seul exercice pratique de ce livre, retenez celui-ci : *les trois chaises*.

L'ÉCUEIL SPIRITUEL

Je suis en train de méditer sur une plage, en France. Une dame me reconnaît et m'interrompt. J'émerge un peu brutalement, contrarié que l'on me dérange en pleine méditation. Elle me dit qu'elle est venue à ma conférence la veille et que mes paroles l'ont déstabilisée. « Je pratique zazen – une technique de méditation "sans objet" où la posture assise tient un rôle capital – depuis plusieurs années et il me semble que je n'arrive pas à grand-chose », confesse-t-elle. Puis elle m'explique pourquoi elle n'a pas participé à la partie interactive de la soirée, au cours de laquelle j'ai disposé des chaises sur scène pour permettre aux spectateurs de prolonger le jeu des acteurs en explorant les motivations profondes de ces derniers. « Vous comprenez, me dit-elle, les émotions, j'ai laissé ça derrière. »

Je lui explique que ce n'est pas le fait d'avoir des émotions qui est problématique, mais celui de leur être attaché inconsciemment, bref de s'identifier à elles. « Que vous passiez votre temps submergée par vos états affectifs ou, au contraire, que vous le passiez à vous les interdire, le problème reste entier : vous ne l'avez pas réglé. Cela ne sert à rien de se dire que la colère est mauvaise. Il faut plutôt observer les effets de l'irritation en soi, voir comment elle peut parfois nous resserrer en nous fixant sur un tout petit point de vue alors que, exprimée d'une façon juste, elle peut nous délivrer. »

J'ajoute qu'à mon sens le nettoyage psychologique est nécessaire, sinon les émotions sont plutôt refoulées que dissoutes et elles nuisent à un processus d'expansion comme la méditation. Autrement dit, une observation du mécanisme de la personnalité et des conditionnements qui sont en jeu est nécessaire pour pouvoir se dégager réellement de ce qui encombre le passage au niveau affectif. Néanmoins, même si la capacité de devenir témoin de ses processus psychiques n'est pas installée, la méditation sert tout de même à quelque chose : elle nourrit un espace décontracté et c'est autant de gagné. Toutefois, le cœur reste alourdi.

La dame me répond que j'ai peut-être raison. « Je me retrouve assise entre deux chaises, incapable de lâcher prise au zazen, et ne pouvant me résoudre à affronter la mer d'affects qui semblent animer la plupart de mes élèves en yoga. Je trouve que le chemin est long. »

Comme je la comprends. Être assis entre deux chaises... C'est une position tellement inconfortable ! En fait, il serait si simple, comme je viens de le dire, d'introduire une troisième chaise entre les deux : la chaise du témoin, la chaise du moi conscient, la chaise du disciple engagé, la chaise de celui qui choisit. Cette troisième position permet de ne pas sombrer dans une lutte d'opposés irréconciliables, où l'on se reproche sans cesse de n'être ni d'un côté ni de l'autre. C'est une position plus confortable entre le monde paisible de la méditation et l'univers stimulant des sollicitations sociales, entre l'expansion et la contraction, entre les élans et les peurs.

Après le départ de mon interlocutrice, je me dis que la route lui semble longue parce qu'elle cherche quelque chose de précis, au lieu d'en profiter. Elle projette son bonheur dans une sorte d'extinction du moi et de tout attachement au monde. Alors, sa méditation se transforme en attente, au lieu d'être une arrivée. Réflexion faite, j'aurais dû lui proposer de s'asseoir près de moi quelques instants pour contempler la mer et pour méditer, en ne cherchant absolument rien, en goûtant simplement à ce qui est déjà là, le meilleur.

La part de l'ombre

En réalité cette dame a appris à dédaigner le monde des émotions. Son credo spirituel lui dit que ce n'était pas bien d'avoir en soi de la colère, de la jalousie, de la mesquinerie et peut-être pire. Elle se rebiffe à l'idée d'héberger en elle tant d'ombre. À dire vrai, chacun de nous porte toute la noirceur et toute la lumière dont l'espèce est capable. Les graines du pire et du meilleur sont déposées dans notre sol. Tout peut y germer. Ce n'est pas grave de porter cela en soi.

Même si vous observez en vous des tendances suicidaires, criminelles ou perverses, ces pulsions ont une histoire qui les explique, et qui par le fait même vous explique. Ce n'est pas grave, à condition qu'il y ait quelqu'un pour observer ce qui est là, sans jugement. Il est vrai que cette histoire peut vous entraîner à votre perte si vous restez identifié à elle sans jamais y réfléchir ou en tentant de l'ignorer. Toutefois, une observation bienveillante vous aidera à vous comprendre et à poser d'autres choix.

Lorsque j'ai eu l'occasion de travailler en prison ou avec des jeunes de la rue, je me suis souvent dit : « Si je venais de la même enfance, si je venais de la même souffrance, j'aurais fait la même chose qu'eux ! » En échangeant avec ces hommes, il m'apparaissait évident que c'est un être meurtri qui devient un meurtrier ou qui impose des meurtrissures aux autres. Hélas, leurs impulsions n'avaient pas pu être remises en question et ils étaient passés à l'acte pour se décharger de tensions et d'angoisses intolérables, qu'ils ne comprenaient pas. Il n'y avait pas de témoin en eux.

Peu importe son âge, peu importe son passé, si un être a la chance de prendre conscience de ce qui le conditionne, un espoir vient de se lever en lui. La conscience même est cet espoir. Elle est ce facteur qui peut entraîner une nouvelle cohérence. Sinon, tout se dégrade de plus en plus. Car les êtres humains sont comme les ondes qui tendent vers le chaos. Le principe de dégradation de l'énergie – l'entropie – nous entraîne sans cesse vers la dégénérescence. Seule l'intervention de la conscience peut changer le cours des choses.

DÉVELOPPER DE NOUVELLES CONVICTIONS

Lors d'une phase de changement, il ne faut pas s'étonner d'avoir à affronter non seulement des émotions que nous jugeons « négatives », mais également des peurs et des expériences passées qui sont la source de notre immobilisme. Il est bien qu'il en soit ainsi. On apprend à se connaître. À cet égard, les croyances de fond sont toujours très instructives.

Pour ma part, devant une situation nouvelle, je me débats sans cesse avec une croyance : celle que je ne peux pas y arriver. Bien que, rationnellement parlant, je sois certain d'avoir ce qu'il faut pour entreprendre le changement souhaité, une voix me répète sans cesse que je ne suis pas à la hauteur de mon projet. J'en arrive même à créer des circonstances qui risquent de compromettre mon avancée et confirmer ainsi les prophéties formulées par mes interprétations limitées.

Formuler de nouvelles convictions est la façon la plus pratique pour renverser les anciennes croyances. Je me suis donc amusé à réunir quelques-unes des croyances les plus répandues afin de voir par quelles convictions elles pourraient être remplacées.

1. *Croyance*: La difficulté que j'éprouve est l'empreinte de ma nullité irrémédiable et de ma débilité profonde.
Conviction: La difficulté que j'éprouve est la trace de mon élan créateur en pleine activité. Il m'invite à sortir du *statu quo* et à le suivre.

2. *Croyance*: Je n'arriverai jamais à rien. Je n'ai pas confiance en moi.
Conviction: Créer n'est pas le synonyme de faire, mais d'abord et avant tout d'être. Créer un nouvel état intérieur par la contemplation, la détente et la méditation constitue l'une des créations les plus sublimes de l'être humain.

3. *Croyance*: Plus je pense à un problème et plus j'aurai la possibilité de le régler.
Conviction: Ressasser un problème dans mon esprit ne règle rien. Si j'en reste là, je me contente d'une sorte de prix de consolation. Faire quelque chose qui me fait plaisir, comme faire une promenade ou aller vers quelque chose de créatif, est plus profitable.

4. *Croyance*: Se faire aider est un signe de faiblesse.
Conviction: Si j'ai trop de difficultés, je dois me faire aider, car je ne vis pas en vase clos. S'il est vrai qu'en principe tout est en soi, il faut bien concevoir que chacune de nos cellules possède à la fois une partie universelle et une essence individuelle. Le rapport avec autrui sert donc à éveiller mes capacités endormies.

5. *Croyance*: Je ne connais pas mes goûts et je ne les connaîtrai jamais. Je ne suis pas une personne créatrice.

Conviction: Je vis dans un univers créateur et je porte moi aussi un aspect créateur. De plus, je suis venu ici pour goûter à la joie et à la liberté de la création pure. Je ne crée pas pour guérir, c'est plutôt l'affranchissement de l'élan créateur qui me guérira.

6. *Croyance*: Les créateurs sont seuls et malheureux.

Conviction: La joie provient du fait de créer et elle attire à elle nombre de personnes. C'est la prison de la personnalité qui rend solitaire. La création me rendra solidaire du monde entier.

7. *Croyance*: Tous les autres font des choses plus belles que moi.

Conviction: Lorsque je crée, ce qui compte n'est pas le résultat, mais le plaisir que je prends au processus. Si je crée pour le résultat ou pour me faire admirer, je suis prisonnier du système de performance. Si je guette dans le regard de l'autre un signe m'informant qu'il approuve mon geste, c'est de la dépendance. La reconnaissance d'autrui contribue à mon équilibre psychologique; toutefois, c'est l'autorisation par moi-même de mes goûts, de mes talents et de mes dons qui constitue la plus belle preuve d'amour. La reconnaissance de ma personnalité par les autres ne fait que m'enchaîner. La reconnaissance par autrui de ce que je suis réellement et que j'ai le courage d'afficher est vraiment satisfaisante.

8. *Croyance*: Puisque ma décision est claire, il n'est pas normal que les doutes et les peurs soient encore au rendez-vous. C'est sans doute parce que ce n'est pas la bonne décision.

Conviction: Il est normal que les doutes et les peurs soient au rendez-vous de chaque décision importante. Plus la décision porte à conséquence pour mon futur, plus les éléments du passé risquent d'être présents.

Loin d'être exhaustive, la liste que je viens de vous soumettre peut servir d'aide-mémoire lorsque le malheur frappe. Toutefois, vous l'aurez deviné, les nouvelles convictions ne se résument pas à un simple jeu de l'esprit. Elles s'intègrent en nous à mesure qu'elles correspondent à de nouvelles expériences conscientes. Tant qu'une idée n'a pas pris le chemin du corps et ne correspond pas à une sensation, elle ne peut nous servir que partiellement, à titre de panneau indicateur. Autrement dit, ce sont les nouveaux souvenirs qui sont les tremplins du futur.

LA RECETTE DU MEILLEUR DE SOI

Pour créer de nouveaux souvenirs, il est bon de savoir ce qui apporte détente et vitalité à un être humain. Or, chacun de nous connaît au moins une partie de la réponse à cette question. Pour vous rafraîchir la mémoire, voici quelques facteurs favorisant la circulation de l'énergie en nous :

> *Sur le plan physique* : bouger, danser, marcher, faire de l'exercice et bien s'alimenter en absorbant des nourritures vivantes et saines au plan biologique.
> *Sur le plan affectif* : régler ses problèmes relationnels pour alléger son cœur ; aller en thérapie tout seul, à deux, en famille ; fréquenter des séminaires de croissance personnelle pour faire circuler les vieilles émotions enkystées ; être près de ceux que l'on aime, chercher des environnements humains et biophysiques propices à notre développement, avoir des plantes et des animaux près de soi.
> *Sur le plan social* : s'engager dans sa paroisse, sa communauté, sa société pour soutenir la transformation ; se rendre utile et faire des choses pour les êtres qui nous entourent.
> *Sur le plan intellectuel* : lire, s'informer, aller vers de nouvelles conceptions, philosopher.
> *Sur le plan créatif* : imaginer, poétiser, pratiquer un art d'expression, dessiner, écrire, etc.
> *Sur le plan spirituel* : célébrer la vie, méditer, contempler, aller vers des choses sublimes, pratiquer la compassion et l'ouverture du cœur, s'unir à tout ce qui est.

Et puis, par-dessus tout, rire, s'amuser, jouer, et participer avec son talent à la création collective qu'est l'univers.

Les subtilités de la recette

Comme vous pouvez le constater, la recette est facile à énoncer et vous la connaissiez déjà en grande partie. Comment se fait-il qu'elle soit si difficile à suivre ? Comment se fait-il que, connaissant les conditions de notre emprisonnement, nous ayons tant de difficulté à sortir de notre prison ? Voilà la véritable question.

La principale raison est que nous retirons des gratifications inconscientes de notre condition. J'ai abordé ce thème en détail dans mon dernier livre, *Victime des autres, bourreau de soi-même*[80], où je décrivais par exemple que même une situation de violence peut être attrayante en raison de l'intensité de vie qu'elle procure. J'en ai parlé également dans les chapitres de ce livre qui traitent des compensations.

Que conclure du fait que, sachant que dix minutes d'exercice physique par jour permettent d'éviter bien des troubles organiques et psychiques, nous ne trouvions pas les dix minutes en question ?

N'y aurait-il pas une sensation de sécurité liée au fait de rester immobile ? Assurément. De plus, tant que nous ne bougeons pas, nous ne prenons pas conscience de notre manque de souffle et de nos raideurs physiques. En faisant peu d'exercices, nous nous évitons les surprises désagréables – de façon temporaire, il va de soi.

Comment expliquer que, souffrant de surpoids et de toutes les conséquences attachées à cette condition, un individu n'arrive pas à manger moins, ou à manger mieux ?

Ne serait-ce pas que le trop-plein de nourriture apporte une sensation de plénitude et d'abondance ? Le ventre plein permet d'éviter la sensation de vide intérieur qui renvoie, elle, au manque affectif et à l'angoisse de manquer d'amour.

Voilà pourquoi je dis souvent aux gens qu'il ne sert à rien de modifier un comportement s'ils ne savent pas à quoi il sert au niveau psychologique. Prenez la cigarette. La plupart des fumeurs fument pour se détendre, pour faire face à des situations tendues et pour se récompenser une fois un travail terminé. Ce sont là quelques-unes des gratifications inconscientes associées au fait de consommer du tabac. Cela signifie que, si vous arrêtez de fumer, vous devrez remplacer ce que la cigarette vous donne inconsciemment par des gestes conscients, comme apprendre à

---

80. Guy Corneau, *op. cit.*

vous détendre, mieux gérer vos conflits et vous récompenser sans vous détruire.

Le mieux est de commencer la recette sans vous occuper de tout cela. Parce que si vous vous dites qu'il vous faut arrêter quoi que ce soit avant même de vous mettre à cuisiner, vous risquez fort de ne jamais prendre place à la table...

Le dessert

Je me suis inspiré du *paradigme du changement,* que l'auteur Jean-Jacques Crèvecœur a créé, pour expliquer les dilemmes intérieurs que nous vivons devant la perspective d'un nouveau comportement à adopter.

Compenser = Satisfaction sur le court terme ; inconvénient sur le long terme.

Changer = Difficulté sur le court terme ; satisfaction sur le long terme.

Comme vous pouvez le constater, c'est simple et très éclairant. Lorsque j'entretiens en moi le désir de changer, je me retrouve coincé entre mes manières habituelles de m'assurer une satisfaction – un gros morceau de gâteau, par exemple – et une autre façon de voir qui m'invite à remplacer ma compensation préférée par un type d'aliment plus sain, ou par quelques bonnes respirations.

Mon morceau de gâteau présente l'avantage d'une satisfaction immédiate et certaine, même si je sais au fond de moi-même qu'il y aura des conséquences négatives sur le long terme. Par contre, l'optique du changement m'apporte une tension sur le court terme et une satisfaction probable sur le long terme. Le dilemme repose en fait sur le mot « probable ». Comme je n'ai pas encore éprouvé de façon sensorielle l'efficacité de la nouvelle proposition, elle m'apparaît sur le coup comme émanant d'un horizon hypothétique et passablement nébuleux.

Dans cet état d'incertitude, nous décidons la plupart du temps de recourir aux compensations connues parce que nous en connaissons l'efficacité. La plupart du temps, cette attraction pour le connu joue un rôle prépondérant, jusqu'à ce que nous éprouvions tellement de souffrances que n'importe quelle solution nous paraît plus désirable que ce que nous connaissons déjà. Malheureusement, il est parfois trop tard.

De toute façon, la question essentielle est la suivante : lorsque nous suivons le chemin des compensations et des stimulations de toutes sortes, retrouvons-nous une satisfaction durable, ou ce que nous pourrions appeler une absence d'insatisfaction ?

En réalité, quoi que nous en pensions, nos vies ne sont pas basées sur la recherche de satisfactions réelles, mais sur le fait d'éviter de se retrouver en état de manque. Parce qu'en faisant face à la non-satisfaction profonde que génère notre petit système, nous serions confrontés du même coup aux angoisses qui se cachent derrière nos frustrations. Et alors la peur de l'inconnu se montrerait toute nue. Mieux vaut manger du dessert…

Le meilleur de soi pour les nuls…

De quoi est faite la peur de l'inconnu ? Elle appartient à ce que nous pourrions appeler la famille des *angoisses de transition*. Chaque fois que nous sommes placés devant un changement important, quel qu'en soit le niveau, notre angoisse existentielle se réveille, avec toute sa cohorte de doutes et de peurs.

En réalité, nous avons peur du changement comme nous avons peur de la mort. Les questions que nous nous posons devant le changement sont d'ailleurs les mêmes que celles qui surviennent lorsque nous pensons à notre fin dernière. Est-ce que nous existerons de l'autre côté du passage ? Est-ce que cela sera mieux après ? Est-ce que cela sera pire ?

Ces angoisses mortifères se déclinent dans une foule de sous-questions. Est-ce que les autres nous aimeront encore si nous osons penser un peu plus à nous ? Nous rejetteront-ils si nous prenons des initiatives créatrices ?

Il y a des échappatoires possibles. J'ai déjà mentionné l'option d'un malaise si grand qu'alors même l'inconnu devient préférable au connu. C'est le chemin le plus fréquenté : se résoudre à emprunter une voie nouvelle une fois toutes les autres avenues explorées. Alors, nous consentons à nous jeter dans le vide.

Nous pouvons bien convenir qu'il n'y a pas de créativité dans une telle attitude. C'est un être qui subit sa vie au lieu de la maîtriser qui agit ainsi. En réalité, tant que nous entrevoyons le changement comme radical et global, tant que nous avons l'impression que nous devrons sauter dans le vide, nous créons un obstacle mental qu'il est difficile de franchir. En effet, qui peut se permettre de penser qu'il y aurait un quelconque avantage à sauter dans un précipice à moins d'y être obligé ? Une des seules façons de contourner cet écueil fantasmatique consiste à entrevoir le changement de façon graduelle.

Lorsque nous acceptons d'approcher la transformation de façon progressive à travers plusieurs étapes, cela rassure le mental. Notre organisme se détend et nous pouvons alors aller vers la métamorphose entrevue de façon plus sécuritaire. C'est la recette du « meilleur de soi pour les nuls », si vous voulez. L'avantage, comme pour chaque bouquin de cette collection, est que, peu importe notre niveau d'expertise, nous y apprenons quelque chose. De toute façon, je vous rassure tout de suite, devant la peur du changement, il n'y a, pratiquement parlant, que des nuls.

Un projet créateur

Voici donc un exercice qui pourra vous aider. Vous pouvez le faire les yeux fermés, quitte à prendre des notes après ; ou les yeux ouverts, un crayon à la main.

Dans un premier temps, je vous invite à prendre contact avec votre corps et avec votre respiration. Fermez les yeux et détendez-vous. Prenez votre temps. La délicatesse est de mise. Dites-vous bien que le fait que l'exercice marche ou non sur-le-champ n'a pas d'importance particulière. Le fait d'essayer stimulera votre inconscient et les inspirations pourront venir plus tard.

Formulez maintenant un projet créateur qui vous fait envie, mais qui vous semble irréalisable. Osez vous baigner dans ce rêve. Imprégnez-vous-en. Imaginez-vous ayant réalisé votre souhait le plus cher. Entretenez vos images avec force, un certain temps.

Puis, dressez l'inventaire des deuils qu'il y aurait à faire dans votre vie pour laisser place à ce projet créateur. Ne vous jugez pas. Imaginez simplement. Laissez les peurs de perdre un quelconque avantage ou une quelconque jouissance se présenter. Essayez de faire le tour de la situation le plus complètement possible. Permettez-vous d'éprouver pleinement ce qui est en jeu du côté des résistances au changement.

Ensuite, revenez à votre projet de départ. Renouez quelques instants avec l'intensité des représentations. Et, cette fois, laissez-vous suggérer par l'inconscient une série d'étapes réalistes qui vous permettront de concrétiser votre rêve à partir de votre situation actuelle. Prenez tout ce qui vient en considération, même si cela semble original ou surprenant.

Finalement, choisissez – ou non – d'aller vers ce projet et engagez-vous envers vous-même, envers le meilleur de vous-même, à faire le premier pas concret.

Je veux souligner trois éléments qui me semblent essentiels dans la recette du changement et qui apparaissent dans cet exercice : l'inventaire des deuils, l'engagement envers soi-même et la politique des petits pas. L'inventaire des deuils est une chose que nous négligeons la plupart du temps lorsque nous envisageons la transformation d'une situation, pourtant il est capital. Sinon, ces deuils apparaîtront plus tard sous la forme de regrets et ils bloqueront carrément le mouvement sans que l'on comprenne pourquoi, s'ils demeurent inconscients.

Il faut savoir qu'il n'y a pas de décision qui n'exige que nous laissions des satisfactions ou des gens derrière nous – parce que choisir consiste justement à prendre un élément d'un ensemble. Il y a forcément des pincements de cœur parce que nous quittons ce qui nous a animés et parfois passionnés. Mieux vaut faire face à cela de façon consciente avant de s'avancer ; peut-être même à l'aide des trois chaises dont l'une représenterait alors les deuils, une autre, le projet créateur, et celle du milieu, la décision.

Le véritable choix dont il est question dans un tel exercice consiste en un choix pour soi-même. Voilà pourquoi je parle d'un engagement envers soi ou envers le meilleur de soi. Il est essentiel de comprendre en vertu de quoi nous prenons une décision. Le fait-on en fonction de sa personnalité protectrice, ou pour soutenir une inspiration ?

Encore une fois, il n'y a pas de jugement à poser. La conscience et l'amour du meilleur de soi aident à prendre, à pas lents, d'étape en étape, la bonne direction. La politique des buts progressifs permet d'éprouver régulièrement un sentiment d'accomplissement. Les étapes franchies une à une permettent de développer de nouvelles convictions, qui deviennent autant de nouveaux appuis.

Il va sans dire que de telles explorations intérieures ne sont pas anodines. Elles changent quelque chose en nous. En définitive, une majeure partie de notre destin repose sur le sérieux que nous accordons à notre puissance créatrice.

Oserais-je terminer notre expérience culinaire par l'ajout d'un peu de neige fondue à notre recette ? Allez ! Je ne peux m'empêcher de vous rappeler la devise si belle et si simple de l'alpiniste Bernard Voyer : « Je rêve, je décide, je marche. Je rêve de façon grandiose, je passe en revue toutes les étapes du cheminement, je décide si je m'aventure ou non, puis je mets un pas devant l'autre, le cœur léger. » Un pas devant l'autre, le cœur léger, Bernard Voyer a conquis la plupart des sommets de la Terre, dont l'Everest, et il a traversé l'Antarctique en solitaire en tirant un traîneau[81].

LE DÉCONDITIONNEMENT

Je terminerai ce chapitre en mettant l'accent sur ce que nous pouvons attendre véritablement de la psychologie lorsque nous en venons à parler de déconditionnement ou d'une évolution qui va de la personnalité protectrice à l'individualité créatrice.

La compréhension psychologique nous sert à comprendre les matériaux qui constituent notre enfermement. Une fois les conditionnements admis et compris, nous pouvons les renverser. Pour cela, il ne sert à rien, somme toute, de tenter des aménagements avec le personnage, car le problème ne peut pas se résoudre à son niveau. On ne peut arriver qu'à des compromis boiteux.

Par exemple, il est pratiquement impossible de ne plus avoir d'attentes ou de ne pas avoir de peurs. Ces choses continuent à vivre en nous. Par contre, elles perdent tout simplement la force de nous contraindre ou de nous définir à mesure que nous avançons.

Les nouvelles connaissances que nous acquérons font que les entraves psychologiques se dissolvent peu à peu. Elles se dissolvent dans le sens où les éléments de notre histoire personnelle et de notre personnalité se mélangent à notre individualité globale de façon homogène, au lieu de rester des grumeaux indigestes.

---

81. Bernard Voyer relate sa magnifique aventure dans *Aniu. Du flocon de neige à l'iceberg*, Montréal, Névé Éditeur, 2005.

La psychologie utilisée de la meilleure façon sert à saisir qu'il n'y a pas d'espoir du côté des mécanismes de protection et qu'il s'agit là d'un chemin de dépendance et d'autodestruction qui n'offre pas de voie durable pour une satisfaction profonde.

La compréhension psychologique présente également l'immense avantage de nous faire entrevoir la réalité du monde intérieur. Nous pouvons devenir témoins de ce qui se passe en nous, et c'est là une garantie précieuse pour la transformation à venir. Sans la présence de ce témoin, sans cette conscience de soi, sans cette capacité constante de référence à ce que l'on pense et à ce que l'on sent ou ressent, il ne peut y avoir de progrès psychologique.

La psychologie nous enseigne aussi que nous pouvons converser avec nos conditionnements – avec nos complexes ou avec nos sous-personnalités au sens jungien. Cela signifie une réelle avancée de la conscience, car notre problème central consiste à projeter des parties de nous-mêmes sur les autres sans nous rendre compte qu'elles nous appartiennent. Nous finissons par lutter contre ce que nous sommes, ou par le convoiter chez l'autre.

Les conversations intérieures qui consistent à dialoguer avec une colère, un fantasme ou une tristesse nous font comprendre peu à peu que nous pouvons commencer par répondre de notre propre chef à ce qui nous manque au lieu de l'attendre des autres.

En somme, il n'y a pas d'espoir du côté des jugements, des comparaisons, des compétitions ou de cette lutte sans fin pour être quelqu'un aux yeux des autres. Cela ne sert à rien de tenter de prouver que l'on existe. Il s'agit plutôt d'abandonner cette volonté et de savourer l'existence tout de suite.

Finalement, la psychologie sert à libérer l'expression créatrice des conditionnements néfastes qui l'étouffent. Elle pave les étapes du chemin créatif qui s'offre à soi une fois que l'on a commencé à dissoudre ses entraves. Pourtant, libérer le geste créateur n'est plus affaire de psychologie.

Libérer le geste créateur, c'est comme sortir d'une automobile à la campagne pour déguster la première bouffée d'air pur. Il est inutile de se demander si l'on mérite cet air, s'il est plus pur ou moins pur qu'ailleurs et si l'on a trouvé ou non l'air idéal. On sort simplement de la voiture et on respire un bon coup. On goûte, on s'étire, on se dégourdit les jambes, on laisse le plaisir monter en soi et l'on communie avec le monde. Il n'y a rien de plus naturel. Il s'agit d'une réponse spontanée à la contraction. On n'a pas besoin d'y penser. C'est un réflexe naturel. L'analyse psychologique intervient lorsqu'un être a perdu la faculté de sortir de son véhicule pour respirer librement.

Pourtant, même si vous avez retrouvé ce réflexe, une autre question se pose : combien de temps saurez-vous rester dans le banquet de l'air pur avant que les devoirs, votre image de marque et ce qu'il faut faire ou dire vous reprennent et vous ramènent derrière votre bouclier, dans votre agréable prison ?

Si vous décidez de prolonger le banquet d'air pur, vous entrez dans le domaine du développement conscient. À partir de ce moment-là, le changement amorcé devient mouvement de libération volontaire. Il devient choix de vie. C'est ce dont nous parlerons dans le chapitre suivant, consacré à l'autonomie et à la maîtrise.

Chapitre dix-huit

L'autonomie et la maîtrise

LA DEUXIÈME PERSPECTIVE

Nous sommes maintenant prêts à résumer la deuxième perspective en fonction des différents éléments que nous avons récoltés dans la seconde partie du livre et dans la troisième. À partir de la naissance, l'être fait la connaissance de son essence individuelle, faite de qualités, de dons, de talents et d'élans. Des aspirations animent cette essence individuelle et créatrice et la projettent vers un idéal. Par la suite, l'expression de l'essence individuelle et de l'idéal conduit l'être à la satisfaction réelle ; et il expérimente l'amour, la joie, la guérison et la régénérescence plus qu'il ne l'a jamais fait dans son existence. L'être entre alors dans un véritable mouvement de création et d'autonomie.

Lorsqu'une personne a compris ce qui précède en profondeur, elle a envie de faire, de la deuxième perspective, bien plus qu'un lieu de ressourcement passager, elle veut qu'elle devienne une véritable résidence. Pour cela, il est nécessaire d'entrer dans une démarche consciente et volontaire.

C'est ce dont nous parlerons dans ce chapitre.

Encore une fois, quelques avertissements s'imposent. Aller vers le meilleur de soi veut dire répondre à notre intuition la plus haute de nous-mêmes tout en osant nous affranchir de ce qui entrave notre liberté. Par exemple, un être ne doit pas décider de restreindre ses excès sexuels ou d'alcool, ou d'y mettre fin parce que ces abus sont moralement mauvais, mais plutôt parce que les spiritueux ou le sexe dirigent sa vie et que cette situation d'esclavage est devenue invivable pour lui. Lorsque le goût de la liberté s'éveille en nous, ce qui nous aliène et nous rend prisonnier devient peu à peu intolérable.

C'est pour cette raison que j'ai cessé de fumer lorsque j'étais plus jeune. Je m'étais rendu compte que ce n'était pas moi qui fumais. Il n'y avait pas de fumeur, il y avait un esclave. Soudain, la pensée qu'une dépendance puisse me dominer à ce point m'a dégoûté. Je voulais être un homme libre. Et je sens toujours en moi ce goût de la liberté.

Cette liberté ne signifie pas pour moi un affranchissement de toutes les contraintes et de toutes les responsabilités. Il y a beaucoup de contraintes et de responsabilités dans ma vie, mais ce sont des contraintes choisies, qui permettent une création, une expression et un épanouissement.

Notre personnage voit dans la fréquentation du meilleur de soi un travail et des sacrifices. Il craint les renoncements. En réalité, il n'y a ni sacrifices ni renoncements. Enfant, lorsque nous quittons notre carré de sable pour faire de la bicyclette, le passage se fait tout naturellement ; nous n'avons pas le cœur endolori. Nous nous lançons dans l'apprentissage du vélo parce qu'une liberté plus large nous appelle, avec la promesse d'un plaisir encore plus grisant. C'est notre aspiration pour ce nouveau jeu qui fait tout le travail. L'enfant ne renonce pas à ses jouets, il s'en désintéresse, tout simplement. Il passe à une nouvelle activité parce que cette dernière est plus fascinante que la précédente et lui offre une plus grande autonomie.

Avec le meilleur de soi, notre aspiration à la liberté et notre envie d'une autonomie réelle font tout le travail. C'est uniquement du point de vue du personnage que la douleur est éprouvée, parce qu'il fait alors un pas dans l'inconnu. Encore une fois, cette souffrance est due au fait que nous sommes identifiés à notre personnalité. Lorsque nous étions enfant, même les périodes de transition nous étaient agréables parce que nous n'étions pas identifiés au rôle de celui qui joue dans son carré de sable.

Au contact du meilleur de soi, il ne suffit pas de bien manger et de faire de l'exercice pour rester en bonne santé et vivre plus longtemps.

À quoi bon vivre plus longtemps si on est malheureux et si notre vie n'a pas de sens à nos propres yeux ? Cette attitude est motivée par la peur et est déterminée entièrement par la personnalité. Il s'agit plutôt de bien s'alimenter, de faire de l'exercice et de méditer pour créer, pour s'exprimer, pour participer de toutes ses forces à l'œuvre collective – dans la jouissance. Il ne s'agit pas de se préserver, il s'agit d'être de plus en plus en forme pour aimer la vie, pour lui répondre avec le plus d'énergie possible et pour faire en sorte que la rencontre de cette intensité nous rende heureux. Bref, la terre n'est pas un hôpital.

MAÎTRE ET DISCIPLE DE SOI-MÊME

Aujourd'hui, avant de me lever, je me suis attardé quelques instants dans mon lit après avoir médité. Je jouissais d'un moment privilégié de détente. J'étais en contact avec tout mon corps, dans une espèce de communion favorisée sans doute par une bonne nuit et la douce chaleur de la douillette. Je vis parfois de façon très tendue. Une tension destinée à mettre en œuvre des idéaux, mais qui se manifeste aussi pour des motifs moins nobles, obéissant sans doute ainsi à toute une armée de peurs qui prennent sans cesse le contrôle de ma vie. Mais ce matin, tout était bien. Le guerrier et le missionnaire pouvaient se reposer pendant quelques minutes.

Puis il m'est venu l'idée que toute la deuxième perspective est, au fond, affaire de maîtrise. Elle vise à faire passer un être d'un premier stade, où il est victime inconsciente de son destin et malmené par le flot des événements, à un deuxième stade, où il devient observateur de son propre processus, jusqu'à ce qu'il puisse entrevoir la possibilité de devenir maître de ses états d'âme en attirant à lui des événements qui propulsent.

La maîtrise... J'avais toujours eu peur de ce mot. Si, d'une part, je l'associais à des choses agréables, comme la maîtrise d'un instrument, la possession d'un art ou la maîtrise sexuelle, cette pensée était alourdie par certaines connotations d'obéissance, d'autorité et d'allégeance obligatoire. Je n'avais pas seulement peur du mot : une partie de moi le détestait.

Ce matin-là, à mesure que j'avançais dans mes réflexions, j'ai réalisé que j'avais envie de me lever au plus vite et d'en finir avec cette relaxation profonde. Une partie de moi savait que, si je jouissais de cet état d'abandon et d'inspiration trop longtemps, quelque chose de central serait menacé. Ce quelque chose, c'est l'état d'inconscience, qui permet de continuer à ignorer ce que l'on sait par ailleurs. Une sous-personnalité en moi aime encore jouer avec l'idée que je ne suis pas totalement responsable de ce qui m'arrive. Ma main droite est encore trop souvent contente d'ignorer ce que fait la gauche. Je crains de perdre cette sorte d'insouciance pour aller vers la maîtrise et la discipline.

La discipline ! Encore un mot désagréable ! Décidément, si je continuais, cette détente risquait de m'apporter un assortiment déplaisant de mauvaises nouvelles. La discipline ! Même la sonorité du mot me faisait grincer des dents. Le pire, c'est que depuis quelque temps je m'imposais une discipline quotidienne : quelques minutes de gymnastique, quelques minutes de yoga, quelques minutes de méditation avant de commencer ma journée. Franchement, je ne m'en portais que mieux. Je me sentais plus tonique, plus confiant, plus détendu.

« Alors, où était le problème, me direz-vous ? » Eh bien, je m'en allais droit vers une parcelle de maîtrise. J'étais en train de me laisser prendre au jeu de la matière que j'enseignais. J'étais en train de l'intégrer et de la mettre en pratique. Bref, la main droite n'était plus capable d'ignorer ce que faisait la main gauche et il y avait quelque chose de paniquant dans cette réalité.

Mon personnage n'aimait pas cela. Il n'aimait pas cela du tout. Il n'aimait pas que je commence à aimer autre chose. Il avait peur que je ne l'aime plus, lui, et que je l'oublie dans son coin. Au fond, les personnages ont une estime de soi très défaillante, ils ne peuvent tolérer qu'on les laisse de côté. Ils ont peur de ne pas s'en remettre et de cesser d'exister. Remarquez qu'il s'agit d'une crainte assez légitime. Mais justement, c'est la crainte du personnage. Il ne faut surtout pas s'y identifier.

Ainsi, pendant que je me prélassais dans la détente et la méditation, ma personnalité résistait et me faisait des appels du pied en me soufflant à l'oreille tout ce qui m'attendait dans la journée. Mais je connaissais son petit jeu. Le personnage n'a pas de pouvoir. Il nous contrôle parce que nous trouvons une gratification à nous laisser manipuler. Il ne peut rien faire par lui-même.

Cela ne réglait pas mon contentieux avec la maîtrise et la discipline, mais d'une certaine façon c'était le contentieux de mon personnage. Ce contentieux me rappelait que, plusieurs fois dans ma vie, j'avais rencontré des autorités abusives, que j'en avais souffert et que, dans ces contextes, j'avais dû me plier à une discipline qui n'était pas la mienne. Pourtant, cette fois-ci, c'était radicalement différent. Somme toute, il s'agissait de devenir mon propre maître et mon propre disciple.

Si vous prenez l'habitude d'une fréquentation quotidienne du cœur de votre être au sein d'une méditation ou d'une promenade dans la nature, alors vous courrez moins de risques de disparaître à vos propres yeux pendant des semaines entières. Chaque jour, votre rituel vous ramènera à l'essentiel.

Où conduit la voie de l'autonomie ? Elle va vers la paix en soi. Il s'agit d'un état de satisfaction et de plénitude où l'on vit dans la liberté de ne rien attendre des autres, ni de quoi que ce soit. Ainsi, on goûte à la présence et l'on est nourri par la présence : la présence à l'être, la présence à soi-même, la présence à l'existence. Cette calme présence devient un état intérieur qui peut se transporter dans toutes les situations, même celles qui sont entachées de bruit et d'effervescence.

La liberté par rapport aux besoins

La perspective de l'autonomie n'a rien à voir avec le fait de ne plus avoir de peurs ou de besoins, pas du tout. Il s'agit plutôt de gagner une liberté *par rapport* aux besoins et aux peurs. Autrement dit, c'est la force de contrainte qui est en jeu. L'autonomie réside dans le fait d'avoir une liberté de choix par rapport à cette force de contrainte.

Ce n'est pas grave qu'il y ait de la peur ou quoi que ce soit d'autre, comme des tentations de pouvoir, par exemple. Il est nécessaire de le reconnaître pour être en mesure de nourrir une autre possibilité. Ces réflexes conditionnés sont normaux. Il ne faut pas se juger pour cela. Chaque fois que nous les débusquons, nous avons ainsi une occasion d'exercer notre maîtrise intérieure.

Si, en rentrant chez vous, vos narines sont assaillies par une odeur de brûlé, vous ne tenterez pas de l'ignorer. Vous ne penserez pas que le problème va se régler tout seul. Non, vous voudrez identifier la source de l'odeur afin de corriger la situation. Comment se fait-il que, au niveau psychologique, nous soyons capables de nier que cela sent le brûlé ? Nous sommes même capables de nous dire que cela sent bon, même si c'est carbonisé. Nous avons le talent de détourner le regard du feu dévastateur. Ce déni de la réalité ne peut mener qu'à la catastrophe, vous en conviendrez.

La sagesse ne consiste pas non plus à se dire que cela ne devrait pas sentir le brûlé, ce qui correspond plutôt à un jugement de valeur et empêche d'avancer. Il s'agit plutôt de se dire que nous avons la chance de constater la gravité de l'incendie, et que nous avons peut-être la possibilité de l'éteindre. C'est cela la véritable sagesse : ne pas attendre que le feu de la maladie, du divorce ou de l'accident éclate pour nous renseigner sur nos écarts.

Être sage consiste à reconnaître le passé qui a produit des brûlures irritantes, et à choisir de le maîtriser en lui disant : « Je te remercie des informations que tu me donnes. Je me rends compte qui si je continue à agir comme un esclave, de manière conditionnée, je cours à ma perte et à ma destruction par le feu de l'épuisement. Je désire donc nourrir autre chose en moi et me ressourcer d'une autre façon. »

Encore une fois, il ne sert à rien de se dire que l'on ne devrait pas être mesquin, calculateur, obsédé ou enragé. Il s'agit plutôt de démonter notre mécanisme et de comprendre notre drame afin de faire apparaître la possibilité d'un autre scénario.

Il serait irréaliste de penser que l'on n'aura plus jamais de peurs, de colères ou d'éléments manipulateurs en nous. Mais il faut comprendre d'où ils sont issus, saisir le rôle protecteur qu'ils ont joué et décider de passer outre pour aller vers un projet créateur.

Non seulement cela signifie qu'il y a des efforts à faire, mais que vous ne pourrez pas atteindre l'autonomie une fois pour toutes. Elle est affaire de choix chaque jour et chaque heure de chaque jour. Un instant, je suis maître ; l'instant d'après, je suis esclave. Voilà pourquoi la discipline est véritablement nécessaire.

Bien comprise, la discipline est un cadeau de l'être à lui-même. Si j'ai pris l'habitude d'une fréquentation quotidienne du cœur de mon être au sein d'une méditation ou d'une promenade quotidienne dans la nature, c'est parce que mon rituel me ramène à l'essentiel. Il se peut qu'à l'occasion je ne sois pas capable d'entrer en contact avec moi-même et que je vive mes minutes de méditation comme un véritable calvaire. Il n'y a tout simplement pas de maître ce matin-là ! Cependant, il n'est pas remplacé automatiquement par un esclave inconscient. Non, la position intermédiaire entre le personnage inconscient et le maître de la vie, c'est le disciple, qui a le pouvoir d'observer la difficulté, de la laisser résonner en lui et de la comprendre, peu à peu. Puis, tranquillement, il la dépasse.

L'esclave – celui qui est victime de tout – n'est pas conscient des déchirements, des tourments et du conflit qui fait rage en lui entre la première et la deuxième perspective. Et parce qu'il n'en est pas conscient, il souffre aveuglément. Le disciple, de son côté, est conscient de la véritable ombre de l'être et, comme je l'ai dit plus tôt, cette conscience a pour effet d'atténuer en partie les conséquences désastreuses du conflit, mais pas la souffrance.

Vous me direz que, si nos problèmes ne sont pas réglés, ils nous obsèdent et ne nous permettent pas de jouir du meilleur de soi. Cette façon de penser est juste tant que vous vous identifiez exclusivement au personnage limité et limitant. Aussitôt que votre conception de vous-même s'élargit, et que vous pouvez, par exemple, laisser pénétrer en vous l'idée que vous êtes peut-être une âme ou une cellule énergétique auto-créatrice, vous vous rendez compte que votre histoire personnelle n'est qu'une entrée en matière et que vous pouvez la dépasser assez facilement – à condition de consentir à quelques efforts.

L'autonomie est une pratique avant d'être une théorie. C'est la pratique de l'expansion, la pratique de l'unité, la pratique de la joie. Elle nous permet de nous rendre compte que nous sommes créateurs de nos vies et que nous sommes « un » avec notre univers. À partir de cette prise de conscience, nous pouvons choisir les états que nous voulons cultiver : l'égocentrisme ou le don de soi. La question centrale étant : qu'est-ce qui me rend le plus heureux ? En dehors de tout dogme, en dehors de toute religion, qu'est-ce qui me procure de la joie ? Rester sur ma réserve ou exprimer un talent, une capacité, un don ? Qu'est-ce qui me procure une joie qui dure, une joie qui me propulse, une joie qui me nourrit pour longtemps ?

POURQUOI Y A-T-IL DES EFFORTS À FAIRE ?

L'on ne devient autonome qu'à partir de ce que l'on pratique chaque jour. Cela vaut tout aussi bien pour la maîtrise de nos états intérieurs que pour la maîtrise d'un instrument. Comment peut-on maîtriser une fugue de Bach si on n'a jamais fait de gammes ? Au point de départ, bien qu'il contemple la perspective avec plaisir, l'élève ne sait pas comment, un jour, cela pourrait être possible. Le but lui semble lointain et difficile à conquérir. Il faudra passer par la discipline et l'assiduité. Il faudra joindre le cœur à la technique, la stabilité à l'inspiration, la régularité à la liberté, la mécanique au fantastique.

Si on ne va pas en thérapie quand on en a besoin, si on ne fait pas de séminaire, si on ne lit rien, si on ne suit personne, si on ne médite pas, si on ne contemple pas, si on ne fait pas attention à ce que l'on mange, si on ne bouge pas suffisamment, si on n'aide personne, si on ne s'exprime pas, comment pourrait-il se passer quelque chose de significatif par rapport au meilleur de soi dans notre vie ? Comment pourrait-on se lever un beau matin pour découvrir que l'on est maître de soi-même ?

Tout vient pas à pas, note après note, pratique après pratique. Les effets suivent, inévitablement. Ils ne peuvent pas ne pas se produire. Si l'on fait des exercices d'assouplissement chaque jour, on ne peut pas ne pas s'assouplir. Si l'on fait de la musculation régulièrement, les muscles mous et en sommeil vont durcir. Ils sont là et ne demandent qu'à s'éveiller.

La même analogie vaut pour le meilleur de soi. Vous n'êtes peut-être pas convaincu qu'il y a de l'amour, de la joie et de la créativité en vous. Pourtant, si vous nourrissez cela chaque jour, ces états intérieurs croîtront, puisqu'ils sont déjà là.

Cela signifie qu'il y a un effort constant à faire, un effort quotidien, un effort de chaque instant. À la longue, cela se transforme en douce vigilance. Cet effort est associé à un choix lui aussi quotidien, lui aussi de chaque instant, celui de devenir autonome, de ne pas rester l'esclave de ses conditionnements, de faire l'expérience d'une vie pleine et créatrice, une vie pleinement satisfaisante.

Il y a un effort à faire parce que nous devons changer d'espace intérieur. Nous devons passer du monde de la personnalité, de ses peurs et de ses images à celui du meilleur de soi que nous voulons nourrir et exprimer. Comme dans tout voyage, il faut consentir à un moment de transition qui nous dérange. Ce moment bouscule nos habitudes et notre bien-être. Comme pour n'importe quel voyage, il faut préparer ses bagages, faire l'itinéraire, charger l'auto, conduire, décharger le véhicule, s'installer – ou décider d'aller au hasard. Cela ne peut se faire sans un minimum d'efforts.

L'appel du connu est terriblement persistant et se fait entendre chaque fois qu'il en a l'occasion. Alors, nous risquons de glisser imper-

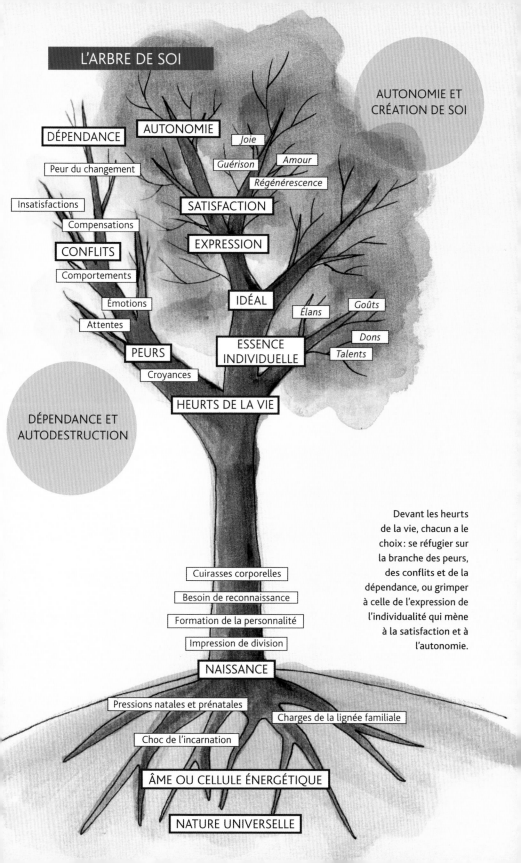

L'ARBRE DE SOI

AUTONOMIE ET CRÉATION DE SOI

DÉPENDANCE

AUTONOMIE

Joie

Peur du changement

Guérison

Amour

Régénérescence

Insatisfactions

Compensations

SATISFACTION

CONFLITS

EXPRESSION

Comportements

Émotions

IDÉAL

Élans

Goûts

Attentes

ESSENCE INDIVIDUELLE

Dons

PEURS

Talents

Croyances

HEURTS DE LA VIE

DÉPENDANCE ET AUTODESTRUCTION

Devant les heurts de la vie, chacun a le choix : se réfugier sur la branche des peurs, des conflits et de la dépendance, ou grimper à celle de l'expression de l'individualité qui mène à la satisfaction et à l'autonomie.

Cuirasses corporelles

Besoin de reconnaissance

Formation de la personnalité

Impression de division

NAISSANCE

Pressions natales et prénatales

Charges de la lignée familiale

Choc de l'incarnation

ÂME OU CELLULE ÉNERGÉTIQUE

NATURE UNIVERSELLE

ceptiblement vers nos vieilles habitudes, parce qu'elles sont confortables. En raison de l'attraction du connu et des plaisirs éprouvés dans le passé, le périple peut être long. D'innombrables allers-retours s'effectueront. Des milliers de promesses seront prises et pas tenues. Peu à peu, cependant, de nouveaux goûts se développeront et il deviendra plus facile de se situer dans la nouveauté. On aura moins peur des réactions des autres et de leurs jugements. On se rendra compte qu'après tout il s'agit bel et bien de notre vie et que personne ne peut la vivre à notre place.

À cet égard, j'ai d'ailleurs pris pour devise une parole que j'ai entendue au hasard d'une conversation : « Ce que les autres pensent de moi n'est pas de mes affaires. »

Les bonnes excuses pour ne pas aller vers le meilleur de soi

L'autonomie, la création, la maîtrise et la discipline, vraiment, rien ne vous a été épargné dans ce livre ! Alors, j'ai pensé concocter quelques excuses pratiques qui vont vous permettre de vous défiler avec plus ou moins d'élégance. Ensuite, je les ai traduites afin que vous ayez une idée de ce qui se cache derrière. On ne sait jamais, cela peut toujours servir.

Excuse 1 : « Je suis trop occupé ! »
Traduction : « Je suis trop occupé à m'autodétruire et à nourrir mes dépendances pour saisir la possibilité de briser ce schéma de comportement et me donner le temps de respirer. »

Excuse 2 : « Il y a trop de gens qui dépendent de moi. Je ne peux pas arrêter. J'ai trop de responsabilités. »
Traduction : « Être un bon sauveur ou une bonne sauveuse apporte de nombreuses gratifications inconscientes. Je produis des choses utiles pour les miens. Je vois le fruit de mes efforts. Ils m'aiment. J'ai de la valeur à leurs yeux, donc j'existe. »

Excuse 3 : « Si je ralentis, je ne gagnerai plus assez d'argent et mon style de vie va en souffrir. »
Traduction : « Tant qu'à aller vers la destruction, autant le faire dans le confort. C'est déjà assez pénible de changer, s'il faut que ce soit inconfortable, en plus ! »

Excuse 4 : « Je ne suis pas capable ! C'est au-dessus de mes forces. »
Traduction : « Je suis prisonnier de mes schémas répétitifs et je ne vois pas comment je pourrais en sortir. Je ne réussis rien de ce que j'essaie. Finalement, je préfère le petit confort de mon malheur. »

Excuse 5 : « Qu'est-ce que les autres vont dire ? »
Traduction : « Je passe déjà pour quelqu'un de spécial, s'il faut que je commence à méditer, à faire de l'exercice et à mieux m'alimenter, qu'est-ce que mon entourage va penser ? Ils vont me rejeter en bloc. »

Excuse 6 : « L'expression, ce n'est pas pour moi, j'ai déjà essayé. Ça ne donne rien. »
Traduction : « M'ouvrir, m'exposer, ça me terrifie. J'aime mieux me retrouver toute seule, quitte à mourir dans mon coin plutôt que d'avoir à affronter le regard des autres. »

Excuse 7 : « Je sais que compenser ne me fait pas de bien, mais je peux arrêter quand je veux. »
Traduction : « Je sais bien que je me raconte une histoire, mais je préfère ça au fait de faire face à mes difficultés réelles. »

Excuse 8 : « Je n'en crois pas mes yeux, je suis réellement en train de me détruire par moi-même. Je ne pensais pas que je pouvais véritablement passer à côté de ma vie. Je suis malheureux, mais je ne suis pas le seul à avoir raté mon coup. »
Traduction : « Je n'ose pas revendiquer mon propre pouvoir, car être victime a ses avantages. Finalement, je suis obnubilé par cette autodestruction. »

Excuse 9 : « J'ai déjà fait un grand effort de changement, pourquoi est-ce que je devrais en faire d'autres ? »
Traduction : « Ces remises en question perpétuelles me dérangent. Pourquoi faudrait-il aller jusqu'à remettre toute notre personnalité en question ? C'est idiot à la fin ! »

Maintenant, cochez les excuses qui vous correspondent le mieux et écrivez-les sur une feuille de papier que vous garderez sur vous. Relisez vos excuses favorites au moins une fois par jour de façon à vous en convaincre totalement. Puis, allez vers votre autodestruction la conscience tranquille.

Il y a fort à parier que tôt ou tard vous en aurez assez de ce personnage de victime et que vous le laisserez de côté. Vous n'aurez pas perdu votre temps, mieux vaut connaître vos écueils intérieurs si vous voulez leur fausser compagnie.

Glisser

Contrairement à ce que vous croyez, il n'est pas vrai que le pire ne demande pas d'effort alors que le meilleur en demande constamment. Le drogué peut faire des prouesses pour se procurer sa drogue, tout comme l'alcoolique, sa boisson. Je connais des gens qui sont capables de pirouettes incroyables pour rentrer à temps à la maison pour leur émission de télévision préférée.

Il y a même un « truc » qui permet d'aller vers le meilleur de soi sans trop d'effort. Il s'agit de commencer sans trop y penser, en suivant la ligne de moindre résistance, celle où il n'y a pas de débat intérieur, juste un mouvement, un glissement vers ce qui est juste – car si on peut glisser vers la dispersion, on peut aussi glisser vers le meilleur.

Votre lit est chaud et il neige dehors. Vous venez de méditer quelques minutes. Le mouvement juste serait d'aller respirer dans cette pureté moelleuse. C'est un désir soudain qui vous permettrait de rompre délicieusement avec vos habitudes. Mais voilà, les excuses commencent : « C'est compliqué, il faut se lever et s'habiller. Le lit est si douillet, et j'ai encore sommeil ! »

L'excuse vaut pour tout, pour une conversation franche que vous désirez avoir avec quelqu'un aussi bien que pour un moment d'exercice physique. D'une certaine façon, cela ne vaut pas la peine d'entreprendre un débat avec le personnage. Il est perdu d'avance, car la force de l'habitude a facilement le dernier mot. Que faire ? Se laisser glisser. Se laisser glisser dans la promesse de cette neige toute douce. Se laisser glisser dans ce bel air à respirer. Se laisser tirer vers le meilleur. Le laisser nous entraîner. Sombrer dans le plaisir à venir. Et sortir dehors.

LE POIDS QUI NOUS ALOURDIT

Je vous le répète, c'est la personnalité qui entrevoit le meilleur de soi comme un effort à faire. En réalité, l'autonomie par rapport à ses conditionnements entraîne un être vers la légèreté à mesure que ce dernier quitte les rivages du sérieux personnage.

Le poids qui nous alourdit est aussi léger qu'une plume. Il n'est pas plus lourd qu'une respiration. Il n'a pas plus de poids que la lourdeur d'un regard. Ce qui le rend lourd est notre croyance en nos drames, en nos désirs et en nos chaînes, qui sont autant de raisons que nous inventons pour limiter notre liberté parce qu'elle nous fait trop peur. En fait, le changement n'est pas plus lourd que la prochaine pensée, car ce sont nos pensées qui définissent notre réalité.

Comme l'a si bien dit Milan Kundera, la légèreté de l'être a quelque chose d'insoutenable. Alors, nous nous inventons des histoires qui ont du poids pour imposer notre présence. Nous nous rendons malheureux de tout. Tout semble nous manquer. Même si nous méditons, il nous semble que nos méditations ne vont pas assez loin ou qu'elles ne sont pas assez intenses. Même si vous suivez les recommandations de ce livre, vous vous dites que vous ne les comprenez pas bien, alors que tout le monde semble comprendre ! Pire, vous faites les exercices avec application, mais les résultats ne suivent pas.

Vous êtes simplement occupé à vous compliquer la vie. Vous vous enchaînez pour vivre en esclave et avoir une bonne histoire à raconter aux copains. Vous vous diminuez pour ne pas avoir à affronter la réalité de votre puissance créatrice. Finalement, la liberté et la légèreté sont peut-être les poids les plus lourds à porter.

En réalité, nous sommes comblés, comblés à tout moment, comblés complètement. Voilà ce qui est profondément intolérable. Nous refusons ce contentement et inventons l'histoire de notre disette. Nous inventons la guerre pour crier l'injustice de notre situation. Toutefois, chaque rayon de lumière nous nourrit, chaque respiration nous purifie, chaque verre d'eau nous structure et nous redonne l'information essentielle. Chaque pensée nous crée.

Tout est là, il n'y a qu'à goûter, à savourer. Le bonheur, l'extase et la joie vous attendent. Vous n'avez rien à faire pour mériter cela. C'est déjà là, en vous.

La garantie

Lors d'une conférence, un homme me déclare qu'il n'a aucun moyen de savoir si ce que je dis à propos des bienfaits de l'autonomie est vrai. « En somme, il n'y a pas de garantie, me dit-il. Rien ne me prouve que ce sera mieux après que je me sois engagé dans le déconditionnement. » Je lui réponds que ce qu'il dit est juste en grande partie. En effet, il y a un risque du côté du meilleur de soi. Toutefois, il me semble qu'il n'est pas tout à fait **fondé** d'affirmer qu'il n'y a aucune garantie dans l'entreprise. Si l'on reste du côté de la personnalité protectrice, on en a une, de garantie, et une solide : celle d'être malheureux parce qu'on est dissocié de ses élans créateurs – tout en s'autodétruisant à petit feu en passant à côté de soi-même.

LE SCHÉMA DE LA DEUXIÈME PERSPECTIVE

Sous la forme schématique que nous avons utilisée à quelques reprises, la deuxième perspective se lit comme suit :

AUTONOMIE ET CRÉATION

Schéma de la deuxième perspective

6) Autonomie
5) Satisfaction : amour, guérison, régénérescence, joie
4) Expression
3) Idéal
2) Essence individuelle : goûts, qualités, dons, talents et élans
1) Naissance

Comme vous pouvez le constater, le schéma de la deuxième perspective est beaucoup moins complexe que celui de la première. C'est qu'il est beaucoup plus simple de vivre dans la perspective de l'autonomie et de la création que dans celle de la dépendance et de l'autodestruction.

Comparons maintenant les deux perspectives que nous avons développées. Nous constatons que la première perspective est celle du pire alors que la deuxième est celle du meilleur. La première est prisonnière de la personnalité protectrice, la deuxième est le domaine de l'individualité créatrice, que nous pouvons aussi appeler le « je suis » véritable. La première mène à l'autodestruction, l'autre à la création de soi. La première s'élabore dans la dépendance et la négation de notre propre pouvoir, la deuxième repose sur l'autonomie et la reconnaissance, par nous-mêmes, de nos goûts et de nos talents.

Prisonnier de la première perspective, nous attendons nos stimulations du monde extérieur ; évoluant dans la deuxième, nous passons à l'autoanimation. Dans la première perspective, nos états intérieurs dépendent de ce qui nous arrive. Dans la deuxième perspective, ce qui nous arrive dépend de nos états intérieurs. La première perspective est contraction et inhibition, la deuxième est expansion et propulsion. La première perspective nourrit la partie mourante de nous-mêmes, la deuxième alimente la vie.

C'est ce que j'ai voulu symboliser dans « L'arbre de soi » que vous avez rencontré précédemment. La branche du meilleur de soi est forte, ensoleillée et toute verte. Elle est invitante. La branche de la dépendance est stérile. Pourtant, combien d'entre nous oseront quitter le refuge de la personnalité protectrice pour suivre leur individualité créatrice ?

Dans ce livre, je vous ai livré ce qui, pour moi, constitue un guide de vie. Comprendre les contractions du personnage pour donner toute la place à l'élan de création est devenu la raison de mon existence. À mon sens, cela constitue à proprement parler une voie spirituelle qui ne mène pas à la désincarnation, mais à une expression de plus en plus puissante et joyeuse.

Arriver à s'oublier et à dépasser ses peurs pour se livrer à un acte réel de création qui témoigne de la beauté universelle, voilà ce à quoi nous sommes appelés.

LE MEILLEUR DE SOI

Le meilleur de soi représente notre essence. Cette dernière se compose de nos goûts profonds, de nos talents, de nos qualités, de nos dons et de nos aptitudes. Le meilleur de soi n'est pas un état à atteindre, c'est un état à « être » et à exprimer. Il nous invite à utiliser nos talents pour nous transformer et transformer le monde. Cette expression nous remplit de joie parce qu'elle nous permet de goûter à l'adéquation fondamentale de notre essence avec la nature universelle. Nous nous percevons alors comme une expression particulière de cette nature. Cette essence individuelle est celle-là même qui nous permet de goûter à l'universalité, celle qui nous permet de savoir que le monde entier est nôtre et que nous pouvons y créer, nous y détendre et nous y reposer.

Le meilleur de soi est l'outil avec lequel nous réalisons notre mandat de vie, ce que nous sommes venus faire sur cette terre. Quand nous nous accomplissons, il nous semble que la vie est belle et que tout est juste. Il y a certes encore les injustices, la famine et la pauvreté, mais notre participation au monde et à sa transformation est en rapport intime avec les réajustements nécessaires.

Lorsque l'être est dans sa profondeur tranquille, il existe. Il reconnaît la même profondeur chez tous les êtres et peut se promener avec moins d'appréhension dans le monde. Il sait que tout n'est qu'une sorte de théâtre symbolique pour exprimer soit la douleur d'être aliéné de soi-même, soit la joie devant la beauté de la source de vie. Lorsque l'être vit dans l'infinité, il reconnaît l'infini en chacun de ses semblables et se promène tranquillement, car il sait que même la mort ne peut lui enlever la dégustation de son précieux bien.

Sur la rivière, des fleurs d'eau dansent dans le soleil. Elles n'existent que quelques secondes pour la joie du scintillement. Elles sont le produit d'une conjonction de la lumière du soleil et du mouvement de l'eau sous la caresse du vent. À la surface de ce monde, nous n'existons pas plus que ces fleurs luminescentes. Voilà pourquoi nous mettons tant d'énergie à prouver que nous sommes si importants, si brillants, si intelligents. La peur de ne pas exister nous pousse à nous livrer aux plus risibles contorsions. Tout cela pour ne pas ressentir la peur de ne pas être.

Pourtant, nous existons plus que cela. Lorsque l'être est paisible, il scintille comme la fleur d'eau sur le lac. Ce scintillement est perçu, subtilement, par ceux qui l'entourent. Il les apaise, les attire à soi. Lorsque l'être se repose dans sa puissance intérieure, calme, détendu, faisant l'expérience de l'existence pure, il rassure son entourage et trouve dans cette jouissance nombre de réponses.

Pour moi, tout se conjugue dans une présence à l'instant que je goûte infiniment. Je sens le parfum de la fleur de l'être, de l'étant, de l'existant. Tout me traverse et me parle, sans me bousculer. Le vent léger sur ma feuille, l'ouvrier qui pioche dans la rue, le roucoulement des colombes, la volupté de la musique, tout me ravit et me remplit de contentement.

Alors, une prière monte en soi. Pendant quelques instants, je ne conçois plus ma vie que comme une offrande, une réponse à cette beauté si profonde et si offerte à la fois. Enfin, j'ai des yeux pour voir, des oreilles pour entendre et je prie pour avoir les mots, la voix, le chant, les pas, la danse pour rendre à l'infini son amoureuse présence.

VOTRE VIE ACTUELLE

Votre vie actuelle est parfaite création. Tout y est parfaitement juste, miroir parfait de votre cheminement dans la création de vous-même. Votre existence est une création pure où n'entrent nulle vicissitude et nulle pollution. Si vous n'aimez pas ce que vous voyez, vous pouvez le changer. Comme des gens sculptent leur image corporelle, vous pouvez sculpter votre univers intérieur.

La condition de cette œuvre est que vous acceptiez sans jugement tout ce que vous êtes et tout ce qu'il y a dans le monde. Parce que vous êtes ce monde et cette humanité, dans tous ses travers et dans toutes ses lumières. Une fois que vous avez cessé de vous battre pour vous faire valoir, une fois que vous êtes moins préoccupé de votre sacro-sainte importance, vous pouvez commencer à faire votre tableau à votre goût. Le monde et tous ses matériaux constituent l'étendue de votre palette.

Mais il est bon de savoir que chaque fois que vous croyez avoir absolument besoin de quelque chose, cette chose commence à vous manquer. Elle devient alors une obsession, ou une compulsion. Vous tentez alors d'en contrôler la source et de ménager le peu qui vous reste. Vous vous croyez dans l'indigence. Vous enviez ceux qui semblent posséder plus que vous. Vous tentez de les garder en votre pouvoir. Vous leur faites la guerre. Vous les emprisonnez pour qu'ils cessent de vous empêcher de déguster en paix ce à quoi vous croyez avoir droit.

Chaque revendication est une prétention qui referme la porte de l'extase naturelle, qui verrouille la grille de la béatitude et qui empêche l'accès au meilleur de soi.

Je n'ai rien à redire à ce qui m'arrive, car tout est parfait. Que j'étouffe dans le manque ou dans l'abondance, tout est parfait. Cela vous paraît étrange, n'est-ce pas ? Non, car tout est parfait dans la mesure où nous avons sans cesse accès à l'information nécessaire pour nous comprendre et lever les obstacles qui entravent notre route. Parce que notre vie est le reflet de ces entraves, comme elle est le reflet de ce qui a été dénoué.

Ma vie n'a jamais quitté sa parfaite fidélité au mouvement créateur de mon être, sa partie lumineuse. Le meilleur de soi est toujours en parfait déploiement, même s'il apparaît voilé, déguisé ou étouffé. Je connais alors dans mon corps, par mes douleurs et par mes pensées, la réalité de cet étouffement, la réalité de ce travestissement de ce que je suis. Je connais par mes souffrances la réalité de ma trahison envers moi-même.

Un homme veut se suicider

Après un séminaire, un homme insiste pour me parler en privé. Il m'explique qu'il a été « forcé » à venir sur terre, et qu'on l'a « obligé » à naître. Il me dit que ce qu'il comprend de tout ce qu'il a lu et entendu est qu'il était bien *avant* son existence actuelle et qu'il sera bien *après*. En conséquence, il n'a qu'une véritable envie : se suicider.

Ce sont sans doute les événements douloureux de sa vie qui font dire à cet homme qu'il n'a pas voulu venir dans ce monde. Sa fable ressemble à celle de ces gens qui reviennent d'un voyage où ils n'ont vécu que de fâcheux incidents. Ils disent que des compagnons les ont entraînés dans des aventures douteuses, que l'agence de voyages les a trompés et que ces vacances n'étaient ni de leur goût ni de leur choix.

En écoutant cet homme, je saisis avec acuité jusqu'à quel point nous pouvons être victimes d'une interprétation qui s'est cristallisée en nous. Chez cet homme, la prémisse de l'affirmation est que nous sommes séparés du bien-être et qu'il n'y a ici-bas que souffrance.

Je sais ce dont il parle. J'ai entretenu pendant de nombreuses années de telles croyances. Elles étaient l'objet central de toutes mes crises existentielles. Puis, une longue maladie et un passage près de la mort sont venus défaire de telles interprétations. J'ai appris que rien ne nous sépare de la béatitude et du banquet de l'union, et que l'on peut s'y attabler. Mon drame intime m'apparaît aujourd'hui comme une sorte de cinéma personnel, une prétention qui me permettait de penser que je souffrais plus que les autres. Je me trouvais une valeur personnelle toute particulière et j'exigeais le respect auquel j'estimais avoir droit en raison de l'intensité de ma souffrance.

Que répondre à cet homme ? Devais-je lui répéter ce que je vous ai dit tout au long de ce livre ?

La division dont vous souffrez est imaginaire. Elle n'existe pas. Vous êtes victime d'une interprétation limitée de ce qu'est la vie.

Votre envie de vous suicider n'est peut-être qu'une autre manière de vous rendre intéressant à vos propres yeux et aux yeux de votre entourage. Vous prenez plaisir à « enfoncer » chaque thérapeute que vous consultez et chaque chef de séminaire que vous côtoyez avec votre désespoir. Si vous ne jouiez pas, si vous ne faisiez pas semblant, il y a longtemps que cette question serait réglée. Vous nous auriez quittés, ou, s'il est vrai que vous ne tenez vraiment plus à rien, vous seriez enfin libre. Vous auriez reconnu la vanité de tout ce qui fait une vie humaine et vous pourriez enfin vivre et vibrer. Mais cette envie d'en finir est plutôt une autre stratégie de survie de votre personnage.

En somme, vous avez trouvé une façon imparable d'attirer l'attention. Vous avez décidé que vous seriez le meilleur au chapitre de la souffrance et, ce matin, vous voulez que je vous décerne une autre médaille en avouant mon impuissance.

Je ne lui ai rien dit de tout cela. Il devait connaître ces choses-là sur le bout de ses doigts. Alors, j'ai décidé de lui raconter une histoire…

Madame la pomme

« Que diriez-vous à une pomme qui viendrait vous consulter, mais qui serait convaincue dur comme fer que son identité se résume à sa peau ? Que diriez-vous à une pomme qui s'alarmerait parce que les intempéries ont été si rudes que son enveloppe extérieure est maintenant marquée de boursouflures et de cicatrices ? Que diriez-vous à une pomme qui se plaindrait de circonstances adverses qui durent depuis des générations et font que les fruits de sa branche ont moins de soleil que les autres ?

« Vous l'écouteriez gentiment, puis vous trouveriez une façon de lui montrer que son cœur est intact, n'est-ce pas ? Vous lui diriez que la nature universelle réside bien en son noyau, au point que, venue d'un arbre, elle a le potentiel, elle, petite pomme, d'engendrer d'autres arbres.

« Vous lui diriez peut-être qu'elle est incluse dans le processus vivant et créateur et que, peu importe ses croyances, elle n'en a jamais été séparée. Vous tenteriez de lui faire comprendre que la sève qui circule en elle est la même que celle qui circule dans toutes les autres pommes et dans l'arbre entier. Grâce à cette sève, elle possède une nature universelle qu'elle exprime à sa façon en tant que pomme unique, et que d'autres fruits expriment de façon tout aussi unique et distincte. »

Mon homme souriait. Manifestement, mon histoire lui plaisait. Pour conclure, j'ai ajouté : « Seriez-vous d'accord avec moi pour dire que notre pomme souffre principalement du sentiment de sa propre importance ? »

Il m'a regardé un moment, supputant le sens de mon anecdote. Puis il s'est levé, a réglé le prix de la séance et est sorti en riant. Il était libre. Sa blague avait assez duré.

UN CHEMIN D'ÉVOLUTION INTÉGRAL

Le chemin de la dissolution des entraves et de la libération du geste créateur sous l'éclairage d'un idéal constitue une véritable voie d'évolution volontaire et consciente. Il s'agit d'une voie engagée. Toutefois, l'engagement se situe envers soi-même et l'immensité de la vie qui est en nous et envers l'amour que nous portons. Cette voie est dégagée des dogmes religieux et même des pratiques spirituelles traditionnelles. Toutefois, elle en conserve l'essence. De plus, cette route relie avantageusement ce qui appartient au domaine de la connaissance psychologique à la pratique spirituelle. De la sorte, une voie d'évolution intégrale se dégage pour l'être, loin du péché, des fausses hontes et de la culpabilité.

Des groupes de travail autogérés pourraient être créés pour pratiquer ce dont il est question dans ce volume. Car même si nous pouvons évoluer seuls, ce n'est pas souhaitable à la longue. Les êtres sont tellement isolés dans le monde contemporain qu'il est bon qu'ils se réunissent pour se soutenir dans leur évolution psychologique, et pour partager des goûts et des idéaux communs afin de lutter ensemble pour leur nouvelle naissance.

Cette voie peut se pratiquer en couple également. Dans la vie à deux, il y a une perte de sens importante qui se produit actuellement parce qu'il ne semble plus y avoir de raison suffisante pour rester ensemble. Les enfants, l'argent, le statut social, les jugements des tiers, toutes les justifications habituelles ont été renversées par l'histoire.

Quelle est donc la nouvelle conviction qui va nous permettre de cohabiter ? Il me semble qu'il ne peut s'agir que de l'aventure intérieure, au cours de laquelle nous nous accompagnerons mutuellement dans la prise de conscience des personnalités qui sont en friction, et dans un projet créateur au sein duquel nous partagerons le même idéal.

Cette recette n'est pas nouvelle. Pourtant, il est rare que nous rencontrions des couples qui sont entrés dans une œuvre de libération créatrice consciente sans appartenir à une secte ou à un organisme qui définisse pour eux leur sexualité et leurs rapports avec les autres. Il n'y a pas de jugement à poser, bien entendu. Toutefois, nous pouvons observer que chaque limite devient, à la longue, une souffrance.

Finalement, je souhaite que de telles connaissances puissent orienter des thérapeutes dans leur action, voire dans les formations qu'ils suivent ou qu'ils offrent.

Ce chemin d'évolution intégrale vise à l'acquisition d'une maîtrise de ce qui se passe en nous. C'est la naissance d'une autonomie réelle par rapport aux impulsions du personnage. Elle ouvre la porte aux élans essentiels.

Cette autonomie apporte une légèreté. Elle permet de s'oublier. Plus nous sommes investis dans la délectation du moment présent et plus se développe en nous un sentiment d'unité et d'appartenance à tout ce qui est, plus nos angoisses existentielles se calment pour faire place à la sérénité. Nous n'avons plus besoin que le regard de l'autre nous prouve que nous existons, puisque nous goûtons à l'existence et la savourons à chaque respiration.

Imaginez un monde

Dans quelques générations, les notions de personnalité et d'individualité seront bien intégrées. Les êtres n'auront plus à passer leur vie sur ces thèmes. Ils sauront que la vie sur terre est une sorte de théâtre où ils rejouent leurs nœuds favoris et marchent vers l'universalité de leur nature. Imaginez des parents qui sont en contact conscient avec leur nature universelle et savent qu'ils vont accueillir un être universel venu les visiter pour créer à partir de sa propre essence, et en même temps pour se libérer et se guérir.

Cela semble lointain, mais ce ne l'est peut-être pas tant que cela. Il y aura un temps de l'humanité qui correspondra à cette réalité. Il s'agira d'un temps de grâce, de paix et de création intense où les êtres goûteront à une liberté réelle par rapport à leurs conditionnements intérieurs. Ce sera la Renaissance que la Renaissance a annoncée. Nous sommes en train d'y pénétrer.

J'entrevois une société où nous saurons tous que notre valeur ne peut être mesurée par l'argent que nous gagnons, ni par le fait d'être « quelqu'un » aux yeux des autres. Cette valeur s'établira plutôt dans la joie et la conscience de participer à une œuvre collective qui n'est pas écrite d'avance et où chacun a son mot à dire et un geste à poser.

Vous pouvez vivre dans cette vibration, car ce futur est déjà présent en vous. Pour ma part, j'ai choisi de le vivre depuis longtemps. J'ai tenté toute ma vie de créer des groupes où l'on retrouvait cette conscience, et où on la vivait. Ma conviction est que le monde se recrée à partir de ces modestes groupes de conscience, où des gens partagent une expérience dans le respect et l'autonomie, attentifs aux peurs et aux revendications de pouvoir qui ne manquent pas de se manifester, mais en gardant le cap sur l'étoile de la liberté.

Imaginez un monde où règne la paix, où l'environnement est sain, où les êtres apprécient leur différence au lieu de taper sur la tête de leur voisin. Imaginez un monde de rêve où la création a tous les droits, un monde où les gens sourient *pour rien*. Eh bien, ce monde est à votre portée. Vivez dès aujourd'hui dans la lumière de cette étoile. Réjouissez-vous de participer à l'avènement d'un monde nouveau et faites les choix qui s'imposent. Le monde est notre création. Nous pouvons le transformer en ouvrant nos cœurs.

Comme le dit mon ami Pierre : « Notre cœur est comme une fleur qui émet son parfum sans réserve. »

La vie que l'on porte en soi

Retrouver le meilleur de soi, c'est retrouver la vie que l'on porte en soi, la vie qui est en nous, la vie que l'on est. Ce sont des retrouvailles avec le sens sacré de l'existence et de l'action humaine.

Mon souhait est que ce livre devienne un ferment de votre engagement par rapport au meilleur de vous-même, par rapport à vos goûts réels, vos talents, votre individualité. Il est aussi bon que vous découvriez que c'est en étant fidèle à sa création que l'on est fidèle aux autres. On ne dépend plus d'eux et on les libère du poids de nos frustrations, de nos peurs et de nos attentes. De plus, peut-il y avoir plus grande satisfaction que celle d'être aimé pour ce que nous sommes véritablement ? Eh bien, c'est ce qui arrive lorsque nous prenons le risque de nous exprimer réellement.

Finalement, la joie nous submerge lorsque, attaché à donner le meilleur de soi, on s'applique de tout son cœur et de tout son être à exprimer la beauté des êtres et de l'univers dans lequel on vit. Alors, tout retrouve son sens et notre existence nous semble non seulement utile à nous et aux autres, mais à la vie elle-même.

Autoriser le meilleur de soi consiste à permettre à ce qui vit déjà en nous dans la tranquillité, l'harmonie et l'amour de s'exprimer dans notre existence pour produire le joyau de la joie.

RETROUVAILLES

Voilà, je vous ai dit l'essentiel de ce que j'avais à vous dire. Je vous ai laissé entrevoir comment je vis, ce que je crois et ce que je pratique. Je considère que je ne suis pas très avancé sur le chemin du déconditionnement. Mon seul mérite est de l'avoir enfin découvert et de l'avoir emprunté pour de bon – du moins, je l'espère.

Ce livre m'a traversé. Son écriture a été pleine d'enseignements pour moi. En vous parlant de la négligence par rapport à l'élan créateur, je me suis rendu compte que j'étais un cordonnier mal chaussé. Je n'écris plus de poésie, je ne fais plus de théâtre, et ma guitare est silencieuse depuis des mois. Cet état de fait m'a amené à prendre des mesures importantes. Il y a quelques mois, afin de récupérer du temps pour la création, j'ai quitté la tête de ma propre organisation, les Productions Cœur.com – ces productions qui m'ont permis de réaliser des rêves inouïs. Louis Parez, qui collabore avec moi depuis quinze ans, a pris le relais sur le sol européen. En ce qui concerne le Québec, Lucie Déry, une autre routière de Cœur.com depuis ses débuts, a repris le flambeau. Je suis confiant que vous pourrez continuer, grâce à eux, à trouver les inspirations que vous cherchez pour vos propres projets créateurs.

J'ai également décidé de réduire le nombre de mes conférences et de mes séminaires afin d'ajouter une corde à mon arc : l'écriture poétique et théâtrale. Je veux faire vivre tout ce dont je vous ai entretenu dans ce livre à travers des personnages en chair et en os. Je vous invite d'ailleurs à me suivre dans cette nouvelle aventure, qui prendra place peu à peu.

Pour terminer, je vous offre un poème que j'ai composé pour évoquer le renouement avec le meilleur de soi. *Retrouvailles* chante des retrouvailles avec la source amoureuse d'où nous venons et qui coule vivement en chacun de nous[82].

---

82. Vous pouvez également retrouver le texte de ce poème sur le site suivant : www.productionscoeur.com. Allez dans le menu à gauche et cliquez sur « Poèmes ».

Amour, mon bel amour, voici quelques offrandes
Ma vie au grand complet gaspillée pour des sous
Avec la peur en prime, avec la peur au ventre
Qui nous courbe l'échine, qui nous met à genoux
J'ai erré si longtemps avant de comprendre
Que sans toi je n'étais qu'un pauvre pou
Oh! Un pou bien portant avec son importance
Qui écrivait des livres et qu'on aimait partout

Vivre à côté de soi, vivre à côté de l'âme
C'est renoncer à soi, c'est renoncer à tout

J'ai perdu mon combat, tu gagnes, souveraine
Enferme donc ma haine au fond de tes cachots
Garde-moi prisonnier, lave-moi de mes peines
Pour le mal que j'ai fait, lève l'impôt
De pleurer chaque jour, ému jusqu'à comprendre
Et de pleurer d'amour devant ce qui est beau
Je veux vivre à tes pieds, n'ai plus rien à atteindre
Nulle part où aller, tout est de trop

Vivre à côté de soi, vivre à côté de l'âme
C'est renoncer à soi, c'est renoncer à tout

Je chante pour ceux-là qui n'ont pas pris la chance
D'être eux-mêmes ici-bas, eux-mêmes malgré tout
Je chante pour ceux-là qui n'ont pas eu leur chance
Ou qui tout comme moi l'ont jetée comme un fou
Je chante pour ceux-là dont j'envie l'existence
Ils mangent dans ta main, ils te servent à genoux
Ils suivent le chemin de leur maîtresse tendre
Et ils ont le courage de leurs goûts

Vivre à côté de soi, vivre à côté de l'âme
C'est renoncer à soi, c'est renoncer à tout

Si longtemps loin de toi, longtemps loin de moi-même
Mon bel amour caché au beau centre de tout
Mon bel amour trahi au centre de moi-même
Je te retrouve enfin, à bout de maux

corneau

LISTE DES OUVRAGES CITÉS

AUROBINDO, Sri. *Trois Upanishads. Isha, Kena, Mundaka*, coll. Spiritualités vivantes, Paris, Albin Michel, 1972.

CARDINAL, Marie. *Les mots pour le dire*, Paris, Grasset, 1975.

CHAMBERLAIN, David. *The Mind of Your Newborn Baby*, Berkeley, North Atlantic Books, 1998, 298 p.

CHOPRA, Deepak. *Quantum Healing*, Montréal, Les Éditions Internationales Alain Stanké, 1990.

CHOPRA, Deepak. *Power, Freedom and Grace: Living from the Source of Lasting Happiness* (Pouvoir, liberté et grâce : vivre à la source d'un bonheur durable), coll. Personnal Growth and Spirituality, San Rafael, Amber-Allen Publishing, 2006.

CORNEAU, Guy. *La guérison du coeur*, Montréal, Les Éditions de l'Homme (pour le Québec) ; Paris, Robert Laffont (pour l'Europe francophone), 2000.

CORNEAU, Guy. *Victimes des autres, bourreau de soi-même*, Montréal, Les Éditions de l'Homme (pour le Québec) ; Paris, Robert Laffont (pour l'Europe francophone), 2003.

CROMBEZ, Jean-Charles. *La méthode en ECHO. Une traversée vers l'implicite*, Montréal, Les Éditions de l'Homme, 2006.

CSIKSZENTMIHALYI, Mihaly. *Vivre la psychologie du bonheur*, coll. Réponses, Paris, Robert Laffont, 2004.

CSIKSZENTMIHALYI, Mihaly. *La créativité. Psychologie de la découverte et de l'invention*, coll. Réponses, Paris, Robert Laffont, 2006.

CYRULNIK, Boris. *Un merveilleux malheur*, Paris, Odile Jacob, 1999.

D'ANSEMBOURG, Thomas. *Cessez d'être gentil, soyez vrai!*, Montréal, Les Éditions de l'Homme, 2001.

ELLENBERGER, Henri F. *The Discovery of the Unconscious*, New York, Basic Books, 1970.

GIBRAN, Khalil. *Le Prophète*, Paris, Casterman, 1956.

GROF, Stanislav. *The Holographic Mind*, New York, HarperCollins, 1992, 240 p.

JUNG, Carl Gustav. *Types psychologiques*, Genève, Librairie de l'Université Georg & Cie, S.A, 1968.

KABIR. *Ô ami en toi est le jardin des fleurs*, Tours, Atelier de la Martinerie, 1981.

LABONTÉ, Marie Lise. *Au cœur de notre corps*, Montréal, Les Éditions de l'Homme, 2000.

LABONTÉ, Marie Lise. *Le déclic*, Montréal, Les Éditions de l'Homme, 2003.

LAPLANCHE, Jean et PONTALIS, J.-B. *Vocabulaire de la psychanalyse*, 5e édition, Paris, Presses Universitaires de France, 1976.

McTAGGART, Lynne. *L'univers informé, la quête de la science pour comprendre le champ de cohérence universelle*, coll. Science et Holisme, Montréal, Éditions Ariane, 2005.

NARBY, Jeremy. *Intelligence dans la nature*, Paris, Buchet/Chastel, 2005, 415 p.

NUNBERG, Herman. *Principes de psychanalyse*, Paris, Presses Universitaires de France, 1957.

RANK, Otto. *Le traumatisme de la naissance*, Paris, Petite bibliothèque Payot, 1968.

RATTE, Jean. *L'homme cellulaire*, Montréal, Éditions Janus, 2001.

ROSENBERG, Marshall. *Les mots sont des fenêtres ou des murs*, Saint-Julien-en-Genevois, Éditions Jouvence et Syros, 2001.

SATPREM. *Sri Aurobindo ou l'aventure de la conscience*, 3e édition, Paris, Buchet/Chastel, 2003.

SERVAN-SCHREIBER, David. *Guérir le stress, l'anxiété et la dépression sans médicaments ni psychanalyse*, coll. Réponses, Paris, Robert Laffont, 2003.

VOYER, Bernard. *Aniu, du flocon de neige à l'iceberg*, Montréal, Névé Éditeur, 2005.

WEIL, Pierre. *L'art de vivre en paix*, Manuel d'éducation pour une culture de la paix, Éditions Unesco/Unipaix, 2001.

ARTICLES

CHAMBERLAIN, David. « Early Parenting is Prenatal Parenting ! » (Prendre soin de l'enfant dès les premiers jours, c'est en prendre soin avant la naissance !), dans le journal en ligne *Birth Psychology* (*Psychologie de la naissance*), l'organe d'information officiel de l'Association for Prenatal and Perinatal Psychology and Health (Association pour la santé et la psychologie prénatale et périnatale), voir aussi www.birthpsychology.com.

CHAMBERLAIN, David. « Birth and Violence » (Naissance et violence), dans le journal en ligne *Birth Psychology* (*Psychologie de la naissance*), l'organe d'information officiel de l'Association for Prenatal and Perinatal Psychology and Health (Association pour la santé et la psychologie prénatale et périnatale), voir aussi www.birthpsychology.com.

GARNIER, Lisa. « Que ressent le foetus au moment de l'accouchement ? », *Science et Vie*, hors série n° 234.

NARBY, Jeremy. Interviewé par Laurent Montbuteau, « Nature et Conscience » *RectoVerseau*, n° 172, octobre 2006.

VAN EERSEL, Patrice. « Le Tchèque qui faisait mourir et renaître sous LSD », dans les dossiers de la revue *Nouvelles Clés*, à la rubrique « Psychologie des profondeurs ». Voir www.nouvellesclés.com. À noter que l'article est paru pour la première fois dans le magazine *Actuel* en avril 1985.

SITES INTERNET

ASSOCIATION FOR PRENATAL ET PERINATAL PSYCHOLOGY AND HEALTH (Association pour la santé et la psychologie prénatale et périnatale), www.birthpsychology.com

CANAL VIE, www.canalvie.com

INSTITUTE OF SCIENCE, TECHNOLOGY AND PUBLIC POLICY, www.istpp.org

LIGUE ROC, pour la préservation de la faune sauvage : www.roc.asso.fr

LUMIÈRE SUR LA PLANÈTE, www.lumièresurlaplanete.org

NOUVELLES CLÉS, www.nouvellesclés.com

POIRIER, Bruno, www.larevolutioncreatrice.org

PRODUCTIONS COEUR.COM, www.productionscoeur.com

REEVES, Hubert, www.hubertreeves.info
RÉSEAU FEMMES QUÉBEC, www.reseau-femmes-quebec.qc.ca
RÉSEAU HOMMES QUÉBEC, www.rhq.ca
SOULIER, Olivier, www.lessymboles.com

DOCUMENTS AUDIOVISUELS

COHEN, Leonard, *Various Positions*, chanson « Hallelujah », Sony/ATV Music Publishing Canada Company, 1985.

Les Productions Point de Mire, *Guy Corneau en atelier*, épisode « Vaincre la résistance au changement ». Spécialistes invités : Claude Lemieux, acteur, Danièle Morneau, psychologue, Montréal, 2006. Diffusé sur les ondes de Canal Vie en septembre 2006.

Les Productions Point de Mire, *Guy Corneau en atelier*, épisode « Je ne sais pas ce qui me passionne » (titre de travail). Spécialiste invité : Yolande Brouillard, artiste peintre et psychothérapeute, document inédit, Montréal, 2006.

Les Productions Point de Mire, *Guy Corneau en atelier*, épisode « La guérison » (titre de travail). Spécialiste invité : Jean-Charles Crombez, psychiatre, document inédit, Montréal, 2006.

Les Productions Point de Mire, *Guy Corneau en atelier*, épisode « Le surmenage » (titre de travail). Spécialiste invité : Rose-Marie Charest, psychologue, document inédit, Montréal, 2006.

Les Productions Point de Mire, *Guy Corneau en toute confidence,* épisode « Le meilleur de soi », Montréal, 2005. Diffusé sur les ondes de Canal Vie en février 2006.

Lords of the Winds Films, *What the bleep do we know !?* DVD, Twentieth Century Fox Home Entertainment, États-Unis, 2004.

Lumière sur la planète, *Une énergie gratuite, illimitée et non polluante qui remplace le pétrole*, DVD, Montréal, 2006.

corneau

R e m e r c i e m e n t s

Je tiens tout d'abord à remercier mes éditeurs des Éditions de l'Homme, Jacques Laurin et Erwan Leseul. Leur chaleureuse amitié et leur enthousiasme par rapport à mes écrits ont beaucoup compté. Je remercie également Pierre Bourdon, éditeur en chef, pour sa confiance en mon travail ; Sylvie Archambault et Claire-Hélène Lengellé, qui s'occupent des relations de presse ; et finalement toute l'équipe des Éditions de l'Homme, en commençant par Pierre Lespérance, le patron.

Ma gratitude va également à Antoine Audouard, des Éditions Robert Laffont, pour son travail efficace sur le contenu de ce livre. Ses réactions vives et engagées nous ont valu des conversations inspirantes.

Paule Noyart a corrigé mon texte comme une dentellière. Elle lui a même redonné du nerf là où les nuits blanches devant l'ordinateur avaient un peu affaibli la rigueur du langage. Je lui rends grâce.

Nancy Lessard a fait preuve d'un magnifique sens de la lumière dans la page de couverture, et Ann-Sophie Caouette a conçu une illustration tout à fait convaincante du *Meilleur de soi*. Qu'ils en soient remerciés.

Ludmilla Garau a lu et relu mon manuscrit au fur et à mesure de la rédaction. Sa sensibilité et sa perspicacité m'ont permis, de chapitre en chapitre, de veiller à la cohérence de mon propos. Elle m'a beaucoup aidé pour la complétion du manuscrit final, sans ménager son temps. Mon cœur est plein de gratitude pour sa présence aimante et éclairée.

Mélanie Gleize a lu le texte et m'a fait de nombreuses suggestions. Elle m'a proposé plusieurs citations, notamment celle de Lucrèce, qui ouvre le livre. Je la remercie pour la passion qu'elle a mise dans ce travail.

Marie Lemieux, ma collaboratrice aux Productions Guy Corneau, a veillé avec minutie à la tenue du bureau pendant que je m'absentais pour écrire. Elle a également retranscrit plusieurs pages du texte et corrigé des pans entiers de celui-ci. Sa constante disponibilité m'a été précieuse.

Régine Parez et Lucie Déry, coordonnatrices européenne et québécoise des Productions Cœur.com, ont veillé à ne pas trop me déranger pendant les phases d'écriture. Leur chaleureuse attention m'a touché.

Certains participants de mes émissions de télévision ont témoigné, dans le souci d'aider d'autres personnes. Je prolonge ici leur volonté et les remercie pour ces tranches de vie qui animent certains passages du livre. Je saisis également l'occasion de remercier Raymond Gauthier et Christine Fauteux, mes producteurs à Point de Mire, chez qui mes idées ont trouvé une merveilleuse qualité d'écoute.

Je dois beaucoup à mon fidèle ami et compagnon de séminaire Pierre Lessard. Sa créativité et son inspiration, notamment en ce qui a trait à l'invention de schémas et d'exercices, sont fascinantes. De conférences en ateliers, et de voyages en conférences, nous avons cheminé ensemble à travers toutes les idées de ce livre. Nous avons tenté de les rendre de plus en plus concrètes et de les amener dans leur versant lumineux. Je lui en serai toujours reconnaissant.

Plusieurs collègues m'ont accompagné dans les ateliers cités dans les pages de cet ouvrage. Je voudrais remercier, entre autres, la psychologue Danièle Morneau, le psychiatre Jean-Charles Crombez, la psychologue Rose-Marie Charest, le praticien de la communication non violente Thomas d'Ansembourg et le sociologue de la communication Jacques Salomé pour la qualité de leur savoir et de leurs pratiques thérapeutiques respectives. J'ai beaucoup appris à leur contact.

Parmi les nombreux artistes qui m'ont suivi dans mon aventure télévisuelle, je voudrais remercier particulièrement l'acteur et metteur en scène Claude Lemieux, dont la finesse et la profondeur d'intervention ne cessent de me fasciner. Je remercie également Yolande Brouillard, artiste peintre et psychothérapeute, pour son dynamisme inspiré.

Ma gratitude va à tous les thérapeutes et artistes de l'équipe de Cœur.com qui, au cours des années, par leur expertise et leur dévouement, ont permis à la matière du *Meilleur de soi* de prendre forme pour devenir accessible au grand public.

Finalement, je rends grâce à l'univers pour sa grande bonté. Ce livre m'a ouvert et rapproché du meilleur de moi-même. J'espère qu'il en sera de même pour tous ceux et toutes celles qui prendront contact avec lui.

Pour recevoir des informations au sujet des conférences et des séminaires de Guy Corneau, pour que l'on vous fasse parvenir la brochure des Productions Cœur.com, ou si vous souhaitez obtenir des renseignements sur les réseaux d'entraide pour les hommes et pour les femmes, nous vous prions de contacter :

Pour le Québec :
Les productions COEUR.com
11-1100, avenue Ducharme
Montréal (Qc)
Canada, H2V 1E3
Tél. : (514) 990-0886
Fax : (514) 271-3957

Pour l'Europe francophone :
Les productions COEUR.com
90, avenue du Monde
B-1400, Nivelles
Belgique
Tél. / Fax : (32) 67 84 43 94

Vous pouvez également consulter ces deux sites Internet :
www.guycorneau.com
www.productionscoeur.com

corneau

PREMIÈRE PARTIE: LA CONTRACTION

TROISIÈME PARTIE: L'EXPRESSION

Achevé d'imprimer au Canada en février 2007
sur les presses de Quebecor World Saint-Romuald